古代歷史文化 研究輯刊

二 編

王明蓀 主編

第 27 冊

清代大運河鹽梟研究

徐安琨 著

國家圖書館出版品預行編目資料

清代大運河鹽梟研究／徐安琨 著 — 初版 — 台北縣永和市：
花木蘭文化出版社，2009〔民98〕
目 2+176 面；19×26 公分
（古代歷史文化研究輯刊 二編；第 27 冊）
ISBN：978-986-254-004-6（精裝）
1. 漕運 2. 走私 3. 鹽業 4. 清代
557.4709   98014322

ISBN - 978-986-254-004-6

古代歷史文化研究輯刊
二 編　第二七冊   ISBN：978-986-254-004-6

清代大運河鹽梟研究

作　　者　徐安琨
主　　編　王明蓀
總 編 輯　杜潔祥
出　　版　花木蘭文化出版社
發 行 所　花木蘭文化出版社
發 行 人　高小娟
聯絡地址　台北縣永和市中正路五九五號七樓之三
　　　　　電話：02-2923-1455／傳真：02-2923-1452
網　　址　http://www.huamulan.tw 信箱 sut81518@ms59.hinet.net
印　　刷　普羅文化出版廣告事業
初　　版　2009 年 9 月
定　　價　二編 30 冊（精裝）新台幣 46,000 元

清代大運河鹽梟研究

徐安琨　著

作者簡介

徐安琨

1959 年 1 月 15 日出生於台北市

1979 年至 1997 年間就讀於國立政治大學歷史學系，其間分別取得學士、碩士與博士學位。

1992 年任教於國立屏東科技大學通識教育中心，迄至目前，現職副教授。

對中國底層社會群眾有濃厚興趣。

提　要

　　鹽務政策的僵化和失當，除了帶來人民生活上的不便，最大的弊病，不但成為國家財政經濟的漏源，同時更是與清帝國命運相始終的大患──鹽梟的產生。

　　清中晚期後大運河的功能喪失，整個漕運停廢，造成大量水手失業，加上太平軍亂平定後多數營勇裁撤，流蕩於長江下游，與失業水手相激盪，相率投入鹽梟行列，壯大了鹽梟隊伍，更加深清政府財政困難。

　　總之，清代鹽梟的興起除主觀條件外，其間整個國家中晚期後陷於混亂失調的局面，更是促使鹽梟擴張的外緣助力。

目

次

第一章　緒　論

　　談到鹽梟，當然無法避免會涉及整個鹽政措施的問題，中國歷代鹽務制度是站在政府為優先考量下制定的，忽略了百姓大眾的真正需求。清世宗在位期間，曾頒上諭曰：「各省鹽政關係國計民生，所當加意整理。大約鹽法之行，必以緝私為首務，私靖則官引自銷，轉輸便利，裕課息商，皆本於此。」〔註1〕雖說關係整個國計民生，實際重在裕課息商，保証鹽稅的獲得。「蓋鹽為人生日用所必需，而所費無多，故歲有豐歉，容有缺糧之時，而人無貧富，總無乏鹽之日，人人不能不食，又為人人力所能食。」〔註2〕壟斷性的管理，使得這種民生必需品成為不合理的管制品，違反了自然供需的原則，使之成為具有大利的商品，禍害於焉產生。「以天地自然之利利民，而國亦賴其利者，鹽也。雖然大利之中，大害伏焉。」而「自漢至今（指清代），榷鹽之法，隨時損益，法之興也愈繁，弊之出也愈滋。」其因在於「人第知屬禁之為禁，不知不禁之禁為無形也，知多取之為取，不知薄取之取為無窮也。」〔註3〕道出統治者自私心態所帶來無窮的禍患。清末，從事鹽務改革的張謇，在體認過去鹽政弊端後，提出：「國計之大利在鹽，而大害在梟，鹽生利，利生梟，梟生害。」〔註4〕直接指出了不良的制度其大害即在鹽梟的產生。

　　關於鹽梟的歷史，從張謇的一段話中，我們可以有初步的認識，其文略

〔註1〕桂垢纂輯，《皇朝食貨志》（藏於台北國立故宮博物院），鹽法一。

〔註2〕〈酌改鹽務章程裕課便民疏〉，盛康編，《皇朝經世文續編》（台北，文海出版社，民國61年12月），卷五〇，戶政二二，頁30。

〔註3〕孫鼎臣，〈論鹽一〉，盛康編，《皇朝經世文總編》，卷五〇，戶政二二，頁3。

〔註4〕《張季子（謇）九錄》（台北，文海出版社，民國72年），政聞錄，卷十七，光緒30年甲辰，〈變通通九場鹽法議略〉，頁8。

謂：

> 自劉晏置十三巡院捕私，而私之名始見於史，由是終唐之世，梟未
> 嘗絕。其蘊毒之深而爲天下大禍者，首推黃巢，自是以後，蜀王建、
> 吳越錢鏐輩，皆梟之桀也，元季則張士誠、方國珍，明則汪直，是
> 皆最著名者，本朝如王倫、蔡牽、李兆受輩，凡劇盜亂人，無一不
> 藉私鹽爲資糧。夫梟與商之分，一有稅，一無稅而已。〔註5〕

扼要地將鹽梟歷史敘述出來，所指出的梟商之別，實際就是官私的不同，差
別在於繳稅與否。其中還透露出一千多年，鹽梟始終未因朝代更迭而衰退。
而自唐以下，各朝均對販私鹽者有相當嚴苛的懲罰，甚至涉及與之相關官員，
茲以元朝爲例。按《兩淮鹽法志》，關於元朝的罰則：

> 諸犯私鹽者，杖七十，徒二年，財產一半沒官，於沒物內一半付告
> 人充賞鹽貨。犯界者，減私鹽罪一等，提點官禁制不嚴，初犯笞四
> 十，再犯杖八十，本司官與總管官府一同歸斷三犯開奏定罪。監臨
> 官灶戶私賣鹽者，一體同私鹽。〔註6〕

可見政府對官鹽的重視，否則不會獨厚鹽利的保障。在清代的檔案文書中，
鹽梟又稱爲「鹽徒」、「鹽賊」、「鹽匪」、「梟匪」、「鹽犯」等不同的名號，而
這些私鹽販子又爲何以梟名之？武裝販運私鹽者，以其慓悍而謂之梟。〔註7〕
民國鹽務專家林振翰在《鹽政辭典》中有如下的解釋：

> 積販運賣私鹽之稱也。世界各國無梟，惟我國有也。我國古代無梟，
> 惟唐中葉以後有之。以知梟也者實鹽法不良之產物也。若唐之蜀王
> 建、黃巢、王仙芝，元之張士誠、方國珍，明末則汪直，清初則粵
> 盜譚阿昭、閩盜蔡牽。大之揭竿聚眾，釀成流寇，卒移國祚；小之
> 亡命江湖，流爲盜賊，塗毒生靈，均擾亂至數十年之久。豈知其始
> 皆不過一販鹽之梟耶！〔註8〕

很簡單地指出，慣於販私鹽者即是鹽梟。光緒年間，天津《大公報》對於一
般帶私鹽者也稱爲鹽梟，似乎鹽梟在清末已經沒有嚴格的界定。〔註9〕基本

〔註5〕《張季子（謇）九錄》，政聞錄，卷十七，光緒30年甲辰，〈衛國卹民化梟弭
　　　盜均宜變鹽法議〉，頁3。
〔註6〕單渠等撰，嘉慶《兩淮鹽法志》（藏於台北國立故宮博物院），卷一，頁26。
〔註7〕孫鼎臣，〈論鹽二〉，盛康編，《皇朝經世文續編》，卷五○，戶政二二，頁5。
〔註8〕林振翰，《鹽政辭典》（鄭州，中州古籍出版社，1988年12月），頁25。
〔註9〕《大公報》（影印重刊本），（五），光緒32年閏4月22日，頁22。

上，林振翰的解說是就鹽梟活動的形態而立論的。「大抵販私之梟多係亡命之徒，釐卡與鹽捕非因其富。實畏其強。倘盡認眞稽查緝捕，彼等聚眾而來，器械槍炮無所而有。一旦抗拒，大之則有性命之憂，亦有傷損之慮。」〔註10〕這些鹽梟的行徑確是相當駭人的。上海《申報》的社論對此也有其看法，在〈論禁私鹽之難〉文中論道：

> 然鹽之利既巨，則民間安肯舍此厚獲，勢必禁者自禁，犯者仍犯。
> 而又恐官府捕役多方緝捕，則又結爲黨羽，持械自衛，拒捕傷人，
> 而私梟之名於以立，私梟之害於以滋。〔註11〕

此說與前述相同，只要私販聚眾結黨，持械抗拒，就會被冠以梟名。在〈除梟說〉這篇社論中則云：

> 不孝之鳥謂之梟，毛詩有爲梟爲鴟之詠，疏曰自關而西謂梟，爲流
> 離其子，適長還食其母，故張奐云鴟鴞食母。又其肉甚美，可以爲
> 羹臛。北戶錄則云古人尚梟羹，意欲滅其族，非以爲美也。又懸首
> 木上曰梟首，前漢書高帝紀梟故塞王欣頭櫟陽□。又其義爲健，漢
> 書有北貉燕人來，致梟騎助漢。而周瑜言劉備梟雄。今者獨以此名
> 歸于販賣私鹽之人，謂之曰梟，此外無聞焉。殆以販私鹽者不識法
> 紀，目無王章，無君之心，實比於無親與食母之梟無異，故以名之，
> 抑以其罪應梟首，而故以此相詬病也。如以爲私販往往趫捷善鬥勇
> 健無匹，不啻梟騎，然又以若輩橫行無忌，氣象雄壯，而以梟雄目
> 之，是則斷非鹽梟得名之義也。〔註12〕

引經據典地將這些私鹽販子比擬爲無父無君忘恩食母的梟鳥，又其罪足以梟首，故名鹽梟，雖然未必完全正確，不過卻有某種程度的合理性。但是以此否認鹽梟因爲強健梟勇作風的緣故而得名，或許武斷了些。早在順治九年（1652）一項防範鹽徒的禁約中，已經將他們的行爲作風說得很清楚了：

> 然而無賴亡命，怙惡不悛，或聯舸列艦，或聚黨成群，一遇盤獲，
> 動輒狡口飛噬某爲灶產，某爲秤手，某爲發本。及至拘提到案，百
> 無一實，或睚眥小嫌，或涎家道殷實，甚至從無一面，奸囑妄扳，
> 庭鞫之下搶地呼天覆盆求雪者比比而是。而眞灶眞夥即使窮加拷

〔註10〕　《申報》（台北，學生書局，民國54年5月），光緒3年3月20日，頁12193。
〔註11〕　《申報》，光緒7年11月4日，頁21501。
〔註12〕　《申報》，光緒9年6月27日，頁25847。

訊，不肯供報。如此习風，殊堪髮指。〔註13〕

而《兩淮鹽法志》中記載的懲處條例如下：

> 凡家強鹽徒聚眾致十人以上，撐駕大船，張掛旗號，擅用兵杖響器
> 拒敵官兵，若殺人及傷三人以上者，比照強盜已得財律皆斬，爲首
> 者仍梟首示眾。其雖拒敵不曾殺傷人，爲首者依律處斬，爲從者俱
> 發邊衛充軍。若止十人以上，原無兵杖，遇有追捕拒敵，因而傷至
> 二人以上者，爲首依律處斬，下手之人比照聚眾中途打奪罪，因而
> 傷人律絞，其不曾下手者仍以從論罪。〔註14〕

雖然並未直接使用鹽梟之名，但以鹽徒呼之，然而爲首者梟首示罪的規定，
頗與《申報》所論相符。雍正年間，在一項奉旨議奏中，指示稽查「鹽梟」
的方法，同時，議中所言鹽梟強悍不法的行爲，與上述鹽徒的行爲形態類似，
有如梟騎般強橫，肆無忌憚，也難怪清政府將其比成盜匪看待。同治五年至
同治七年（1866～1868），直隸山東道鹽梟竄擾，震動朝廷。根據御史汪朝棨
奏稱，直東交界鹽梟充斥，千百成群，搶刮鹽灘，拒傷官役。而這並非單一
鹽梟擾害事件，此輩已與土匪勾結，發展成類似馬賊部隊聯合的行動組織。
根據總署章京張其潗所接家書，內稱同治六年（1867）六月初九日，突有土
匪鹽匪二千餘人，包括馬隊八百餘騎，大車二百餘輛，搶掠焚殺直隸蠡縣境
內北五福村辛橋鎮等三十多處村莊，事後再竄任邱高陽一帶。對此清廷以奉
天勦辦馬賊之法應之。〔註15〕在其它的檔案文書中，也有類似的記載，特別
是光緒、宣統年間，江蘇、浙江交界環繞太湖周邊的州縣，常年苦於梟匪的
侵擾。彼輩不僅販運私鹽，更藉水道縱橫之便，打家劫舍，主動出擊官府，
宛若水寇。其實，鹽梟的行爲是多樣性的，有少數集結的，有成群結隊的，
更有單獨行動的，我們不必將之局限於某一種固定說法上。只要干犯法紀，
販運私鹽，敢於抗官拒捕者，皆可視爲鹽梟。然而一些迫於生計，以攜帶私
鹽暫時換取生活所需者，雖然官方以及清代晚期某些報刊認定其爲鹽梟，則
似乎不必一定強加梟名於其身上。

〔註13〕雍正《敕修兩浙鹽法志》（台北，學生書局，民國55年6月），卷十二，頁4。
〔註14〕康熙《兩淮鹽法志》（台北，學生書局，民國55年6月），卷九，頁4～5。
〔註15〕《月摺檔》，同治6年7月1日（上），直隸總督劉長佑奏摺。《大清穆宗毅皇
　　　　帝實錄》（台北，華聯出版社，民國53年10月），卷一八二，同治5年8月
　　　　庚寅，頁6。《大清穆宗毅皇帝實錄》，卷二〇六，同治6年月己亥，頁1、頁
　　　　7。《大清穆宗毅皇帝實錄》，卷二一七，同治6年11月辛未，頁5。

　　在此，有一點必須加以釐清，因爲在鹽梟的活動過程中，有與祕密會黨、青幫、紅幫以及其他下層社會團體勾結的情形，故需對這些組織性質有所區別，以免有混淆不清之慮。基本上，過去學者在探討祕密會黨時，常使用密結社一詞，既易與文人結社相提並論，又常和祕密宗教混爲一談，易對屬於異姓結拜性質的會黨產生誤解。而在清代官方文書中，常見「結會樹黨」字樣，並且將之納入大清律例內的增訂條例之中。加上會黨成員以年次結拜兄弟，結會樹黨，創立會名，故而稱爲會黨。並且清末革命運動開展以來，會黨一詞的使用更爲普遍。所以爲了能充分突顯異性結拜組織的本質，也較符合歷史事實，使用祕密會黨似乎比秘密結社來得妥當。又幫與會是兩種不同性質的組織，會是指秘密會黨，幫則是指地緣性結合的各種行業組織，可作量詞解，含有夥或群之意，似由船幫而得名。青幫、紅幫是以信仰羅祖教的漕運水手爲主體的秘密組織，均是由糧船幫而得名。由於各幫水手的地域觀念濃厚，同時，老水手與新水手間，也常因利害衝突引發激烈械鬥，因此誤解是由會黨衍化而來的祕密組織。事實上，青幫、紅幫是漕運積弊下的產物，清代中葉以後，投充漕運水手者，欲立足於糧船，必須加入青幫、紅幫，或是其它幫派。青幫與紅幫是具有秘密宗教色彩，而行爲上卻有跡近會黨的方式，易被誤會是會黨的同質團體。其實，幫與會的性質並不相同，將彼此混爲一談，並不妥當。〔註16〕

　　清代因爲各種資料的存留較爲完整，加上近十多年來檔案的開放，故在史料的搜集上有其優越之處。按台灣學者莊吉發對清代史料的了解，指出「北京中國第一歷史檔案館和台北國立故宮博物院現藏清代檔案，數量龐大，品類繁多。其中《宮中檔》主要爲清代歷朝君主親手御批的硃批滿漢文奏摺，原存宮中懋勤殿等處。《軍機處檔‧月摺包》，主要爲《宮中檔》硃批奏摺錄副存查的抄件，其未奉硃批的廷臣奏摺，則以原摺歸檔，因其按月分包儲存，故稱《月摺包》，原存軍機處。《月摺檔》是一種簿冊，其已奉硃批或未奉硃批的臣工奏摺，逐日抄錄，按月分裝成冊，原存東華門內國史館。《外紀簿》也是抄錄摺奏事件的重要檔冊，因其所記者爲外省臣工即外任大員的奏摺，故稱爲《外紀簿》，原存內閣漢票籤處。《宮中檔》硃批奏摺、《軍機處檔‧月摺包》奏摺錄副、《月摺檔》及《外紀簿》奏摺抄件，存查文書中除少數部院

〔註16〕莊吉發，《清代秘密會黨史研究》（台北，文史哲出版社，民國83年12月），頁3～5。

廷臣的摺件外，主要為來自各省督撫將軍藩臬提鎮等外任文武大員的奏摺及供詞等附件的原件或錄副抄件，含有極為豐富的地方史料，包括政治、軍事、社會、經濟、文化及民情風俗等方面。此外，軍機處及內閣的《上諭檔》，錄有各要犯供詞及廷臣議覆奏稿。」〔註17〕這些檔案資料的整理公布，對於整個下層社會組織的研究，提供了高度可信與直接的豐富史料，實為歷史工作者一劑有力的強心針。

　　雖然如此，但是關於清代鹽梟的研究，更廣泛地說，整個中國歷代的鹽梟研究，目前仍如鳳毛麟角般甚為稀少，且僅是概略性的探討，沒有整體性的分析，對於鹽梟的發展、組織以及成員性質等無法進一步了解，即使對鹽梟這個名詞似乎是耳熟能詳，但卻多是一個模糊的概念。當然，不可否認有關清代鹽務方面的研究，奠下了對鹽梟產生在制度面了解的基礎，在前輩的研究成果上，確實導引了許多鹽務運作的基本知識。

　　由於近幾十年來，在重視群眾運動的歷史趨勢下，經過有心學者的鑽研，關於祕密社會與盜匪方面得到相當豐碩的成果，相對地在鹽梟這部分則顯得似乎未受到應有的重視，無法進入歷史舞台的主角地位。鹽梟能在中國自唐代以後與各朝代相依存，必定在某方面有對他們的需要，或者說他們在社會上具有某種特定的價值，否則為何能在專制政體下，雖然不能說安然地存在與度過，至少也是未曾中斷過他們的活動。單就這點而言，已是相當值得探討的。本文的時間斷限，上自順治時期，下迄宣統結束，在這二百多年的時間中，鹽梟的出現，有其制度面的主觀因素，也有外在的助力促其擴張，並非單一緣由所能涵蓋。同時，本文以人口流動以及社會經濟變遷角度切入，以便了解在大環境變動下，大眾百姓如何適應這其中轉折的趨勢。其次，關於鹽梟成員與外在活動方面，藉此探討他們的社會階層關係並其行為，以便說明鹽梟本身的性質。另外，隨時間演進，鹽梟組織的嚴密度，更隨著緝捕制度以及懲處的愈趨嚴格，反而以愈形完整與擴展的走勢，個中因素頗為耐人尋味。在清代晚期鹽梟被官方稱為梟匪，相信必與他們行動走向愈為激烈暴亂有關。而在空間上，是以京杭大運河沿岸省分的鹽梟為主要對象，不過，鹽梟的活動力甚強，加上食鹽引岸區域廣大，牽連省分無法受限於此，故在整個大範圍下，不可避免的會涉及到安徽、江西、河南、兩湖等省，無法受限於直隸、山東、江蘇、浙江四省。再者，本文乃以社會史立場論述，不是

〔註17〕同前註，頁9。

作鹽政的研究，而且，雖也論及漕運問題，但皆是以制度缺失立論，不在制
度運作狀況的討論，即使觸及經濟史領域，卻非經濟史論題，特此聲明。

　　由於牽涉的時空範圍甚廣，因此本文的目的，希望藉此對鹽梟作一個整
體性的分析，勾勒出鹽梟的輪廓概觀，以為日後更進一步研究的基礎。

第二章　鹽梟的興起

第一節　引岸僵化的導源

　　清代的鹽法，大抵沿襲明代而加以損益，〔註1〕這主要是一種禁止自由販運強制行銷的專商引岸制。〔註2〕「引商有專賣域，謂之引地。當始認時費不貲，故承爲世業，謂之引窩。」〔註3〕其內容是招商認引，各岸銷鹽認引皆有定額，按引徵課。更重要的是畫界運銷，不許越界買賣。「使什佰逐末之商，各占行鹽地方，以爲己業。」〔註4〕「自夫人之畫地分商也，遂令民有食貴之虞，故從此而鹽亦分官私也。」〔註5〕如此，「欲其流行而無塞，此於理則不順，於情則不協，於勢則不便。無怪乎法變事棼，心徒勞而政彌拙也。」〔註6〕不僅官方人士有此體認，清代晚期，在輿論界具有舉足之勢的《申報》也曾不斷撰文論述鹽分官私帶來的根本問題。光緒元年（1875）五月十五日，其中一篇社論論道：

　　　　夫私販竊買灶戶餘鹽，索值不多，而又無課餉關鈔之納，無引窩舖彩之費，無酬應供給之煩，隨運隨售計本牟利，稍得餘潤而足矣。

〔註1〕《清史稿校註》（台北，國史館，民國75年9月），卷一三〇，食貨四，頁3534。
〔註2〕王方中，〈清代前期的鹽法、鹽商與鹽業生產〉，收入陳然、謝奇籌、邱明達編，《中國鹽業史論叢》（北京，中國社會科學出版社，1987年12月），頁300。
〔註3〕同註1，頁3536。
〔註4〕丁履恆，〈鹽法議〉，盛康編，《皇朝經世文續編》，卷五〇，戶政二二，頁15。
〔註5〕《申報》，光緒元年5月20日，頁7819。
〔註6〕孫鼎臣，〈論鹽一〉，盛康編，《皇朝經世文續編》，卷五〇，戶政二二，頁4。

商人雖極減價，豈能賠折賷本擔負沿□，以與私販爭銷售之速哉？
官懼滯引誤課，不能不廣派弁役攔緝私漏，而零星小販非例所禁，
其巨梟連結夥黨什百爲群，一加嚴詰則逞強拒捕，甚至激成大變，
毒民累官。是不緝無以保課，緝之又無以勝私，雖良吏善政無以持
平也。愚以爲私鹽之名由有官鹽而起，天下之民食天下之鹽，何官
何私？譬如米粟布帛絲麻皆供稅課，設各立官商，給予成本，劃疆
分界，令專執一方，賣買之利諸不由官商者謂之私貨，則官貨有官
司使用之攤貼，其價必昂。私貨乘間竊售，其價必減，地方之爭鬥
控詐，官吏之查□煩擾，豈不百倍於鹽。惟無官私之分，故買賣流
通，從未聞有互相侵越不能銷售之本。〔註7〕

以民生必需品爲例，確是道出了鹽務弊病的根本所在，正所謂「鹽爲人人日
食所需，五味之中，人各有嗜，惟鹽人斷不能不食。故鹽之銷場，至多且易，
自設岸商，國之厚利歸之，民之食貴由之，以富國有加無減之重利，供諸商
驕奢淫佚之花消，不亦□乎！」〔註8〕自清初以迄清末，鹽務每況愈下，雖然
幾經改革，但從未眞正起死回生，歸結其因，就在未能切實拔除病根之源的
專商引岸制。不僅如此，在現實生活壓力下，更成爲孕育鹽梟的溫床。宣統
年間，天津《大公報》刊登一篇民間人士程淯的〈上江督端制軍書〉中指出：
「夫銷售之利既爲鹽商所壟斷，不准居民販售，復不爲之謀生業，是不啻絕
其生命，小民無以資衣食，欲不爲私販不爲鹽梟不能也。」〔註9〕

茲據《清史稿校註》所載，將所有產鹽區的銷售區域臚列於下：

長蘆：直隸、河南兩省。

奉夫：奉天、吉林、黑龍江三省。

山東：山東、河南、江蘇、安徽四省。

兩淮：江蘇、安徽、江西、湖北、湖南、河南六省。

浙江：浙江、江蘇、安徽、江西四省。

福建：福建、浙江兩省。

廣東：廣東、廣西、福建、江西、湖南、雲南、貴州七省。

四川：西藏及四川、湖南、湖北、貴州、雲南、甘肅六省。

〔註7〕頁7787。

〔註8〕《申報》，同治12年8月11日，頁3505。

〔註9〕《大公報》，(9)，宣統元年2月8日，頁203。

雲南：雲南省。

河東：山西、河南、陝西三省。

陝甘花馬池：陝西、甘肅兩省。〔註10〕

其中與本書相涉的鹽銷區，浙江省銷售浙江、福建兩省的鹽，江蘇省銷售兩淮與山東、新江兩省的鹽；安徽省銷售兩淮與山東、浙江兩省的鹽；江西省銷售兩淮與浙江、廣東兩省的鹽，湖北省銷售兩淮、四川省的鹽，湖南省銷售兩淮與四川、廣東兩省的鹽；河南省銷售兩淮、河東、長蘆與山東省的鹽。除了直隸、山東兩省只銷一種鹽外，其餘的都兼銷數種鹽，而整個鹽務問題的核心，也正是圍繞在這上面衍生出來的。即「一省畫引數區，同一納稅之鹽，儼有敵國之勢。又以不一之價誘民於非辟之途，一觸法網，身家破隙，是何異削趾適履，為阱陷人。」〔註11〕

　　山東省雖只銷本省所產的鹽，卻因為有引、票之分，同一府屬內有的食票鹽，有的食引鹽，甚或引票俱食，造成址壤錯接的情形。〔註12〕而其它兼銷幾個產鹽區食鹽的省分犬牙交錯的狀況更是普遍。雍、乾年間，大學士朱軾就具摺指出僵化的引界畫分所帶來的擾民問題，原摺謂：

> 查商人行鹽，各有地方，州縣銷引，原有定額，是以舊例不許越界買賣。但犬牙相錯之地，有此縣莊村，插入彼縣地界者，就近買食官鹽，即為犯禁，查挈拘繫，往往不免。而本縣所設鹽店，或遠在數十里之外，小民食鹽無幾。欲其捨鄰近易買之鹽，而遠求於數十里之外，此必不可得之數也。況水陸裝載有難易，鹽勛之積貯有盈縮，而價之高下因之。若必拘定所屬地界，甚為不便。而愚民之易至於犯禁令也必矣。〔註13〕

清政府的整個鹽務措施，是以國課的充裕為優先考量，並未實際顧及到百姓有食貴之憂，銷售區域一經畫定，不許越雷池一步，否則以私鹽論罪。如此一來，時常是接近某一鹽產區的相接壤的州縣，卻被分割成食用不同鹽產區的鹽，有的州縣被迫購買既遠且貴的鹽，無法食用鄰近廉價的鹽，毫無公平

〔註10〕同註1，頁3534～3535。

〔註11〕《張季子（謇）九錄》，政聞錄，卷十七，宣統三年庚戌，〈豫備資政院建議通改各省鹽法草案〉。頁16。

〔註12〕萬際端，〈陳鹽引積弊疏〉，賀長齡編，《皇朝經世文編》（台北，世界書局，民國53年），卷五〇，戶政二五，頁16。

〔註13〕朱軾，〈請定鹽法疏〉，賀長齡編，《皇朝經世文編》，卷五〇，戶政二五，頁12。

合理可言。「以地之近遠，制行鹽之法，各有方隅，不能相遇。舟楫之費，既竭財於無謂，遠運之勞，復擾民而不已。轉輸煩重，鹽價騰貴。」〔註 14〕在這種不顧客觀條件與地理環境因素的制度下，自然產生諸多矛盾怪異的現象。例如，江西省建昌府例食淮鹽，但距淮南二千多里，而離閩鹽產地只有二、三百里，運鹽里程較之淮南近至十倍左右，鹽價自是貴賤懸殊。〔註 15〕河南省的陳州府、歸德府例食長蘆鹽，與例食淮鹽的汝寧府、光州府各屬壤地相接，鹽價差距頗殊，由陳州、歸德兩府興販蘆鹽至汝寧、光州兩府，數日往返，即獲倍利。〔註 16〕對此，朱軾也有深刻地體認，曾建議政府改革，朱軾云：

> 行鹽地方，宜酌量變通也。查各省不產鹽，所以必藉商人行運。但即以江南之鎮江等府而論，與淮揚相去甚近，而向例必食浙鹽，浙江路遠，商運需費，鹽價自貴。而淮鹽就近可得，價亦甚賤。捨賤買貴，人情所難。近日丹徒縣販私搶鬧一案，所謂私鹽者，蓋即淮揚之官鹽，因其非浙商所賣之鹽，即謂之私耳。夫淮、浙雖有不同，以國家視之，食鹽無非赤子，完課總歸正供，此疆彼界，有何區別，徒以商引銷積之不均，致使小民法網之不免。自應令該督撫會同鹽臣，斟酌變通。如鎮江等府竟改行淮鹽，其餘各省似此者甚多，如河南上蔡等縣，本有河東之鹽，而必銷淮引；湖廣巴東等縣，逼近四川之界，而必食淮鹽。有一省而各府所食之鹽，地方不同者，有一府而各州縣所食之鹽，地方不同者，俱應就鹽地之遠近逐一查明，盡為改易。則一變通間，於國家毫無所損，而民之受福不少矣！〔註 17〕

朱軾站在為民謀利的立場立論，認為人民食鹽納課，稅收歸於國家有何差別，分疆立界徒增困擾而已。但在政府立場來看，引岸制行之久遠，牽涉其中的政商問題甚多，為了確保財源的穩固，根本不願似也無力將糾葛盤纏的複雜關係予以徹底釐清。早在雍正二年（1724）兩江總督查弼納即請將鎮江府改食淮鹽，以杜絕長江南岸的鹽梟。鎮江例食浙鹽，浙鹽盤掣後，載運鎮江，運程六、七百里，腳費自多，成本提高。淮鹽去鎮江僅隔長江，私販片帆即至，腳價無幾，

〔註 14〕吳鋌，〈前因時論〉，盛康編，《皇朝經世文續編》，卷五〇，戶政二二，頁 1。
〔註 15〕《大清高宗純皇帝實錄》（台北，華聯出版社，民國 53 年），卷一三七五，乾隆 56 年 3 月庚子，頁 26。
〔註 16〕《大清宣宗成皇帝實錄》，卷一六五，道光 10 年 2 月丁卯，頁 12。
〔註 17〕同註 13。

較之浙鹽價值甚賤。且浙鹽質地遠遜於淮鹽,「民情惟利是趨,避浙鹽之貴而偷買淮私,勢所必至。」加上長江遼闊,稽查不易,鎮江私販既多,遂使句容、溧陽、高淳等縣也無可避免地充斥著私鹽。〔註18〕道光十二年(1832),鎮江附近沿長江開孟瀆、德勝、澡港三河,使得江北梟販片帆飛渡,更為便捷。同時,又有地方棍徒與若輩勾結,私設秤手行家到處販賣,肆行強橫,搶奪索詐官鹽店鋪,許多店家紛紛閉歇。這種情形,甚至蔓延於蘇州、松江、太倉各屬,使得浙西引地缺銷十餘萬引,鹽課短絀十餘萬兩。〔註19〕然而這種捨近就遠與捨便就難的畸形現象,並未獲得改善,特別是在「兩省交界引地,往往不能盡如人意。」由於鎮江為浙鹽門戶,為了保障浙鹽引地,直到同治年間,曾國藩尚以浙鹽引地太狹為由,反對鎮江改食淮鹽。〔註20〕

另外,山東產鹽區,北有蘆私,南有淮私,成本較輕,四面侵灌前來,小民貪賤食私,幾至禁不勝禁的地步。例如,沂州、郯城等處,接近江蘇之海州、贛榆一帶,私灘之鹽越境興販,近則侵害沂州、郯城、費縣、沂水、日照等處,遠則流毒嶧縣、滕縣等事處,造成引壅課虧。〔註21〕

「鹽務以兩淮為最大,鹽務之弊亦以兩淮為最深。」〔註22〕根據大陸學者陳鋒的研究指出,兩湖銷售淮鹽的最大轉運站漢口,由此分銷淮鹽至邊遠引地,里程平均為一千數百里,甚至有超過二千里的。若加上從江蘇儀徵到漢口的長江航程,則有三、四千里之遙。〔註23〕並且淮鹽運銷兩湖乃逆流而上,非四、五個月不能到達湖北,又非六、七個月不能到達湖南。〔註24〕在時空的限制下,淮鹽產地每斤制錢一、二文或三、四文不等,〔註25〕至漢口時,每斤需制錢四、五十文,迨分銷各處後,近者六、七十文,遠者竟達八、九十文,價差二、三十倍之多。其間輾轉耗費,各種巧立的名目「盈千累萬,任意攤派」,均歸結於

〔註18〕 雍正《敕修兩浙鹽法志》,卷十一,頁35。

〔註19〕 《陶文毅公(澍)集》(台北,文海出版社,民國57年),卷十五,〈會同浙閩督撫暨蘇撫籌議堵截淮私章程以衛浙鹽摺子〉,頁21。

〔註20〕 《曾文正公(國藩)全集》(台北,文海出版社,民國57年),批牘,卷六〈宿州尹牧稟請將該州東省引地改食淮鹽由〉,頁66。

〔註21〕 雍正《山東鹽法志》(台北,學生書局,民國55年6月),卷十一,頁46。

〔註22〕 王贈芳,〈謹陳補救淮鹽積弊疏〉,盛康編,《皇朝經世文續編》,卷五一,戶政二三,頁27。

〔註23〕 陳鋒,《清代鹽政與鹽稅》(鄭州,中州古籍出版社,1988年12月),頁65。

〔註24〕 曾國藩,〈請收回淮南引地疏〉,盛康編,《皇朝經世文續編》,卷五二,戶政三四,頁33。

〔註25〕 《陶文毅公(澍)集》,卷十二,〈會同欽差擬定鹽務章程摺子〉,頁5。

成本上。「成本既重，售價必昂，而私梟由此起矣。」〔註26〕實事上，高昂的鹽價反倒阻礙了商人販運的意願，「商人惟利是圖，趨近避遠，江廣遠方，時虞短絀，民食維艱，私梟安得不盛。」〔註27〕

淮鹽雖然行銷六省，其實並未如此廣闊。道光年間，曾任兩江總督整頓兩淮鹽務的陶澍有云：「實則爲地無幾，如江南之蘆、松、常、鎭、太倉、徽、廣例食浙鹽；徐、宿例食東鹽；淮、揚逼近場灶，食鹽甚少，往往融銷楚岸；皖北各屬與豫省毗連之處，皆食淮北海州之鹽，其課亦微。其食淮南鹽者，蘇省惟江寧一府；皖省則沿江之安、池、寧、太和、椒而已。是以積重之勢全在湖廣、江西，而江西之廣信則食浙鹽，贛州、南安、寧都與湖南之郴州、桂陽皆食粵鹽；湖北之施南食川鹽，其餘多爲鄰私所侵灌，如衡、永、寶、靖之於粵；荊、宜之於川；襄、鄖之於潞，皆全爲私占，不過虛存淮鹽名目。所眞食淮鹽者，江西惟南昌、南康、瑞、臨、饒、九；湖北惟武昌、漢陽、黃州、沔陽，湖南惟長沙與岳、常、澧三屬，通計不過十數郡。」〔註28〕這些侵灌淮鹽引地的鄰私，包世臣說得更清楚：「灌安、襄、荊、鄖者，潞私也；灌宜昌者，川私也；灌寶、永者，粵西私也；灌吉、建者，粵東與閩私也：灌歸陳者、蘆私也：灌饒州、寧國者，浙私也。」〔註29〕佔大的銷鹽區內，鄰近之省，如直隸、浙江、兩廣、四川、山西等省皆產鹽之區，與兩淮各岸邊區州縣相隔甚近，交通四通八達，在販運引鹽時，還常常借道淮鹽引地，如「潞鹽之行於陝西，有應從湖北鄖陽府經過者，川鹽之行於貴州，有應從湖南辰、沅等府經過者，以淮綱地界而爲鄰鹽必由之路，雖欲禁其私賣，勢必不能。」〔註30〕除了運道方便外，鄰私的質地也較合法官鹽爲優。淮南餘東、呂四兩場所產質地潔淨的眞梁鹽，「堆愈久則滷愈淨」，過去因商力充足，鹽商有能力將之買放一段時期。其後，「垣商疲乏，隨收隨售，鹽色不無稍減，」無法與質乾色白的川私相敵。〔註31〕

〔註26〕《陶文毅公（澍）集》，卷十一，〈敬陳兩淮鹽務積弊附片〉，頁5。

〔註27〕同註22，頁30。

〔註28〕《陶文毅公（澍）集》，卷十五，〈查覆楚西現賣鹽價摺子〉，頁38。

〔註29〕《安吳四種》（台北，文海出版社，民國57年），中衢一勺，〈庚辰雜著五〉，頁5。駱秉章，〈請淮鹽由浙河轉運湖南疏〉，盛康編，《皇朝經世文續編》，卷五二，戶政二四，頁24。

〔註30〕《林文忠公（則徐）奏稿》（台北，文海出版社，民國75年），道光18年，〈整頓楚省鹺務摺〉，頁511。

〔註31〕同註24，頁34。

　　這些鄰私非但多「鄰境官商轉賣越境之鹽」，[註32] 更暗與鹽梟勾通興販，雍正十三年（1735），長蘆巡鹽御史三保即具摺奏稱：

> 查行銷引鹽，原以緝私爲要務，私靖則官引自銷，所以分別疆界各銷各引，如有侵越即干法紀，惟是兩淮行鹽地方鄰私最易透漏，屢奉諭旨嚴飭該管官加意整理在案。……今浙、閩、川、粵及長蘆之商乃於淮鹽接界地僻人稀之處廣開鹽店，或五六座、十餘座至數十座不等，多積鹽斤，暗結梟徒，勾通興販。是私梟藉官店爲囤戶，鹽商以梟棍爲生涯……。[註33]

淮鹽費繁本重，價格高昂，鄰私自然乘間而入。「夫以重課之鹽而與鄰界之輕課爭售，即彼此同一官鹽，亦必彼盈此縮。況又加以無課之私販紛紛侵灌，其勢之不能相敵，更不待言。」[註34] 無怪乎會形成「兩淮綱食引地，無論城市村莊，食私者七八」的情形了。[註35]

　　上述的例子，很清楚的顯示出，在鹽引地畫分上的僵化和遷就，將鹽這種大眾必需品摒棄在自由供需關係外，以致「小民無不貪賤惡貴，故皆欲食私鹽，而不欲食官鹽。強民從欲，天下所以多事也。」[註36] 同時，對於鹽產以引額多寡限制，亦導致私販之弊叢生。乾隆初，科道官曹一士指出：

> 鹽之所產，實不可以引額限，於是私販之弊，復叢生其間。官從而立之程，曰歲捕私鹽當若干，捕不及額者有罰。利之所在，雖嚴刑峻法，莫之或止。有朝鐵趾而夕泛艖耳，不寧惟是，此數十萬游手無賴之徒，既無間田以驅之農，不爲私販，其肯晏然而已乎？[註37]

可見，不合理的措施與限制，徒增鹽務弊病以及鹽梟滋擾罷了。

　　爲了有效促使官鹽的流通與遏止私鹽的氾濫，清政府訂定了嚴格的禁令。在《兩淮鹽法志》中記載，關於私販方面，規定：

> 凡犯無引私鹽凡有確貨即是不必贓之多少者，杖一百徒三年。若帶有軍器者加一等流二千里。鹽徒誣指平人者，加三等流三千里。拒捕者，斬監侯，鹽貨車船頭匹并入官。道途引領秤手牙人及窩藏鹽

[註32] 同註29。
[註33] 三保，〈爲敬限鹽政要務事〉，轉引自陳鋒《清代鹽政與鹽稅》，頁193。
[註34] 同註30。
[註35] 《安吳四種》，卷五，中衢一勺，〈小倦游閣雜説二〉，頁14。
[註36] 《申報》，光緒元年11月16日，頁8803。
[註37] 曹一士，〈鹽法論〉，賀長齡編，《皇朝經世文編》，卷四九，户政二四，頁2。

犯寄領鹽貨者，杖九十徒二年半。受僱挑擔馱載者與例所謂肩挑背負者不同，杖八十徒二年。非應捕人告獲者，就將所獲私鹽給付告人充賞。同販中有一人能自首者，免罪，一體給賞。若一人自犯而自首止免罪不賞仍追原贓。若私鹽事發止理現獲人鹽，如獲鹽不獲人者不追，獲人不獲鹽者不坐，當該官司不許聽其展轉攀指，違者，官吏以故入人罪論，謂如人鹽同獲止理見發有確貨無犯人者，其鹽沒官不須追究。〔註38〕

關於守禦方面，規定：

凡守禦官司及有司巡檢司設法差人，於𨽍管地面并附場緊關去處，常川巡禁私鹽。若有透漏者，關津把截，官及所委巡鹽人員初犯笞四十，再犯笞五十，三犯杖六十公罪，並附過還職。若知情故縱及容令軍兵隨同販賣者，與犯人同罪私罪。受財者計贓以枉法從重論。其巡獲私鹽，入已不解官者杖一百徒三年。若裝誣平人加三等杖一百流三千里。〔註39〕

關於轉賣別境方面，規定：

凡將有引官鹽不於拘定應該行鹽地面發賣，轉于別境犯界貨賣者杖一百。知而買食者杖六十。不知者不坐，其鹽入官。〔註40〕

但是在以完納鹽課為第一優先考慮的心態下，各種法令的訂定，徒增玩法弄權與利權旁落的機會。其時已有人指出，「如使利權之大，而使人得以窺伺假借，乘隙而舞弄於其間，則利之所歸，上不在國，下不在民，而專歸於奸商與積蠹。」〔註41〕同時，罔顧現實環境的困難，「大江遼闊，風信靡常，船戶眾多，奸良不一。其猝遭風暴，沈漏淹消，固所不免。而乘機盜賣，裝點淹消；或故意擱淺，串同地棍搶劫；或不俏商廒，通向舞弊。」〔註42〕各種弊端於茲生焉。鹽梟在這種適合生存的溫床孕育下，也適時出現成為實際受惠者。留心經世之學的包世臣對此知之甚詳，為文論道：

至於私鹽之多，實由官受商制，而縱商夾私，商被船夾，而縱船

〔註38〕康熙《兩淮鹽法志》，卷九，頁1～2。

〔註39〕同前註，頁2～3。

〔註40〕同前註，頁4。

〔註41〕盧絃，〈鹽法議〉，賀長齡編，《皇朝經世文編》，卷五〇，戶政三五，頁11。

〔註42〕《道咸同光四朝奏議》（台北，商務印書館，民國59年），第二冊，道光25年，兩江總督管理關政壁昌奏摺，頁697。

買梟私，隨帶赴岸。運司又受商愚，引不出庫，改用水程開江，及殘引繳部，則四角皆由司截。商又弁髦非鹽船不准裝鹽之定律，私用車牌民船裝載。梟徒與船戶交密，洞悉各弊，五六年來，梟私竟有長船赴岸者矣。梟船與商船同放，冒借水程，過關一兩次後，關胥熟悉，費到船行，路無限滯，而江廣水販，始與梟徒覿面交易矣。梟私價賤色淨秤足，凡商之百計病民者，皆爲梟作利市。近又重加河費三釐，每斤增價五文，而梟私益得暢達。梟私鹽出無官司之煩，課回無壓擱之累，近且威脅屯船，強買商捆，以省沿途兵役規費。出費愈輕，則賣價愈賤，私愈旺，官愈滯，則商本佔擱，而賀息愈重。是商以夾私求利，而竟以得害也。〔註43〕

顯然，「利之所競，弊亦隨之」。〔註44〕並且「法令愈密，緝捕愈嚴，而私鹽終不可禁。以致商民交困，課額屢虧。」〔註45〕清政府處心積慮、爲維護鹽課所作的種種措施，反成爲病民與阻礙鹽務正常運作的禍根，商人與政府本身最後也同樣成爲受害者。在包世臣的論述中，道出了專商引岸制所帶來的必然結果，正所謂「凡商之百計病民者，皆爲梟作利市。」

　　「趨利若鶩者，商之情；貪賤就便者，民之情。而時價貴賤，早晚不同，又物之情。」〔註46〕甚合自然供需之理。然而清政府卻訂定了違反這種自然之性的鹽務措施，實行以保障政府財政爲基準的專商引岸制。所謂「保鹽即以保民，保民即以保商，保商即以保課。」〔註47〕總而言之，即在保課這層含義當中。在官商分利的出發點下，商人非僅壟斷了購鹽銷鹽的利權，以確保政府的收入，同時也透過根窩的買賣坐享厚利，使「引目之不能流通，價值之不能平減。」〔註48〕陶澍亦說過：「有窩之家，輾轉私售，如操市券，以一紙之虛根，先正課而坐享厚利。」〔註49〕這些鹽商，尤其是「掛名總商者，

〔註43〕同註35，頁17。
〔註44〕〈歷代鹽政改革〉，賀長齡編，《皇朝經世文編》，卷五〇，戶政二五，頁6。
〔註45〕盧詢，〈商鹽加引減價疏〉，賀長齡編，《皇朝經世文編》，卷四九，戶政二四，頁10。
〔註46〕《道咸同光四朝奏議》，第一冊，道光7年，兩江總督琦善兩淮鹽政張青選奏摺，頁181。
〔註47〕汪牲，〈鹽法芻言〉，賀長齡編，《皇朝經世文編》，卷五〇，戶政二五，頁10。
〔註48〕鄭祖琛，〈更鹽法〉，賀長齡編，《皇朝經世文編》，卷四九，戶政二四，頁3。
〔註49〕同註二五，頁11。

率多坐食鹽規之輩，名爲鹽商而不行鹽，徒爲鹽務之蠹。」〔註50〕其實，「事本相承，勢所必致。」〔註51〕在國家財政尚稱穩定時，各種弊端還勉強可以掩蓋起來，一旦財政狀況趨於緊張之際，則就百病畢現而難以應付，「積累層層，迄無底止。」〔註52〕總之，專商引岸的僵化乃鹽務的病根，鹽利爲官商所把持，鹽梟之患乃由此出。光緒四年（1878）十二月十八日，上海《申報》在一篇社論中對這種壟斷鹽務的情形論述得相當透澈：

> 壟斷之習，自古已然。説者以其左右望而罔市利，從而賤之。然逐末者以利爲義，苟奇貨之可居，即利權之獨擅，是猶在人情之中，雖曰可鄙，未爲甚也。最可惡者，經營行業任意把持，必使已占其利而人不能分其餘，不顧大局不論情理，此種陋習比比皆是。……夫市面交易以有易無，一業有一業之行情，一家有一家之生意，所謂或相倍蓰，或相什佰，或相千萬，物之不齊，物之情也。……中國鹽務，官爲經理，有引者爲官鹽，無引者爲私鹽。私鹽之禁最爲嚴屬，委員巡緝，□獲即□。説者謂鹽爲民間日用所需，不宜由官把持以示狹隘。有識之士每欲請除私鹽之禁以便銷售，而商人欲專利權無不多方設法，以緝私爲正務，官亦從而左袒之。……鹽務之有私梟，其患至大，然私梟亦豈甘爲匪類哉？私鹽之禁過嚴，商人把持於上，官府袒護其間。明知販私必將獲罪，而利之所在又不肯棄之，於是乎結黨拒捕捍然不顧。苟寬其禁，則私販者亦皆尋常負販之流；往來無禁，購鬻無忌，又何必逞強結眾以自罹法網。故把持一事，最足肇釁。〔註53〕

清政府爲了確保鹽利的獲得，採行了官商合作的壟斷辦法，結果，反而造成「上虧國課，下益民憂」的情形。而其導引出來的各種弊端，更是與清政府相始終：

> 鹽商認地領引，運鹽以往，至其口岸，盡將鹽船停泊封閉，任意昂貴。若有小民肩挑負販他處價賤之鹽，至伊引岸，以易升斗，彼鹽商店夥，即差鹽捕，指爲私販私梟，送官究辦。地方官平日受其饋贈，臨事不能推諉，祇得照例辦理，重則軍流，輕則枷杖。賣私鹽

〔註50〕《陶文毅公（澍）集》，卷十四。〈請復設鹽政附片〉，頁19。
〔註51〕同註46。
〔註52〕同前註。
〔註53〕《申報》，光緒4年12月18日，頁16387。

者，富則賄免，貧則將鹽搜出充公，其實皆飽店夥鹽捕囊橐。小民不能淡食，又不敢買私，惟有忍氣吞聲，以食昂貴之鹽而已。國家盛時，鹽商皆能振作精神，經理貿易，故於每歲鹽課不致虧缺，復能格外供奉，其家中窮奢極欲，一切享用過於王侯，資財果由何來，不過取之于民間而已。國家以無窮之利，盡畀鹽商，故鹽商得擁厚貲，而國家反失重利。厥後鹽商奢侈過度，貲本日消，應納課銀，年紬一年，國家鹽利盡失矣〔註54〕

而這些弊端也正好是鹽梟賴以生存的絕佳條件。

對於官商壟斷鹽業所造成的弊病，清末從事鹽務改革的張謇深有同感，曾鞭辟入裡地指出：「試問古今中外，舍中國鹽外，何物有定價乎？使古今中外百物之賣買，皆以鹽法之法行之，何物無梟？」〔註55〕質言之，此乃「姦儈之舞智，劇盜之行強」罷了。〔註56〕確是一針見血之論。

第二節　鹽務弊端的助長：生產方面

上一節談到的專商引岸制，主要是著眼於銷售地區畫分的情形，須加上生產和運銷過程二項，方能算是完整的鹽務措施，〔註57〕而鹽務之弊也就起於這些方面。「鹽法必以恤灶、保商、便民三者為要義」，這已包括了產、運、銷三個項目，「產衰則灶困，銷滯則商困，加以運艱費鉅，售價增昂，而民間亦困，私梟乘之。」〔註58〕很扼要地將鹽梟起因交待出來。嘉慶年間，主張以就場徵稅替代舊有鹽制的天津道鄭祖琛，曾為文詳論舉法諸弊，其中一段綜述整個過程的弊病，鄭祖琛云：

出之於場灶，則偷漏有弊，夾帶有弊；驗之於監掣，則掌稱有弊，捆包有弊；運之於中途，則換駁有弊，改包有弊；行之於口岸，則加滷耗有弊，加三帶有弊；售之於水販，則攙和有弊，輕稱有弊；甚至船戶商廒，交相勾串，江湖險阻，捏報淹銷。故鹽法之弊，始

〔註54〕《申報》，同治12年8月11日，頁3575。
〔註55〕《張季子（謇）九錄》，政聞錄，卷十七，光緒30年甲辰，〈衛國卹民化梟弭盜均宜變鹽法議〉，頁5。
〔註56〕同註11。
〔註57〕《大清宣統政紀》（台北，華聯出版社，民國53年10月），卷六一，宣統3年7月庚戌，頁2。
〔註58〕《大清宣統政紀》，卷十三，宣統元年5月壬戌，頁37。

於場商，成於運商，而民之私日以起。〔註 59〕

其實，早在康熙七年（1668），巡視南城雲南道監察御史徐旭齡即已籲請政府
革除鹽法在產銷方面的弊源：

> 今天下皆言私鹽矣，亦曾投其弊源而革之乎？一曰割沒，稽餘鹽也。
> 實則官收無額之課便侵欺，商行無引之鹽便夾帶，是以罰私鹽之法，
> 反爲行私鹽之一大孔也。臣愚以爲虛解剖沒之鹽，不若實添割沒之
> 引，商人鹽行重稱者，令其割斤配引以行之，永禁割沒名色，則商
> 無私帶，官無私收矣。一曰場灶，產鹽池也。實則奸灶利於私煎，
> 奸商利於私買，場官利於私放，是以國家額設之場反爲私鹽縱橫之
> 藪也。臣愚以爲正引即不榜派以便商，而餘鹽必當榜派以革弊，凡
> 場灶餘鹽報官派發，毋得私鬻，則場無私出，鹽無私販矣。一曰關
> 津，查鹽所也。實則獲鹽之賞有限，漏鹽之利無窮，私利重而官賞
> 輕，則隱漏多而緝獲少，是以巡緝私鹽之人，即爲護送私鹽之人也。
> 臣愚以爲賞緝鹽之功，不若嚴漏鹽之罪，凡獲私鹽必追漏過口岸，
> 一體連坐，則賄縱技窮越販路絕矣。夫三弊者天下之大弊也，誠能
> 大破積習而奮然更始，則弊不息而課不增者無有〔註 60〕

鄭祖琛與徐旭齡之論，不但指陳出鹽務間的各種陋習，並且也點明了私鹽之
起不在單方面的責任，而是全部措施中各環節間的問題。更嚴重的是在康熙
盛世，清代鹽務已弊端叢生，同時由「誠能大破積習而奮然更始」這句話來
看，可見弊源之起是清政府爲保障鹽課收入的可靠，在最初食鹽銷售區域規
畫上失當所致。

場灶是鹽法根本之地，灶丁是鹽場作苦之民，在整個生產領域方面，清
初，灶丁仍是一種世襲身分：

> 順治二年又除谿直省匠籍，免徵京班匠價。前明之例，民以籍分，
> 故有官籍、民籍、軍籍、醫匠驛灶籍，皆世其業以應差役，至是除
> 之。其后民籍之外，惟灶丁爲世業。〔註 61〕

然而康熙五十一年（1713）頒布的盛世滋生人丁永不加賦政策，以及雍正元
年（1723）攤丁入地政策的頒布，使得丁歸地徵，戶口人丁不復編審，於是

〔註 59〕 同註 48。
〔註 60〕 雍正《敕修兩浙鹽法志》，卷十一，頁 30～31。
〔註 61〕 《清朝文獻通考》（台北，新興書局，民國 52 年），卷二一，職役考，頁 5044。

各場灶丁額無確數可計。乾隆三十七年（1772），又將灶戶的編審造冊正式永遠停止，所有實在滋生人丁數目，一概歸原籍州縣彙入民數案內開報。灶戶與民戶無異，灶戶制度真正崩潰，製鹽在法律和實際上已不再是義務，成為一種自由職業，人人皆可製鹽。鹽場因此不易控制，私煎、私曬亦更難分辨，私鹽乃大量溢出。〔註62〕

清政府為了嚴防私鹽偷漏，對灶戶的生產進行監視管制措施。根據《敕修兩浙鹽法志》上刊載的規定：

> 凡鹽場灶丁人等，除歲正額鹽外，夾帶餘鹽出場及私煎貨賣者，同
> 私鹽法。該管百夫長即總催，知情故縱及通同貨賣者，與犯人同罪。

〔註63〕

此乃因龔明制，以總催為灶戶組織的骨幹。不過總催自明代中期以來防止私鹽的功能早已消失，催徵收納鹽課的功能，至康熙中期也已取消，整個制度形同虛設。〔註64〕加以各處灶戶濫設鍋鐵，無法稽核所產之鹽額數。除供應官商所需外，餘鹽盈千累萬，「而官不之問，商不之顧，灶戶不能坐守而置之無用之地也，而得之以為利矣。」以是「一灶也，以其鹽無官商，又以其鹽售之私販。故灶之產鹽無定額，私鹽之原終不可得而絕也。」〔註65〕為了彌補缺失，雍正六年（1728），淮南推行火伏法，「煎燒鹽觔，以一晝夜為火伏。灶戶臨燒，向本商領取旗號，舉火則張旗，息火則偃旗，垂為定例。」同時「請飭鹽法官，將在場盤鐵徹底清查，再嚴火伏之法，如有額外私置盤鐵，於火伏之外私行煎燒者，即以販私之罪罪之。」〔註66〕又設有灶頭、灶長、伍保、巡役，往來查巡。〔註67〕「查核其鹽之多寡，盡入商垣，以杜灶丁私賣之弊。」並且「凡州縣場司，俱令設立十家保甲，互相稽查。遇有私販，據實首明，將本犯照例治罪，私鹽變價分別賞給。」〔註68〕同年，山東永利、

〔註62〕徐泓，《清代兩淮鹽場的研究》（台北，嘉新水泥公司文化基金會，民國61年5月），頁18。
〔註63〕雍正《敕修兩浙鹽法志》，卷八，頁933。
〔註64〕同註62，頁33～34。
〔註65〕《宮中檔雍正朝奏摺》（台北，國立故宮博物院），第一輯，雍正元年2月10日，掌京畿道事陝西道監察御史吳鐈奏摺，頁69。
〔註66〕《清朝文獻通考》，卷二八，征榷考三，頁5106。
〔註67〕《宮中檔乾隆朝奏摺》，第四二輯，乾隆43年3月28日，兩江總督高晉等奏摺，頁475。
〔註68〕同前註。

永阜、濤雒三場也「立十家保甲，互相稽查」，防止灶戶勾通私販。〔註69〕淮北海州分司所轄三場係屬曬鹽，不需火伏。向來鹽池有定額，所鋪池磚以及池面大小亦例有塊數丈尺，不許私自增添。〔註70〕儘管政府採行嚴防措施，但是鹽產區地域遼闊，加上自明代以來的團煎法也早已廢弛，根本不能和火伏法配合，杜絕杜丁透私。順治年間，兩淮巡鹽御史李贊元就說：「臣稽往制，各場原有鐵盤，灶戶皆係官丁，立有團煎之法。」如今「官煎之法已廢，所以多寡聽其自然，官私由其自賣，弊孔百出。」〔註71〕兩浙各場灶舍聚煎者固多，然零星散漫者亦復不少，官攢團保又不肯實力奉行，惟是虛捏填報，梟販灶戶易於串售。〔註72〕

除了團煎法廢弛外，其它稽核制度亦是日久成弊，徒具虛名，非但不能有效達到遏阻作用，反成助長偷漏的助力。李澄《淮鹺備要》一書，對火伏法的失效有如下的論述：

> 火伏多而垣鹽少，其少者，從何而去？火伏少而垣鹽多，其多者，從何而來？弊在商規例重，而不復細量堆數，以較火伏。鹽數絀，則巧做空頭火伏，以保考成，弊在官。至於弊在官，則頭長皆得而挾持之，焉望其以實心行實政哉。大抵火伏之法，屢興屢廢，而廢弛至今日為極。〔註73〕

此輩灶頭、灶長本「有稽查之責，受商賄，則助商而勒灶以重行，受灶賄，則助灶而坐視梟犯之透私。」〔註74〕至於淮北鹽場，因屬曬鹽，非淮南火伏可比，藉力於天時獲鹽較易，遇晴多雨少之年，則池曬之鹽即多溢額。〔註75〕鹽場上的灶戶組織，又僅有灶約，類多「闒茸無能」，不負稽私之責。後於各圩所設督察曬掃的掌管，全歸垣商自行招募，不是在官人役。〔註76〕故奸丁

〔註69〕雍正《山東鹽法志》，卷十，頁18。

〔註70〕《宮中檔乾隆朝奏摺》（台北，國立故宮博物院），第四三輯，乾隆43年6月21日，伊齡阿奏摺，其505。

〔註71〕嘉慶《兩淮鹽法志》，卷三，轉引自陳鋒，《清代的鹽政與鹽稅》，頁183。

〔註72〕雍正《敕修兩浙鹽法志》，卷十二，頁12。《硃批諭旨》（台北，文源書局，民國54年11月），（三），雍正3年2月25日，巡視兩浙鹽課都察院左副都御史謝賜履奏摺，頁12。

〔註73〕轉引自徐泓《清代兩淮鹽場的研究》，頁50。

〔註74〕《陶文毅公（澍）集》，卷十四，〈議覆地方官籌款運鹽及按戶派銷之法斷不行摺子〉，頁39。

〔註75〕同註67。

〔註76〕徐泓，《清代兩淮鹽場的研究》，頁42～43。

不知畏懼，往往私自展寬池面，暗增磚塊，甚且偷挖土池，私曬漁利，遂致淮北之鹽依舊漫無稽考。〔註77〕而且一旦查獲私鹽，從未聽說有灶甲連坐場商參核者。倘若研訊得賞，則所過場灶、關津各官皆有失察之咎，承審者深恐株連，不願實力執行。在這種相護得利的心態下，一切保甲清灶之法，直如虛應故事一般，〔註78〕毫無實效可言。

關於面積遼闊方面，道光年間，任職翰林院的孫鼎臣在〈論鹽二〉文中論道：

> 諸場廣袤數百里，火伏之時有先後，逐灶逐鐵而視之不能之勢也。且夫計口授鹽，廣天下丁制為引之數，引之數有限，而鹽之產恆有餘。積有用之鹽於無用之地，欲禁朝不給夕之灶丁使毋私鬻，禁嗜利之商與梟使毋私市可乎？〔註79〕

馮桂芬也說淮鹽產地「濱海數百里，港汊百出，白蘆黃葦，一望無際，村落場灶，零星散布於其間。不漏於近處，漏於遠地矣；不漏於晴霽，漏於陰雨矣，不漏於白晝，漏於昏暮矣。何地可禁？亦何時可禁？」〔註80〕例如，泰州之屬港汊甚多，又皆通場灶，嚴防偷漏絕非易事。〔註81〕兩浙鹽產區「場地坍漲不常，遂致廣闊靡定，所以灶舍有額設，而滄桑不能無遷移，乃灶丁作奸乘此私煎偷售。」〔註82〕山東鹽產區，利津一邑縣城至海口距離甚遠，海口之上均屬鹽灘，因灘地遠在海濱四五十里，絕無人煙，每有不法之徒，於交界地方成群販私，毫無顧忌。〔註83〕坐落於霑化縣的永利場，灘多鹽盛，界連山東、直隸兩省，不但鹽梟偷扒盜販，更有灶戶圖利販私，隨路散賣，驢馱肩挑，絡繹不絕。甚至大幫興販，浸灌直隸州縣。雖自立汛以來漸有成效，然其東南一帶去場窵遠，場員鞭長莫及，無法周遍，仍為私販之數。〔註84〕不祇是面積廣闊的問題，淮南鹽產地濱海地帶到處有滷，人人可煎，直到清末，灶丁偷漏問題從

〔註77〕同註70。
〔註78〕同註76，頁21。
〔註79〕盛康編，《皇朝經世文續編》，卷五○，戶政二二，頁6～7。
〔註80〕馮桂芬，〈利淮鹺議〉，盛康編，《皇朝經世文續編》（台北，國風出版社，民國53年），卷四三，戶政二○，頁6。
〔註81〕《宮中檔雍正朝奏摺》，第十輯，雍正6年7月12日，江南巡察御史戴保音奏摺，頁827。
〔註82〕雍正《敕修兩浙鹽法志》，卷十二，頁72。
〔註83〕《硃批諭旨》，（八），雍正8年12月21日，劉於義奏摺，頁15。
〔註84〕雍正《山東鹽法志》，卷十一，頁42。

未解決。〔註85〕長蘆鹽場所屬州縣同樣鹽滷充斥，每遇乾旱滿地霜花，刮土淋煎即可成鹽，〔註86〕欲禁之而力有未逮！山東鄆城一帶多係產硝之區，每當春夏之交雨水稍缺時，硝鹽滿地，加以奸民刮掃淋曬，硝戶藉官煎私，幾有防不勝防之勢。〔註87〕

「欲杜絕私梟，必先清查場灶」，〔註88〕「蓋場灶產鹽得利而售者情也。官買例有定價，售私則價重於官。」〔註89〕類似之說，直到清末猶常見於各種鹽務論述中，道出了鹽梟與灶丁間最直接的關係，正所謂「私販私帶之鹽，皆出於場灶，緝私而不究私之所自出，則弊源未遏，安望鹽務日有起色。」〔註90〕清政府一再強調辦理鹺政首在「緝私恤灶」，〔註91〕基本上就是指體恤灶丁查緝鹽梟，張謇亦云：「鹽須丁煎，私從丁出，不恤丁而賣鹽，猶不事耕而望獲也。」〔註92〕雖然私鹽中，梟私未必是最嚴重的，但「鹽法之弊於私梟，各行省所同」，〔註93〕且販私的鹽梟中，多是具有武裝能力的亡命之徒，甚至擁有大規模的組織體系，對於治安的維護深具威脅性，因此在革除鹽務諸弊之中常居其首。

私鹽從場灶偷漏出來，其因相當複雜，總計起來，不外灶丁生產之鹽價賤，並且除鹽外灶丁別無他業，加上生活困苦，不透私無以自活。《海州直隸州志》對此有很清楚的論述：

> 謹天時竭人力終歲勤動，乃商買官鹽每觔不過七、八十錢，商池租曬價復減半，尚當由池擔負，運垣成廩，計其工力豈足相當，若專曬引鹽鮮有免於飢寒者。且舍鹽無業，旦暮從事，餘鹽必多，雖積而成山，亦飢不可食。姦販知其然也，乘彼匱乏，貸以資本，有倍稱之價，無擔運之勞。其黠者且盤踞以待，故春夏產鹽，往往先私

〔註85〕《光緒朝東華錄》（台北，鼎文書局，民國70年），光緒30年8月己未，頁5217。

〔註86〕雍正《新修長蘆鹽法志》（台北，學生書局，民國55年6月），卷十五，頁1397。

〔註87〕《丁公誠公（寶楨）遺集》（台北，文海出版社，民國56年），卷一〇，同治12年10月2日，〈鄆城十州縣鹽務改由官運摺〉，頁25。

〔註88〕朱軾，〈請定鹽法疏〉，賀長齡編，《皇朝經世文編》，卷五〇，戶政二五，頁13。

〔註89〕孫玉庭，〈鹽法隅說〉，賀長齡編，《皇朝經世文編》，卷五〇，戶政二五，頁28。

〔註90〕《大清宣宗成皇帝實錄》，卷二九七，道光17年5月乙未，頁18。

〔註91〕《宮中檔乾隆朝奏摺》，第三十輯，乾隆33年12月1日，尤拔緅奏摺，頁681。

〔註92〕《張季子（謇）九錄》，實業錄，卷三，光緒31年乙巳，〈鹽業整頓改良被阻記〉，頁5。

〔註93〕《張季子（謇）九錄》，實業錄，卷三，光緒31年乙巳，〈垣改聚煎呈移鹽院運司文〉，頁11。

而後公。至於私販之勢，亦積漸使然。〔註94〕

至於灶丁的苦狀，自清初以迄清末，不斷地被反映在各種論述中。康熙年間，有一首歌謠式的〈鹽丁嘆〉，深切刻繪出灶丁的悲苦實況：

> 煎鹽苦煎鹽苦，瀕海風霾怕弗雨，赤鹵茫茫草盡枯，灶底無柴空積鹵，借貸無從生計疏，十家村落逃亡五。曬鹽苦曬鹽苦，水漲潮翻灘沒股，雪花點散不成珠，池面半鋪盡泥土，商執支牒吏敲門，私負公輸竟何補。兒女嗚咽夜不炊，翁嫗憔悴衣藍縷。古來水旱傷三農，誰知鹽丁同此楚。〔註95〕

到了清代末葉，灶丁的生活仍未得到改善，《申報》就時常在社論中披露實情，其中一篇報導云：

> 夫飲水必思其源，鹽商之源在於鹽場灶丁而已矣，非鹽場則鹽無從出，非灶丁則鹽不能成。古人有言誰知盤中飧，粒粒皆辛苦，蓋言田雖富家所有，而犁雨鋤雲披星戴月，勤肉體而分五穀，究藉農人之力，是何異灶丁之於鹽商哉？事農事者惜及於耕牛，正不欲用其力而復食其肉，以傷仁人之心。今該商藉灶丁之力以獲厚利，理宜曲加體恤，而乃但圖己樂罔顧彼艱，是不亦忘本之甚乎！夫以灶丁之苦，夏日煎鹽，終朝向火，熱氣薰灼，揮汗如雨，偶立烈日之中，即係乘涼之地。冬則衣衫單薄，入而火氣蒸騰，出又寒威凜冽，忽寒忽熱最易傷人。所居者為蘆草棚，風日交逼，遇逢陰雨淋漓之時，坐臥皆在濕地。所食者為淮麥粥，無論老幼終年不見葷腥，非有故不得食米飯。當忙迫之際，晝夜煎煮不得休息，寢食俱廢，面目黧黑，形容枯槁，論其苦況甚於牛馬。烈火寒冰餓鬼諸地獄，灶丁不啻以一身兼之。〔註96〕

在這種「滷蝕膚剝」的惡劣工作環境下，「煎鹽之戶多盲，以目爍於火也；曬鹽之戶多跛，以骨柔於鹹也。」〔註97〕可見其苦楚之一斑。

　　若對前面的情形加以進一步分析，則更能明白為何清代一再保證整頓鹽務的決心，但是灶丁與鹽梟始終密不可分，根本無法斷絕他們之間的關係。

〔註94〕卷十七，食貨考，頁16。
〔註95〕康熙《兩淮鹽法志》，卷三八，頁13。
〔註96〕《申報》，光緒6年9月11日，頁197190
〔註97〕王守基，〈山東鹽法議略〉，盛康編，《皇朝經世文續編》，卷五三，戶政二五，頁42。

首先就鹽商對灶戶的剝削與欺壓來看，以兩淮鹽場而言，包世臣曾說：「鹽法最苦者，透私。」由於「場商之待灶戶也太刻，灶戶苦累，非賣私無以自贍。」〔註98〕這些「灶戶煎鹽為業，盤鐵外無餘產，多貸場商以資工本。」〔註99〕亦即場商於停煎之時，以高利貸方式，「舉錢濟灶」；其後於旺煎之時，「大桶中其鹽，重利收其債」，以致「灶戶交鹽而不得值，非透私無以為生」。〔註100〕乾隆年間，曾任兩淮鹽政的普福，對此情形已有相當詳細的論述，普福云：

> 灶鹽交易，向係用桶量收，實多滋弊。……奴才親至通、泰兩屬二十二場淮鹽各包垣，將伊等自置收灶鹽之桶，用前發官秤，逐一稱較，每桶實多一、二十斤不等，總無與官稱相符者。核之每引四百斤外，竟多至三、四十斤不等。……且有一班掀手量鹽，輕重鬆實，從中取利。若按一綱所出一百五六十萬額數，每引多收三、四十斤核計，則浮收仕鹽十五、六萬引，各場商竟侵漁眾灶鹽價銀十數萬兩。〔註101〕

既然場價太賤，灶戶生計不裕，又無法取給於場商，自然走上「匿鹽而售於梟徒」之途。〔註102〕

除了受到鹽商牽制外，鹽務分司人員也莫不以灶戶煎丁為俎上肉，予取予求。例如，兩浙鹽場場地坍漲不常廣闊靡定，以致額設灶舍不能無遷移。故釐制頒給印帖以別官私，例以三年一換，杜絕影混。然換給之時，鹽政衙門俱令差承賫發向有紙硃飯食等費，每張派取四五錢，多至一兩上下。而鹽場官役又以掛號蓋印名色任意勒取，即保伍工腳亦有派給奔走酬勞，再加鹽道分司衙門換給灶帖門牌俱有索取，計每灶領帖約費二三兩不等。「嗟此榮榮灶戶，何堪層層胝削！」〔註103〕故「漸設私灶，一次得利，積漸成風，一人得利，遠近效尤。」〔註104〕淮南鹽場為查緝私鹽，設置總巡巡役，總巡歲取煎丁每灶二千文，巡役半之，而臨時之挾制需索不與焉。積久此等查緝之人，反成串通賣放之人。乃有灶戶私頂場役，鹽梟鑽充鹽快，暗通煎運之事。〔註105〕也難怪雍正年間，前

〔註98〕《安吳四種》，卷七，中衢一勺，〈上陶宮保書〉，頁20。
〔註99〕同註74。
〔註100〕《安吳四種》，卷三，中衢一勺，〈庚辰雜著五〉，頁7。
〔註101〕普福，〈為奏聞清厘場商漁利多收灶戶鹽斤事〉，轉引自陳鋒，《清代鹽政與鹽稅》，頁186。
〔註102〕同註98。
〔註103〕雍正《敕修兩浙鹽法志》，卷十二，頁72～73。
〔註104〕呂星垣，〈鹽法議〉，賀長齡編，《皇朝經世文編》，卷五〇，戶政二五，頁2。
〔註105〕《張季子（謇）九錄》，實業錄，卷二，光緒29年癸卯，〈整頓垣章梟場立案文〉，

江巡撫李衛曾指責「灶戶之賣私，總在場官之賄縱。」〔註106〕

對於官商不合理的待遇，「丁如不服，笞杖枷鎖之刑，立隨其後。」〔註107〕一旦力「不能堪而逃也，則重法以繩之，其人逃則累及其稍有衣食之族，其人死則累及其子孫，無子孫則及其女夫外孫。故煎丁之被虐於鹽官胥役，與浙之惰民泰西之黑奴無異。」實乃「以最薄之值，任人以最苦之役。」〔註108〕在這樣受盡壓榨剝削的生活下，「灶戶不能枵腹以死，勢不能不私售於梟販。」〔註109〕

清代的鹽業發展幾乎全著眼於稅收的保證上，整個制度並不健全，於正規的運作下，不能突破專商引岸的定額限制。但是，在生產力略有進步下，爲了改善生活，鹽場溢額的餘鹽勢必找尋出路。陶澍曾說：

> 私梟所販之鹽，即係場灶所產之鹽。如果商人能收買餘鹽，何致有
> 私鹽可販，只因商不能收，而灶戶窮困，偶有透漏以資朝夕，遂致
> 輾轉負載，積少成多。而無資本身家之匪徒，聚而成梟。〔註110〕

其實，乾隆時期，已有「灶戶有鹽無售，坐待飢寒，遂致私賣濟梟，甘蹈法網」之事。〔註111〕

道光年間，全國性的鹽業衰頹似乎已經到了無法振衰起弊的窘境了。例如，淮南通泰所屬二十場，額產臨一百數十萬引，配口岸額銷。然岸銷日絀，商運日微，場灶存鹽亦日漸壅塞。鹽多售少則漏私，私鹽充斥則岸疲，岸疲則運銷愈形絀滯。並且場價太賤，據聞垣商棄產潛匿者，十室而九。運銷之引愈少，場鹽堆滯愈甚，「適開盜梟覬覦之門」。〔註112〕淮北各商窮困，無力購鹽，造成各灶戶無處銷售，難以聊生的情況。〔註113〕陶澍就指出，兩淮「約

頁11，《硃批諭旨》，（十），雍正12年8月6日，江南總督趙宏恩奏摺，頁18。

〔註106〕《硃批諭旨》，（七），雍正5年6月27日，浙江巡撫李衛奏摺，頁41。

〔註107〕《張季子（謇）九錄》，政聞錄，卷十八，民國元年壬子，〈改革全國鹽法意見書〉，頁20。

〔註108〕《張季子（謇）九錄》，政聞錄，卷十七，宣統二年庚戌，〈豫備資政院建議通改各省鹽法草案〉，頁16。

〔註109〕姚瑩，〈淮南變鹽法議〉，盛康編，《皇朝經世文續編》，卷五一，戶政二三，頁17。

〔註110〕《陶文毅公（澍）集》，卷十一，〈敬陳兩淮鹽務積弊附片〉，頁6。

〔註111〕《宮中檔乾隆朝奏摺》，第三十輯，乾隆30年12月1日，尤世紱奏摺，頁681。

〔註112〕《道咸同光四朝奏議》，第二冊，頁753。

〔註113〕《大清宣宗成皇帝實錄》，卷二○三，道光11年12月丙申，頁6。

計兩年銷不足一綱之鹽，灶戶以鹽爲生，商不收鹽，勢不能禁灶戶之透漏，而私販由此益盛。」〔註114〕並且，各商「雖有認岸之名，終年無鹽到岸。小民無官鹽可食，反仰給於私梟。」〔註115〕山東濤雒場因無開曬止曬之例，灶戶任意增灘多曬，導致定額之外，增鹽無算。本已衰疲的場商無力收買歸坨，因此居民盜扒，鹽梟轉販。〔註116〕至於長蘆鹽區方面，也因商疲不能收買堆滯的姓鹽，間有往販，又跌價抑勒，甚且掛欠，鹽梟乃得以公平時價，從中收買，於各村莊公然計口給鹽。並或預放本銀，灶戶衣食所資，焉能不趨之若鶩從之如市？〔註117〕光緒末葉，長蘆灶鹽價格更賤於糞土，被收購的不過是產數的四、五成，所餘甚多，造成年年積儲過廣現象。況且曬本過鉅，全係外借私債，每年利息甚重，灶民無可奈何。同時，政府既無撥運款項，又無積存之地，縱然光緒三十四年（1908）春有兩淮借運八萬包，但以當時所積存除商存之外，仍有一百數十萬包之多，去此八萬包不過如大海中去一杯水罷了，毫無助益。〔註118〕而灶戶愁慮再三卻訴之無門，除了坐以待斃外，也只有轉而自行販私或與鹽梟爲伍了。另外，清政府爲了養恤孤貧，設立老少鹽，規定凡貼近場赴地方窮黎年在六十歲以上十五歲以下，及少壯之有殘疾者，婦女之年老而孤獨無依者，於所在州縣報名驗實註冊，令里鄰具結，設立腰牌木籌，印烙給發。准其赴場支鹽四十斤以下，藉此提攜售賣以資糊口，享自然之利，免凍餒之虞。然爲恐其成爲侵援引地之弊叢，不准船裝，不准軍妻和少婦摻雜，祇許於附近場分地方肩挑背負，易米度日。〔註119〕

兩淮所屬的通州、泰州、海州、如皋、興化、鹽城、阜寧、安東及東台等州縣，皆貼近場灶，向不行銷官引，清廷酌撥餘鹽，令各該州縣老少窮民持籌赴灶，挑往鄉鎮售賣。又各場引鹽由灶運垣，由垣捆運，船裝車挽，一路轉移，層層拋撒，附近居民隨時掃刮積成斤數，挑赴村莊零賣，或易日用食物。濱海窮黎既藉此以資生，而村落居民亦無淡食而稱便。無如日久法弛

〔註114〕 《陶文毅公（澍）集》，卷十二，〈會同欽差籌議兩淮鹽務大概情形摺子〉，頁 2。
〔註115〕 《陶文毅公（澍）集》，卷十二，〈會同欽差擬定鹽務章程摺子〉，頁 17。
〔註116〕 《道咸同光四朝奏議》，第一冊，道光 17 年，山東巡撫鍾靈奏摺，頁 405。
〔註117〕 《道咸同光四朝奏議》，第三冊，道光 26 年，山西道監察御史朱昌頤奏摺，頁 719～720。
〔註118〕 《大公報》，（8），光緒 34 年 8 月 10 日，頁 266。
〔註119〕 《宮中檔乾隆朝奏摺》，第四輯，乾隆 17 年 11 月 4 日，長蘆鹽政天津鎮總兵吉慶奏摺，頁 228。《宮中檔乾隆朝奏摺》，第四二輯，乾隆 43 年 4 月 28 日，兩江總督高晉等奏摺，頁 815 頁。林振翰，《鹽政辭典》寅，頁 41～42。

弊生，窮民之霑潤有限，奸販之隱射浸多，竟以老少之利源變而爲鹽梟之弊藪。乾隆四十二年（1777），震驚清廷的山東嶧縣、郯城一帶鹽梟案件，鹽的來源是在淮北海州、贛榆交界處流出的老少鹽。〔註120〕迄於道光年間，海贛一帶仍舊鹽梟充斥，專侵山東莒縣、日照、沂水、郯城等地，並逐步蔓延，大爲山東鹾務之害。〔註121〕乾隆四十二年四月，江蘇鹽城有南來鹽梟船隻二、三十艘蜂擁而至，持械拒捕，放火燒橋。據捕獲梟犯供稱，其鹽主要購自淮南伍祐、劉莊二場灶丁和老少餘鹽。〔註122〕此等梟徒私僱窮人在鹽場如數攜出，即刻從旁收買，一落其手，積少成多，販行無忌。〔註123〕

　　江南之蘇州、松江所轄屬於浙鹽引地，雍正七年（1739），兩江總督范時繹批准江都縣所呈老少鹽不在禁例之內，通行各屬，轉滋縱漏。松江一帶濱海鹽徒梟心復熾，雖召老少婦女百十成群，提筐挈袋公然買賣，因而運送窩囤無從究詰。蘇州、常州、嘉興、湖州並屬連境，支河小港隨處可通，日漸蔓延，難以遏止。〔註124〕乾隆元年（1736），京口、丹徒一帶，積梟奸棍口稱貧窮老少，公然渡過長江販賣淮私。此輩不僅不服巡查，將鹽棄水，毆打捕役，群赴鹽店撒潑索賠，搶去官鹽三十多引，又糾眾多人，執旗哄鬧街巷，勒令居民罷市，希圖挾制免捕。〔註125〕

　　直隸自乾隆元年（1736）始設牌鹽（即老少鹽），嗣至十年後，灤州等處卻因老少鹽充斥，引壅課絀，運商屢呈造退。乃將灤州、遷安、樂亭、豐潤、寧河、盧龍、撫寧、昌黎等八州縣先後題准照福建之例，折給貧民養贍錢文。惟天津、靜海、青縣、滄州、鹽山五州縣因商力不敷，仍牌鹽之舊例。靜海、

〔註120〕《軍機處檔・月摺包》，第 2764 箱，96 包，019511 號，乾隆 43 年 2 月 6 日，閩浙總督鍾靈奏摺。《宮中檔乾隆朝奏摺》，第四二輯，乾隆 43 年 3 月 28 日，兩江總督高晉等奏摺，頁 473～474。

〔註121〕同註 116。

〔註122〕《軍機處檔・月摺包》，第 2764 箱，96 包，019613 號，乾隆 43 年 5 月 4 日，楊魁寅等奏摺。《軍機處檔・月摺包》，第 2764 箱，96 包，019682 號，乾隆 43 年 5 月 14 日，高晉等奏摺。

〔註123〕〈軍機處檔・月摺包〉，第 2764 箱，96 包，019511 號，乾隆 43 年 2 月 6 日，閩浙總督鍾靈奏摺。

〔註124〕《宮中檔乾隆朝奏摺》，第十三輯，雍正 7 年閏 7 月 18 日，浙江巡撫方觀承奏摺，頁 885。

〔註125〕《硃批奏摺》，乾隆元年 4 月 4 日，浙江海塘管理總督兼管鹽政嵇曾筠奏摺，收入《康雍乾時期城鄉人民反抗鬥爭資料》（北京，中華書局，1979 年），頁 556～558。

青縣並非有場灶之縣分，因與滄州、鹽山有犬牙交錯之處，乃設牌鹽。以眾河交通之地而容五州縣數百里分布之鹽牌，影射公行，官民漁載船隻往來如織，偷漏夾帶情況所在多有。況一般平民趨利若鶩，假名託姓，買賣牌鹽，且各該有司事務紛紜，未能專心查察，不特奸徒叢聚，即良民亦轉而爲梟。例如，天津一縣過去額引止七百道，而設立鹽牌多至六百多名，計歲銷牌鹽三萬一千多引，統計天津戶口萬不足以銷如許之鹽斤。根據長蘆鹽政吉慶蒞任以來通查節年報到私鹽案件，合直隸、河南兩省尚不敵津屬一府，而無一案不買自牌鹽，「是引地之蠹耗，且不啻爲愚民之陷阱矣」。同時點驗之際，分明是鰥寡者，轉販時卻變爲精壯者；或原本窮獨之所，卻堆積有若鹽店，其捏詐之情彰明顯著。又灶鹽買商利微，賣牌利厚，以往無牌鹽時尚不能除其漏私之弊，茲益以牌鹽更有所恃，夾帶多斤，影射偷越，尤爲勢所必至。甚至軍犯亦欲混入其中，冒濫之弊竟無底止。〔註126〕

由此可見，老少鹽的開放雖然具有體恤孤貧的美意，但卻更加助長了鹽梟販私與武裝抗爭的嚴重性。

另外，太平軍與對整個鹽務生產也造成了無法彌補的遺憾。兩江總督怡良曾奏稱，淮南「灶戶數十萬，專藉煎鹽爲生，今則場商無資收鹽，灶戶失業。」〔註127〕《申報》曾就太平軍興前後兩淮鹽場官員生活狀況作過比較，顯示出天差地別的情景，其文略謂：

> 兩淮爲天下鹽務大宗，除運使簡放外，其餘官僚多屬指捐，承平時鹽官一經到淮即有薪水可支，……此外尚有差使可謀，如求得京餉甘餉等差，不但損本收回，尚有勞績可紀，又再化出一差。故爲兩淮候補者，無不滿載而歸，名利雙獲。倘或得一實缺，更爲子孫數世之利。此未兵燹以前之情形也。及髮匪亂後，局面大變，……各班已有一千五百餘員，焉得人人而濟之，因稟明制憲定章輪委，一秉大公，甚距委期尚遠者，准其稟明回籍，或就館他處，……但其中有不能回籍者甚多，望□無期，謀館無路，告貸無門，飢寒交迫，束手無策，真有口不忍言目不忍視者。近聞

〔註126〕《宮中檔乾隆朝奏摺》，第四輯，乾隆17年11月4日，長蘆鹽政天津鎮總兵高斌奏摺，頁228～229。

〔註127〕方濬頤撰，《淮南鹽法紀略》，卷一，頁11，同治十二年正月，淮南書局刊，藏於台北國立故宮博物院。

有一候補大使，年三十餘，氣度從容，衣衫單薄，在茶社守友未
來，欠二十餘文，爲茶博士所窘，用手將大使袖口拉住，指其偷
竊手巾，定要搜身，將袍帶硬行解開，不料破棉絮紛紛落地，蓋
未有綿袍也。〔註 128〕

由於鹽場的破敗，欲謀一職的官僚生活尚且如此淒慘，其餘「各場煎丁，儀
徵捆工，以及一應賴鹽謀食之人，奚啻數十萬，」其生活更該如何！「頻年
片引不行，各場鹺素山積，鹽一勇僅易一錢，尚若無從銷售，生理日窮，坐
以待盡。」〔註 129〕鹽場既無法謀食，私煎私販自然不失爲一條可行之路。兩
浙自「咸豐十年以後，安徽之徽州府、廣德州，暨江蘇之蘇、常、松、太各
府州，以次不守，繼而浙省告陷，所屬郡縣，幾無完土。官商星散，灶戶逃
亡，奸民投隙而入，公然以販私爲恆業。」〔註 130〕此種情形當可理解。

　　總之，就地理環境而言，鹽場面積廣闊，已使得清政府在生產領域內無
法切實管理。同時，並非所有鹽商皆資本雄厚，「灶煎之出無窮，彼不能盡數
收倉，此亦不能枵腹以待，必售私爲糊口計。」何況灶丁「俯事俯育惟鹽是
賴，故煎愈多則課完而衣食足，使場商果能盡數收倉，不以鹽多減價，使無
餘鹽存儲，則私販自絕。」〔註 131〕然而，制度的不健全，加上長期受不合理
待遇的灶丁不自尋出路不足以生存，鹽梟的適時出現，不僅解決了生存的危
機，更改善了生活的窘境。正所謂「內束縛於積弊之叢，外而歆於厚價之誘」，
促使雙方互相勾通，以致鹽梟氣焰日益猖狂，無法扼抑。所以迄於清末，張
謇仍舊聲言：「欲清其源，須先除困丁之弊。」〔註 132〕

第三節　鹽務弊端的助長：運銷方面

　　「鹽法之弊，始於場商，成於運商，而民之私日以起。」〔註 133〕這句話
很明白的點出了在清代專商引岸的鹽務弊端中，運銷流程扮演著後續完成的

〔註 128〕《申報》，光緒 7 年 12 月 20 日，頁 21869～21870。
〔註 129〕《道咸同光四朝奏議》，第三冊，咸豐三年，候補鹽運但明倫奏摺，頁 1064。
〔註 130〕左宗棠，〈請杭嘉紹松四所試辦票鹽疏〉，盛康編，《皇朝經世文續編》，卷五
　　　　四，戶政二六，頁 21。
〔註 131〕《南匯縣志》（台北，成文出版社，民國 59 年），卷五，田賦志，頁 9～10。
〔註 132〕《張季子（謇）九錄》，實業錄，卷二，光緒 29 年癸卯，〈整頓垣章槀場立案
　　　　文〉，頁 11。
〔註 133〕鄭祖琛，〈更鹽法〉，賀長齡編，《皇朝經世文編》，卷四九，戶政二四，頁 3。

角色。俗諺:「定價,活秤也。」價昂銷少,乃物理之常〔註134〕由於壟斷的關係,引目無法流通,並且鹽價「官爲代計其行息道路之資,而督責之,豫籌之,且有餘課之帶銷,有匭費之應酬,有緝捕之經費,無一不歸之於成本,故浮於正課之數,且五、六倍也。」〔註135〕這種不合理的制度,徒增不必要的流弊,使其走上無可挽回的局面。根據《兩淮鹽法志》記載:

> 順治八年詔曰,……因思及各處報鹽課中,常報有餘鹽若干。細思鹽課正額,自應徵解,若課外餘鹽,非多取諸商,則侵剋于民,大屬弊政。戶部都察院通行各鹽差御史及各鹽運司,止許徵解額課,不許分外勒索餘鹽。〔註136〕

同書又載:

> 康熙七年諭吏部戶部都察院,鹽課關係國賦,最爲緊要,必得廉能之人差遠,乃能嚴緝私販,惠恤商民,疏通引法,以裕國課。〔註137〕

又根據《敕修兩浙鹽法志》記載:

> 雍正元年正月初一日上諭,……鹽道一官,尤關國課。週年鹽法弊竇叢生,正項錢糧每多虧欠,一由上下各官需索商人,巧立名色,誅求無已,窮商力竭,不得不那新補舊,上虧國課,高抬鹽價,下累小民。至於官鹽騰貴,貧民販賣私鹽,捕役鬥毆,株連人民,流弊無窮。〔註138〕

這些鹽官有司遵成憲而緝私疏引者固不乏其人,營利放私恣行朘削者亦所在多有。其中多由奸胥教唆指撥,視商家爲利藪,或差役稱貸,或荐客抽豐,至再至三,不足不厭,稍有不遂,輒起狠心。於是攔搉官鹽,擅行稱掣,否則逼迫引目,坐待央求,或過抑鹽觔,或俟平鹽價,甚且借已獲之私鹽,索求商人使費,遂意則代爲懲處,拂意則逕行開銷。〔註139〕由於利權之大,又「使人得以窺伺假借,乘隙而舞弄於其間,則利之所歸,上不在國,下不在民,而專歸於奸商於積蠹。」〔註140〕蓋「積蠹奸胥從中蠶蝕,先飽其狼貪之

〔註134〕王守基,〈山東鹽法議略〉,盛康編,《皇朝經世文續編》,卷五三,戶政二五,頁44。
〔註135〕同註133,頁4。
〔註136〕卷八,頁2。
〔註137〕同前註,頁3。
〔註138〕首卷,頁12。
〔註139〕雍正《敕修兩浙鹽法志》,卷十五,頁21～22。
〔註140〕同註41。

欲，而後縱商人以鼠竊之奸。」〔註141〕

順治十七年（1660）二月，禮科給事中楊雍建疏請朝廷清除兩浙官鹽流通之弊，原疏指出：

> 兩浙巡鹽衙門書史承差各役，多屬積年奸棍，或父子兄弟相繼占戀，或伯叔甥舅表裏爲奸，隱姓易名，移甲換乙，荼毒商灶，紊亂鹽規。該差未見指名參奏，至其作弊，嚼商科派索詐之事，不可枚舉。大抵書吏把持於中，承差奔走於外。戶部一例之舉行動謂由承差之幹辦，鹽臣一事之興革即稱係掌案之轉移。派京費則每引均攤，勒使用則挨家需索。如部發引目，包索油布腳價盤費乃所必需，及解部，紙硃每引不過分釐之間，而比派至六分以外。秤掣鹽斤照額爲準，平則放行，多則割沒，本有定規，何須使費。近聞每次掣鹽未掣之際，先定鹽斤割沒之多寡，悉聽書承講定，任意低昂。及秤掣之時，書役有免委減斤加鉤批掣供應之需求，承差有監掣艙傳旗叫牌填封發摧掣擺幫之橫索，名目甚多，費用難記，無怪乎商人重困而妄欲取償於加重之鹽斤也。且如沿海縣場歲徵本折額課，定以三院全完，邇來未至限期，運司分司紛紜差擾，重以巡鹽承差接踵屢指，動輒科索差錢，不飽不已。〔註142〕

引鹽「其赴所也，引有引費，程有程費，捆有捆費，搨有搨費。其赴掣也，書役有免委、減斤、加鉤、批掣、供應、公費之需，承差有監掣、監艙、傳旗、叫牌、填封、發封、催掣、擺幫之索。包賠愈多，引本愈貴。」〔註143〕以一引之課增至數倍有餘，官職無論文武大小，皆視爲利藪，按引分肥，鹽商安得不重困賠累。「賠累日深，則配引日少，配引日少，則官鹽不得不貴，而私鹽得以橫行。」〔註144〕甚至，在有的鹽商必經之路上，棍徒視鹽船爲奇貨，多般刁索。或將各橋下填塞石塊，覬覦起駁，需索駁鹽。或拏米豆數升指稱換鹽，竟自上船下手強取。致令聽船畏不敢前，各縣戶口缺鹽，民有淡食之憂，〔註145〕梟徒因而充斥。

山東方面，州縣官以爲鹽商賴其所保，不是明受規禮，就是指借需索，

〔註141〕雍正《敕修兩浙鹽法志》，卷十一，頁20。
〔註142〕同前註，頁20～21。
〔註143〕同註104，頁2。
〔註144〕雍正《敕修兩浙鹽法志》，首卷，頁15。
〔註145〕雍正《敕修兩浙鹽法志》，卷十二，頁19。

稍不遂意即加苛責。鹽商持有限之血本，飽其無厭壑慾，多視爲畏途。〔註146〕至於長蘆方面，除了定額引課外，還需繳納銅斤、水腳、河工、巡費、養廉各種雜課，以及督銷州縣名爲季規的花銷。更有一種，凡鹽務大小衙門，與稍有干涉鹽務之處官胥人等，無不有最初最久最難革除的「鰲頭」這項陋規。此皆攤入成本，價格焉能不費？銷售焉能不滯。〔註147〕另外，有些州縣官不將緝獲私鹽交商變價入官，任由胥役領賣侵漁官引。〔註148〕凡此皆予鹽梟以可乘之機。

康熙九年（1670），巡鹽御史席特納、徐旭齡疏陳兩淮運鹽六大苦：

> 一曰輸納，商人納課，例將引數填註限單，謂之皮票，以便商下場也。而運庫扣勒皮票，每引科費錢款不等，方得給單。又有胥役使用，謂之照看。商總科斂，課之公匣。每引正給外，費至一、二錢，計稅納數萬金，其苦一。一曰過橋，商鹽出場，例將艙口報驗，謂之橋掣，以便商放橋也。而關橋扣勒引票，每引科費數分不等，方得掣放。又底鹽面鹽，則有收鹽之費，多斤少斤，則有買斤之費。每引溢斤外，費至七、八分，計歲約數萬金，其苦二。一曰過所，商鹽呈綱，例必造冊擺馬，謂之所掣，以便商驗斤也。而未經稱掣，先有江掣之費，茶果之費，一引各數分不等。又緩掣有費，加窩有費，每引割沒外，費至一、二錢，計歲約數萬金，其苦三。一曰開江，引鹽既掣，例必請給水程，每引數分不等。請給桅封，每張數兩不等。又報狀撲戳引費錢餘，封引解捆引費數分。每引開行，費至二、三錢，計歲約數萬金，其苦四。一曰關津，船鹽既行，所過鹽道之掛號，營伍之巡緝，關鈔之驗料，俱各有費，計歲約數萬金，其苦五。一曰口岸，如鹽既已抵岸，而江廣進引，則有道費每引錢餘，厘費每引數分。又樣鹽每包數厘。查批每船數兩，爲費不等，計歲約數萬金，其苦六。〔註149〕

運諸將鹽運至岸地，所需要繳納的浮費至多至數十萬金，陶澍就指出：

> 鹽務弊之大者，論之，一曰浮費。歲徵正雜各款，以產鹽分數核算，

〔註146〕雍正《山東鹽法志》，卷十一，頁44。

〔註147〕雍正《新修長蘆鹽法志》，卷十一，頁2。王守基，〈長蘆鹽法議略〉，盛康編，《皇朝經世文續編》，卷五二，戶政二四，頁14～18。

〔註148〕《大清高宗純皇帝實錄》，卷八三八，乾隆34年7月乙未，頁28～29。

〔註149〕金鎮，〈鹽法考〉，賀長齡編，《皇朝經世文編》，卷五〇，戶政二五，頁4～5。

行銷盡屬有餘，乃外解外支各項，復有數百餘萬兩之多，其中如鹽政之辦貢辦公，及漢口之岸費，揚州之活支，乏商之月摺等項。甚至一切官私酬應，均列入成本開銷。似此積習相沿，無怪成本日形喫重。〔註150〕

此外，治途還有大腳、小腳、掃二水等名目的開支，更有地棍、土匪詐擾分肥，名爲「黑費」，甚至勾通銅鉛木簰船隻橫泊江心，阻礙訛錢，名爲「買路」。〔註151〕「遇一事，即有一事之陋規。經一處，即有一處之科派。」〔註152〕運程中管理機構林立，層層牽制，多方刁索，雖節節稽查，卻無稽查之賞，徒增需索陋規之具。積習成弊，相沿成例，「有司既仍踵爲故事，而奸胥宿猾，盤踞窟穴其中，鹽政之弊，更是而極矣。」〔註153〕所有這些「關隘之刁難，書役之需索，地匪之派作，無一不取諸商。」〔註154〕一切盈千累萬的費用，皆合併爲成本。「鹽本日重，鹽價日昂，而食私者如蠅之附羶而不可禁也。」〔註155〕故「欲敵私必先減價，減價必先經本。」〔註156〕盤商既糜費不貲，皆取給於鹽，「成本安得不重？成本既重，售價必昂，而私梟由此起矣。」〔註157〕正如魏源所言：「弊必出於煩難，而防弊必出於簡易，裕課必由於輕本，而紬課必由於重稅。此刻兩淮所同，亦天下鹽利所同。」〔註158〕

　　雖然鹽商被視爲待噬肥羊般，然而鹽利至大，在不能竭澤而漁的體認下，清廷給予某些鹽商特殊待遇，以及執行一些特定的行政功能，確保鹽利的獲得。負責運銷的鹽商稱爲運商，亦即一般所指的引商。兩浙方面，引商分成幾個層級，最鉅者爲甲商，以次爲副甲商、公商，最後的是持本還鹽完課裕食的肆商。「公商以上，身不行鹽，食用豪侈，一衣一饌，數百十金，皆出入

〔註150〕同註115，頁80。

〔註151〕《陶文毅公（澍）集》，卷十四，〈議覆地方官籌款運鹽及按戶派銷之法斷不可行摺子〉，頁40。

〔註152〕同註149，頁5。

〔註153〕同前註。

〔註154〕俞德淵，〈呈賀耦庚師〉，葛士濬編，《皇朝經世文續編》，卷四二，戶政十九，頁821。

〔註155〕沈起元，〈上督院趙公論淮鹽書〉，賀長齡編，《皇朝經世文編》，卷五〇，戶政二五，頁21。

〔註156〕魏源，〈淮北票鹽志敘〉，收入趙靖、易夢虹主編，《中國近代經濟思想資料選輯》（北京，中山書局，1982），上冊，頁99。

〔註157〕同註110，頁5。

〔註158〕同註150，頁100。

公門，攀援官吏，乘上下之間，托名墊發，影射虛嚇，徒手攫取，轉瞬起家，以次相承，吞索商本，致令貧商竭蹶。」〔註159〕四級唯有倍受欺凌的最低的肆商才真正持本運鹽，其他的但知與官府攀援。長蘆方面，綱總乃通綱領袖，百餘運商隸屬其下。「始則出入公門，繼則攀援官吏，乘出入之便，借攀援之勢，影射虛嚇，肆無忌憚。口岸之善者，必更易而霸佔之，索財不遂，戶雖殷實而難充，包規有著，家起無賴而亦保。」〔註160〕這些壟斷鹽引口岸的甲商綱總之流，憑著與官府的關係，盤剝欺壓真正行鹽納課的散商，本身則完全脫離運通領域，成為寄生階層的中間人。

淮商有總商散商之別，其最有名也最被詬病的是總商，「名為鹽商，並不行鹽。」〔註161〕總商分為四大總商與十二小總商，「眾商行鹽，必得總商具保，每年滾總納課，一應鹽費，均由攤派。」並且「每年派眾商出費，止有總數，並無細數，眾商既不能謁見官司，又不得預聞公議，惟有俛首出貲而已。」〔註162〕不辦運銷的總商，藉辦公之名，攤派散商，所獲之利轉多於真正辦運鹽商數倍。〔註163〕這些私立名目，假公濟私，詭混開銷的各種浮費，統名成本，皆歸於鹽價上，取之於散商，蓋以辦公之名行之。〔註164〕對此情形，陶澍在〈請刪減鹽務浮費及攤派等款附片〉中論述得相當清楚深刻，原片謂：

> 其在揚州者，多假借名目，如就院到任，修理衙署，鋪墊什物，一切所費，不及數千，竟開銷八、九萬兩。一手稟江帖，所費不過數十文，竟開銷一千兩取銀。……他如月摺一項，每年豢養乏商子孫，按月摺取銀，亦用至十餘萬兩，且續添未已，此項聞亦無甚實濟，多入總商之手。又如德哥、春台二班，頻年鹽務衙門，並未演戲，僅供商人家宴，亦每年關銷三萬兩。此外濫費甚多，並有捏名冒支者，如總漕、總河、巡撫各衙門，從未解有緝捕犒賞之款，時亦每處關銷三、四千兩，其餘京外各官，謊託可知。若漢口岸費，則多托名游客，更屬無從稽考。此等浮費，每每託名辦公不敷，進支於

〔註159〕同註104，頁1。
〔註160〕劉坤一，〈覆陳兩淮斷難改章增引疏〉，盛康編，《皇朝經世文續編》，卷五二，戶政二四，頁73。
〔註161〕《陶文毅公（澍）集》，卷十四，〈請復設鹽政附片〉，頁19。
〔註162〕同註22，頁28。
〔註163〕同註110，頁8。
〔註164〕《陶文毅公（澍）集》，卷十一，〈再陳淮鹺積弊摺子〉，頁17～18。

本款之外，列入成本攤徵。是不敷二字，乃爲總商巧混侵吞之護符。
〔註165〕

這些被陶澍稱爲坐食鹽規之蠹的總商，憑其「結納地方文武，自郡縣以至營弁佐貳，無不爲其所使」的關係，〔註166〕「侵蝕庫款，剝削眾商，以爲肥家之計。」〔註167〕所有這些都增加了銷售成本，轉嫁在食鹽零售上，影響到官鹽的銷路，梟販自然乘間而入。

另外，鹽商視錢如土揮霍無度的生活，也使得正常的鹽務發展日形竭蹶。雍正元年（1723），清世宗已見禍端，上諭指出鹽法弊竇叢生原因之一在於「商人用度奢靡，相仍陋俗，不知節儉，致欠課徵。」〔註168〕他們的奢華狀況，在許多記載中都有詳細的描述。《揚州畫舫錄》一書道盡了這些鹽商無以復加的醉生夢死的生活。「揚州鹽務，競尚奢麗。一婚嫁喪葬，堂室飲食，食服輿馬，動輒數十萬。」〔註169〕爲了滿足其口腹之慾，多僱有烹調技藝嫻熟的廚師爲家庖。「烹飪之技，家庖最勝。如吳一山炒豆腐，田雁門走炸雞，江鄭堂十樣豬頭，汪南溪拌鱘鰉，施胖子梨絲炒肉，張四回子全羊，……風味皆臻絕勝。」〔註170〕中國近代以來的許多名菜，實乃出自鹽商家廚之手。這些勝味未必每合胃口，有某姓鹽商，「每食，庖人備席十數類，臨食時，夫婦坐堂上，侍者抬食置於前。自茶麵葷素等色，凡不食者搖其頤，侍者審色則易其它類。」〔註171〕不斷翻新菜色，才能滿足他們無止盡的挑剔。爲了顯示其顯赫之勢，卻正反映了他們無聊空虛的生活內容，祇好以高昂的物質消費來塡補。有的「蓄馬數百，每馬日費數十金，朝自內出城，暮自城外入，五花燦著，觀者目眩。或好蘭，自門以至於室，置蘭殆遍。或以木作裸體婦人，動以機關，置諸齋閣，往往座客爲之驚避。」更有甚者，以萬金盡購金箔，「載至金塔山，向風颺之，頃刻而散，沿途車樹之間，不可收復。」或以三千金「盡買蘇州不倒翁於水中，波爲之塞。」〔註172〕而遊憩的園林，也極奢豪之

〔註165〕《陶文毅公（澍）集》，卷十一，頁 22～23。
〔註166〕同註 133，頁 3。
〔註167〕同註 22，頁 28。
〔註168〕同註 144，頁 12。
〔註169〕李斗著，《揚州畫舫錄》（台北，世界書局，民國 52 年 5 月），卷六，城北錄，頁 148。
〔註170〕《揚州畫舫錄》，卷十一，虹橋錄，頁 253。
〔註171〕同註 166，頁 150。
〔註172〕同前註。

能事,其中以張氏容園最著稱。「一園之中,號為廳事者三十八所,規模各異。夏則冰綃竹簟,冬則錦幀貂帷,書畫尊彝,隨時更易,飾以寶玉,藏以名香。筆墨無低昂,以名人鑑賞者為貴。古玩無真贗,以價高而缺損者為佳。花史修花,石人疊石,水木清湛,四時皆春。每日午前,縱人遊觀,過此則主人兜輿而出,金釵十二,環待一堂,賞花釣魚,彈琴度曲,惟老翁所命。左右執事,類皆綺歲俊童,眉目清揚,語言便捷,衣以色別,食以鐘來,其服役堂前,而主人終世茫然者,不知凡幾。」其它「埒於容園者,若黃、若程、若包,莫不鬥靡爭妍。」〔註173〕

雖然上述情形是指淮商而言,不過其它地區的鹽商亦不遑多讓,只是以淮揚鹽商獨甚而已。雍正元年八月,上諭曰:

> 奢靡之習,莫甚於商人。朕聞各省鹽商,內實空虛,而外事奢靡。衣服屋宇,窮極華靡。飲食器具,備求工巧。俳優伎樂,恆舞酣歌,宴會嬉遊,殆無虛日。金錢珠貝,視為泥沙。甚至悍僕豪奴,服食起居,同於仕宦,越禮犯分,罔知自儉。驕奢淫佚,相習成風。各處鹽商皆然,而淮揚為尤甚。〔註174〕

這種相沿成風的荒唐行止,以「一年行鹽,所獲之利息,儘足供其妄用。」〔註175〕遂致「不數年而資本日絀,虧及公款。朝廷借帑助之,定法兩年三運,後則一運兩年。積習既深,外腴中瘠,愈靳愈深,而敝壞不可為矣。」〔註176〕清晚期《申報》的一篇報導,正是上述情形的註腳:

> 雍乾中,淮鹺之盛,西徽各商,資本豐足,或千萬或百萬,長袖善舞,故得無往不利。不但總商隆盛,即各口岸散商亦無不輕運流通,各場商堆無滯鹽,鹽無滯課,如人身體,骨節靈通,呼吸響應,愈壯愈健。及嘉道之末,富商本竭,鹽務運衰,於是迭出新章,補偏救弊,乃愈求銷而愈滯,愈節費而愈絀,遂致總商查抄,散商倒塌,場商支絀。〔註177〕

〔註173〕黃鈞宰著,《金壺七墨》(台北,廣文書局,民國58年9月),上冊,卷一,頁4。
〔註174〕《清朝文獻通考》,卷二八,徵榷考三,頁5103。
〔註175〕高斌,〈商方並非困敝疏〉,賀長齡編,《皇朝經世文編》,卷五○,戶政二五,頁18。
〔註176〕同註73。
〔註177〕《申報》,光緒6年12月5日,頁11083。

鹽商致富後，爲了提高社會地位，於是在文化上多所建樹，廣肆收羅書籍金石字畫，雖不無附庸風雅之嫌，但卻不能否認正面的價值。例如，鹽商江恂「收藏金石書畫，甲於江南」。〔註178〕吳紹浣「家本富豪，大揮金購書畫，四方名蹟多歸之」。〔註179〕更有名者如馬日琯，建叢書樓二幢，藏書百廚。乾隆修四庫全書，諭旨採訪遺書，其藏書可備採者共七百七十六種之多。〔註180〕茲錄數例，即可明白他們這種所耗不貲的花費，雖然有助文化的提升，但是過多的投注，卻阻礙了他們營運鹽務的企圖。在經濟生活中，生產、流通、分配固然是決定消費的因素，可是不同形式的消費又對生產、流通、分配起著不同的反作用。〔註181〕在正常供銷時，或許不易見其患，一旦弊端疊起，需要大量資金供應時，絀竭情狀立即顯現。從本章開始的論述中，可以清楚了解到，鹽商的這種生活實際是奠立在對灶戶的剝削與轉嫁於人民的食鹽銷售價格上，以致鹽價日益增漲。道光中期，竟有「以稻一石，易鹽一包而猶不足」的現象。〔註182〕這種情形的背後，可以想見的是一幅灶戶破敗小民淡食之憂的景象。如此一來，當然無法有效阻止鹽梟的興起。正是「究其私販之盛行，實官商之價貴驅之也。」〔註183〕

鹽商在朝廷支持下享有壟斷鹽務的特權，爲了保持這種地位，就必須以報效、捐輸的名義向朝廷貢獻，以取得特殊眷顧。這種樂捐的款項，本是對皇帝恩典的一種回報，其後卻演變成對鹽商於正課外的公然的勒索。雖然可以說是基於彼此互惠而有所交換，然而負擔愈重，反而影響到整個鹽務的經營。〔註184〕

大凡政府遇有軍需、賑災、河工時，鹽商就會提供巨額款項的供輸，其中以軍需項目爲最著名，而鹽商則以淮商報效的總額爲最多。根據近代鹽務專家林振翰的研究，自雍正以還，每遇大軍需、大慶典、大工程時，長蘆、

〔註178〕《揚州畫舫錄》，卷十二，橋東錄，頁275。
〔註179〕《皖志列傳稿》，卷三，吳紹浣傳，轉引自佐伯富，《清代鹽政研究》（京都，東洋史研究會，昭和37年8月），頁304。
〔註180〕《揚州畫舫錄》，卷四，城北錄中，頁88。
〔註181〕蕭國亮，〈清代兩淮鹽商的奢侈性消費及其經濟影響〉，收入《中國鹽業史論叢》，頁452。
〔註182〕《安吳四種》，卷七，中衢一勺，〈江西或問〉，頁39。
〔註183〕同註45。
〔註184〕張維安，《政治與經濟——中國近世兩個經濟組織之分析》（台北，桂冠圖書公司，1993年4月），頁81。

山東、兩淮、兩浙鹽商無不大量輸納銀兩。例如，乾隆年間，兩次大小金川之役，西城蕩平，伊犁屯田，台灣會黨的平定，後藏的用兵，以迄嘉慶年間川楚教亂的平定，各區鹽商所報效的將及三千萬兩，其中以淮商的一千三百萬所佔比例最重。其它特捐，若河工、若賑務，淮商動輒捐輸百餘萬，蘆東和浙商或十萬至數十萬不等。又萬壽慶典，淮商輸銀輒數十萬，蘆東兩浙亦以十萬爲率，名之祝嘏，此款爲奏報所不載。〔註185〕其數額之大，難怪會得到朝廷特別優禮。「特邀聖主之知，或召對，或賜宴，賞賚優厚，擬於大僚。蓋鹽商際遇之隆，至此而極矣。鹽商奢侈之弊，亦至此深矣。」〔註186〕

按理說，「報效一款，原係因公抒誠，得沾議敍，自應各出己資。」但卻「先由還庫墊解，分年帶繳，積欠累累。是庫存正款徒爲商人騙取議敍之用，而商捐之名實足爲消耗之日而已。」〔註187〕各種名義的巨額報效捐款，商力幾何，安得不困？結果連正課也無法完納，輾轉糾葛，愈積愈多，商力竭蹶，積欠至不可收拾的地步。〔註188〕所謂「弊起於商而利不在商，商既自敝而課因以敝」〔註189〕不過，歸結到最後，受害最深的卻是廣大的消費者。包世臣曾云：「至尋常捐款，本係各商自出贏餘，以成公舉。若攤入成本，是取之江廣士民，何名商捐。故歷次報效之項，皆有明文，不准攤入成本。」〔註190〕正是報效由正課中墊補，將之攤於成本，轉嫁於人民身上的反證。

前已述及總商不親自持本運鹽，乃委之他人經營。由於總商「習慣淫侈，率多醉死夢死之徒，不知自行經理，惟任商夥商廝，編擺作弄，朦混侵吞。」〔註191〕從辦運伊始，在與官府接觸的過程中，此輩扮演著居中交涉的角色。包世臣在〈小倦游閣雜說二〉中陳述得很明白：

> 淮商辦運，納請引、程綱、加斤錢糧。在運司一衙門，投收支、廣盈、架閣、承發四房，出入各五、六次，徧歷經庫知巡四首領，皆商廝名走司者主之，故商命每懸走司之手。然後轉歷公司、場員、

〔註185〕林振翰撰，《鹽政辭典》，午，頁4～5。
〔註186〕王守基，〈長蘆鹽法議略〉，盛康編，《皇朝經世文編》，卷五三，戶政二五，頁18。
〔註187〕同註164，頁19～20。
〔註188〕吳慧，〈略論清代綱鹽之弊和票法的改革意義〉，收入《清史研究集》（北京，光明日報社，1986年12月），第五輯，頁123。
〔註189〕註185，頁6。
〔註190〕《安吳四種》，卷五，中衢一勺，〈小卷游閣雜說二〉，頁21。
〔註191〕同註164，頁17。

壩員、監掣、批驗、子鹽各衙門，而後鹽得上船赴岸。〔註192〕
由「商命每懸走司之手」這句話來看，可知商廒等權力不小，得以能有在實際行政運作中上下其手的機會，而與書吏通同舞弊，否則也不會一再有「禁止商夥商廒與院司書吏勾結舞弊」的籲請了。〔註193〕不僅於此，鹽船開行，押運者亦由商廒商夥擔任。〔註194〕乘此又與船戶勾通私帶鹽斤。「沿途逗留盜賣，或捏報淹銷，或私自折回購買私鹽，復行運往，輾轉耽延動輒經歷半年數月之久，方始到岸，實爲官引滯銷之根。」〔註195〕更有甚者，「糾合無賴，連檔運載，明插旗號，執持官引，以爲影射，江河四達，莫敢伊何。」〔註196〕順治年間，清廷即已針對敗壞鹽務的商夥等訂立規章，如有「喇虎光棍冒充商夥，呼朋引類，假公濟私，挾仇詐書，妄借條陳，擅行瀆職者，立行枷號，問遣綱紀。」〔註197〕上面所述，在在反映出商夥商廒招搖囂張的程度，與夫鹽利至大，否則也不會有人假冒他們，亦可見其危害鹽務的嚴重性。總之，彼等「止知營私，罔卹商人成本，故商日疲，而課日絀，」〔註198〕遂使正引不行，私鹽充斥，成爲鹽梟得以生存的絕佳時機。

道咸之際，太平軍興，其時，清政府倉皇補苴，既難有一貫政策；戰爭曠日持久，又非一時所能免，鹽務在運銷方面所受的禍害，亦因此而愈演愈烈。〔註199〕「軍興以後，運道之通塞靡常，銷數之暢滯無定。」〔註200〕而「自咸豐三年，金陵失陷，淮海私鹽，乘機侵灌，杭嘉松三所銷數驟滅，甚至片引不銷。」〔註201〕咸豐十年（1860）二月，太平軍取杭州，浙西引地次第淪陷，「既無行鹽之地，又無行鹽之人，孑焉殘黎，仍難淡食，梟販

〔註192〕同註190，頁17。

〔註193〕同註22，頁28。

〔註194〕《大清高宗純皇帝實錄》，卷三九八，乾隆16年9月辛未，頁16。

〔註195〕《陶文毅公（澍）集》，卷十三，〈酌定楚西鹽船到岸限期委員巡緝以杜夾帶盜賣各弊摺子〉，頁10。

〔註196〕徐文弼，〈緝私鹽〉，賀長齡編，《皇朝經世文編》，卷五〇，戶政二五，頁15。

〔註197〕雍正《敕修兩浙鹽法志》，卷十二，頁11。

〔註198〕同註74，頁37。

〔註199〕何維凝，《中國鹽政史》（台北，大中國圖書公司，民國55年1月），下冊，頁364。

〔註200〕曾國藩，〈整理淮北票鹽疏〉，盛康編，《皇朝經世文續編》，卷五二，戶政二四，頁26。

〔註201〕左宗棠，〈請杭嘉紹松四所試辦票鹽疏〉，盛康編，《皇朝經世文續編》，卷五四，戶政二六，頁21。

乘機而起，肆無忌憚。」〔註202〕至於兩淮，則因「江路梗塞，商販裹足，官引片引不行，場鹽無商收買，私販乘間肆起。」〔註203〕在分銷引岸方面，湖南本「從漢岸分銷，幾敵淮綱之半。」然「自江淮梗道，淮南片引不到，兩粵多故，粵鹽亦不時至，而鹽價日昂，四民重困。」河南也「片引不行，轉運之路已斷矣。而民間買食之鹽，亦有產自淮場者，謂非奸民與賊販易，此鹽何自而來。」〔註204〕

同治三年（1864），太平軍之亂雖然平定，但自長期以來已弊端叢生的鹽務體系，猶如雪上加霜，幾於無力回天。例如，「兩浙鹺務，自咸豐初年以來，引滯課懸，已非一日。」〔註205〕迨「全浙肅清，居民漸次復業，亟宜實力整頓，以冀改復舊觀。無如案牘既全行燬失，商灶又大半凋零，間有一、二舊商，亦皆避寇甫歸，赤貧如洗，勢難責令照舊運銷。是現在（同治三年）兩浙鹽務，不但求往日之暢銷不可得，即欲如咸豐八、九年之情形，亦勢有不能。」〔註206〕在這種狀況下，人民無法長期忍受淡食之苦，很自然地鹽梟即乘機販售起私鹽。

「成本者，鹽法之原也，賣價者，鹽法之委也，原委相權而盈虧見。」〔註207〕整個運銷網路層層盤剝，處處刁索，「各衙門額規，千頭萬緒。鹽院鹽道等官，固其本管官，額規決不可缺。而行鹽地方，文官自督撫以至州縣雜職，下及胥役；武官自提鎮以至千把，下及兵丁，莫不皆有額規。而額外交際誅求，又復不可計算。各項費用，總皆增加於鹽價之上耳。」〔註208〕同時，「每有眾商公捐之舉，其實皆非出之商人本心。緣為大吏者，每遇一事，必傳商綱授意，遂爾勒派眾商，勉強從事。究之所捐在此，而所欠在彼，於國家實無裨意。」而且「奸商借端高抬鹽價，以致閭閻並受其累。所在官

〔註202〕《兩浙鹽法續纂備考》，楊昌濬序，頁2，轉引自何維凝，《中國鹽政史》，下冊，頁367。

〔註203〕方濬頤撰，《淮南鹽法紀略》，卷一，頁1～2，同治十二年正月，淮南書局刊，藏於台北國立故宮博物院。

〔註204〕駱秉章，〈請淮鹽由浙河轉運湖南疏〉，盛康編，《皇朝經世文續編》，卷五二，戶政二四，頁22、頁23。

〔註205〕楊昌濬，〈兩浙綱鹽請裁行留局疏〉，盛康編，《皇朝經世文續編》，卷五四，戶政二六，頁24。

〔註206〕同註201。

〔註207〕周濟，〈鹽法議下〉，盛康編，《皇朝經世文續編》，卷五〇，戶政二二，頁20。

〔註208〕同註45。

司，以其方其捐輸，遂任彼所爲，置之不問。是公捐之舉，商人顯居其名，而百姓隱被其害。」〔註209〕這正是張謇所言：「尋常商業，雖賣貴買賤，皆有計心，而利己損人，必爲眾棄。」唯獨鹽價「悉由官定，不審時勢，不順人性，剝窮以益富，剝小以益大。大凡世所著聞今昔鹽商驕奢淫逸貪得無厭之惡，皆此專制之惡政有以成之。」又即令「歉歲荒年，官令捐助，數累十萬，或累百萬，然亦必有相當之酬報，爲互用之要求。欺人則商以官爲護符，牟利則官以商爲外府，上成不仁而富之風，下長爲富不仁之習，皆因緣臨法而爲之。」〔註210〕

第四節　鹽梟販私利厚與便民

　　光緒三十年（1904），張謇曾云：「國計之大利在鹽，而大害在梟，鹽生利，利生梟，梟生害。」〔註211〕可知鹽梟爲害的程度，歷有清一代並未衰退。梟私在清代私鹽中，雖然不是最多的，如包世臣所云兩淮「私有十一種，梟私特其一二，而爲數至少。」〔註212〕不過這種說法太低估了兩淮的梟私數量，其實祇能說是反映出，清代自中葉後，鹽務愈壞，居於鹽課第一的兩淮，因此而變質的私鹽量大增罷了。但就各地而言，其數量不可謂不多。各地「私販之所以獲利者，以售價賤也。私鹽何以賤，無官府之冗費也，無吏胥之蠹蝕也。取直輕，而銷路易，即民間買食者亦多。」〔註213〕雍正年間，浙江巡撫程元章奏陳：「（兩浙）行引地方，半爲私梟侵佔，而松江一所爲尤甚。」〔註214〕此二例均說明了梟私所佔的比率，具有相當的分量。

　　鹽梟之所以爲清政府特別重視，其關鍵在於他對社會治安的危害最爲屬害。乾隆元年（1736），上諭：「從來經理鹽政，以緝私爲要。蓋緝私所以懲

〔註209〕曹一士，〈請停商捐并申鹽禁疏〉，賀長齡編，《皇朝經世文編》，卷五〇，戶政二五，頁15。

〔註210〕《張季子（謇）九錄》，政聞錄，卷十八，民國元年壬子，〈改革全國鹽法意見書〉，頁21。

〔註211〕《張季子（謇）九錄》，政聞錄，卷十七，光緒30年甲辰，〈變通通九場鹽法議略〉，頁8。

〔註212〕同註100，頁5。

〔註213〕桂霖，〈鹽務積弊太深宜委籌良法疏〉，葛士濬編，《皇朝經世文續編》，卷四六，戶政二三，頁7。

〔註214〕《硃批諭旨》，（九），時間不詳，總督專管浙江巡撫程元章奏摺，頁105。

奸，懲奸所以安良，故必使梟徒斂跡，而民間毫無擾累。」〔註215〕可見鹽梟
爲害社會治安的程度應相當深廣，否則乾隆皇帝不會特頒諭旨表示關切之
意。加上前引有關防範鹽梟的禁約中，都顯現了鹽梟侵擾社會的嚴重性。

「鹽固利藪也，猾駔之徒，貪小利而罹大法。」〔註216〕既言小利，又何
需繩之以大法？前面一開始即引張謇所言「國計之大利在鹽」之語，而在此
誘惑下，嚴重的梟害迄於清末未止，當可明白這決非是小利使然。壟斷性質
的專商引岸制，正是利益突出的標的。「私梟亦豈甘爲匪類哉？私鹽之禁過
嚴，商人把持於上，官府袒護其間，明知販私必將獲罪，而利之所在又不肯
棄之，於是乎結黨拒捕，捍然不顧。」〔註217〕鹽是重稅之物，私鹽與官鹽比
較，價格相去懸殊，此等價差，實利之關鍵，故人必趨之。〔註218〕所謂小利
者也，乃敷衍欺飾之詞。巨販私鹽，不納國課關鈔，又無各項雜費，其所獲
利甚厚，因而畜聚亡命，招納奸宄。顯然背後隱含的利益絕非小利所能解釋。

鹽利至厚，甚至連衣冠之士也免不了爲其所誘，《明史》即曾對江蘇海州有
如此的一段記載：「海民以魚鹽爲業，用工省而得利厚，繇是不逞無賴盜販者眾，
捕之急，則起而爲盜賊，江淮間，雖衣冠之士，狃於厚利，或以販鹽爲事。」
〔註219〕開始時，或許私販只要有利可圖即可，久而久之，食髓知味後，則整個
形態變了質。雍正元年（1723），吏部尚書隆科多等奏陳直隸販私情形：

> 直省小民興販私鹽，其始不過希圖小利，或十餘人，或二、三十人，
> 結伴興販，原無強橫。迨至日久，利之所在，即有地方光棍出爲幫
> 頭，或稱將頭，將人鹽引入村庄，按戶口大小洒派，約時收價，肆
> 行無忌，是以人愈眾而鹽愈多。地方文武各官，雖有嚴行巡緝之名，
> 實有莫可如何之勢。〔註220〕

將鹽利視爲鹽梟轉折的關鍵，確是一言中的。在山東方面，乾隆四十二年
（1777）的嶧縣等地案件，根據所獲鹽梟供稱，他們藉老少鹽之名，在附近
州縣販私獲利。同時，他們也因圖利之由，得以聚集在一起。〔註221〕兩淮一

〔註215〕《大清高宗純皇帝實錄》，卷二二，乾隆元年7月丙申，頁60。
〔註216〕康熙《兩淮鹽法志》，卷九，頁5。
〔註217〕《申報》，光緒4年12月18日，頁16387。
〔註218〕宋良曦，〈川鹽緝私略論〉，收入《中國鹽業史論叢》，頁393。
〔註219〕同註94，頁15。
〔註220〕雍正《山東鹽法志》，卷九，頁22。
〔註221〕《宮中檔乾隆朝奏摺》，第四〇輯，乾隆42年11月3日，護理山東巡撫國泰
　　　　奏摺，頁623。《宮中檔乾隆朝奏摺》，第四一輯，乾隆42年11月19日，山

帶，以販私得利頗厚，不僅本地人，即山東人、河南人亦被吸引前來興販私鹽。自產品運至數十里外，每觔即增價數釐，倘若遠至安徽、湖廣等處，利益更多，故法雖嚴禁，終不能止。〔註 222〕道光年間，陶澍在淮北進行綱法改革，採行票鹽制度。由於票鹽暢銷，利益所在，人所爭趨，出現了勢豪「糾合貴顯，醵金壟斷」的現象，無力競爭的小販祇好走上了販私一途。〔註 223〕對此知之甚詳的包世臣曾云：

> 利在則人為貪諸，安得不爭？爭則必勢豪得之。其自度力不能爭，而財足以有為者，退而勾串場商，高作鹽價，出本合運，以及場商之力能自完錢糧經費給水腳者，隱匿自運，固人情之常，而事勢所必至也。勢豪盤踞其大宗，場商隱射其奇零，小販奔湊，實往虛歸。在舊業梟徒者，豈有鉅鎰，醵金為小販，而鹽必不可得。隻泮林而無桑葚，幾何不取子毀室耶。此化梟為良之言所以不踐也。〔註 224〕

事實上，票鹽法推行一段時間後，鹽價出現了逐漸增重的趨向。道光十四年（1834），淮北鹽區附近鹽價每斤已漲至二十餘文，較三年前三、四文多出數倍，導致鹽梟復熾。在道光十四年半年之間，拒捕巨案已四、五起，兩年之內，越過洪澤湖劫奪案件多至百餘起，且有傷官戕兵者。在口岸，搶奪之案更不可勝數。〔註 225〕在兩浙地區，一些平民，或被鹽梟煽惑，或為地棍誘引，俱以販私為業，甚而結黨成群，假冒貧難名色，船裝陸運，潑膽公行。一遇兵捕巡查，輒肆逞兇格鬥，以致拒捕傷人，釀成大案者，不知凡幾。推原其意，不過圖利起見。〔註 226〕因為鹽利甚重，「無論連檣接楫者可以供樂終身，即或肩挑背負者亦可以一家溫飽，其利之厚，誠可謂世莫與京矣，人有不趨之如鶩乎？」〔註 227〕誠如清末一歸隱鹽梟所說俗諺：「喫過河豚百無味，販過私鹽百無利」，〔註 228〕正是販運私鹽的最好詮釋。

東巡撫國泰奏摺，頁 70～71。《宮中檔乾隆朝奏摺》，第四四輯，乾隆 43 年 7 月 3 日，山東巡撫國泰奏摺，頁 116～117。

〔註 222〕《硃批諭旨》，（二），佟吉圖奏摺，頁 2。《宮中檔雍正朝奏摺》，第五輯，雍正 4 年 2 月 19 日，山東巡撫陳世倌奏摺，頁 622。

〔註 223〕陳鋒，《清代鹽政與鹽稅》，頁 263。

〔註 224〕同註 98，頁 19～20。

〔註 225〕同前註，頁 26。

〔註 226〕雍正《敕修兩浙鹽法志》，卷十二，頁 52。

〔註 227〕《申報》，光緒 3 年 1 月 6 日，頁 12193。

〔註 228〕《申報》，光緒 2 年 1 月 22 日，頁 9333。

不僅鹽梟如此，在鹽商壓低收購價錢與刻薄待遇下，灶戶無利可圖，乃與鹽梟私相販售，以圖鹽利。「蓋場灶產鹽，得利而售者情也，官買例有定價，售私則價重於官，場灶必賣私鹽。」何況「官商之鹽有課，私販之鹽無課，無課則價輕，小民願食私鹽。」由於「場灶必賣，小民願食，私販從中射利，而欲以法令禁之，此必不能，所出梟徒盛而拒捕多也。」〔註229〕並且，法令滋張，更使奸商胥吏易於上下其手，最後真正受害的卻歸於灶戶和百姓，鹽梟自然乘間而入。就淮南而論，灶戶煎鹽為業，盤鐵外無餘產，多向場商借貸以資工本。迨至煎滷成鹽，交垣則慮場商盤剝以抵欠款，售與鹽梟則得有現錢，並且價多，以致偷漏獲利。〔註230〕而兩浙也有類似情形，各場煎丁均為無籍貧民，惟賴煎鹽糊口。既無升斗之儲，更無負販之業。售與商人價不過數文，然售與梟販，增價或至十之二、三，為了重利，罔顧嚴刑峻罰。〔註231〕

　　我們可以說圖利是鹽梟販私的自發性動力與主觀條件，而官鹽價貴質差則是推動他們販私的客觀助力，兵部尚書盧詢曾具摺奏稱：

> 鹽之行與不行，其本源總在於鹽價之貴賤。私鹽之所以易行者，由於價賤而民食之者眾也。官鹽之所以難行者，由於價貴而民食之者少也。然私販原以圖利，必不肯折本而又犯重罪，而價竟賤者，以不必費也，價賤而利已多耳。官鹽亦以圖利，亦必不肯折本而再虧課額，而價終貴者，以不能賤也，價貴而尚恐無利耳。夫官商之鹽，固用貲本買於鹽場，灶戶私收之鹽，亦用貲本買於鹽場。官鹽行賣，固用人工腳載，私鹽行賣，亦必費人工腳載，乃為官鹽則貴，為私鹽則賤。私鹽雖賤價亦有利，官鹽雖貴價亦無利者，其故何歟？蓋私鹽自貲本人工腳載而外，每觔多賣一釐，即此一釐，即屬餘利，則其價安得不賤，則其利安得不多。官鹽自貲本腳載工而外，其為費方將數倍於此，每觔必照私鹽多賣數倍，方有餘利，則其價安得不貴，而其利安得不難。〔註232〕

按盧詢所言，當知梟販「敢於抗明禁冒嚴法出死命而為者，以獲利多也。私販之所以獲利者，以售價賤也。」〔註233〕鹽貴病民，自然引滯而利歸於鹽梟。

〔註229〕同註88。
〔註230〕同註74。
〔註231〕同註2，頁321。
〔註232〕同註45。
〔註233〕同註213。

〔註234〕例如，雍正年間，揚州一帶奸商與囤戶勾結，奸商樂於緩運，圖口岸漲價以博厚利，囤戶利於壓綱，係欲囤買殘引而賣貴價。江西、湖廣等地，鹽價每小包向定一錢二分四釐，至貴亦不過一錢三、四分。然因奸商囤戶之由，每包竟賣至一錢七、八分至二錢不等，多賣之銀盡飽其私橐。行引口岸每常價昂鹽少，貧寒之家乃多茹淡之時。〔註235〕道光年間，江西與湖廣各州縣，官鹽仍舊價昂，每斤制錢高達六十文至七十多文，然私鹽每斤僅三十多文，遂致民間扞法食私。〔註236〕咸豐四年（1854），時任九江知府的沈葆禎，接獲一封友人來書，內中提到江西「官鹽成本，每斤五、六十文，私鹽每斤三十文，官鹽力亦萬不能敵，必致仍如上年僅銷省垣一城而已。」〔註237〕江蘇儀徵與浙江紹興兩地，其至省垣南京和杭州僅一江之隔。光緒年間，鹽貴時兩地之鹽每斤二文，賤時則一文而已。渡江後，其利或可數倍至十倍，「利厚如此，且銷又甚易，人何為而不販哉？故雖曰辦私橐，而私橐仍日多，此勢必至也。夫人生斯世，其不為利動者，果能有幾何？」〔註238〕在長蘆方面，王守基〈長蘆鹽法議略〉中指出，雖經道光時期的改革，似稍有生機，但卻困敝如故。「蓋本因浮費重而欠課，因欠課多而增價，官鹽價貴，私鹽乘之，遂無可如何矣。」薊州、遵化六屬，鹽梟乃明目張膽，結夥抗宮。而永平之盧龍七屬，私鹽為害尤烈。為此清政府增設關卡、緝私巡丁與費用，終無法淨其根株。「私則東滅而西生，商則旋充而立敗」。〔註239〕陶澍即說過：「鹽利與米穀並重，均為民生日用所必需，其所以利於食私者，皆因實鹽價貴之故。」〔註240〕其實「民間亦非樂於食私，苦於鹽價太昂，遂至貪圖貴賤。」〔註241〕所以說「食鹽之家，每冒禁而買私鹽者，不過以其價賤於官鹽耳。」〔註242〕

官商之鹽除了價格昂貴外，「復雜以砂礫，潮惡不可食，故民間樂於食私，

〔註234〕周樹愧，〈答李子雲論鹽法書〉，盛康編，《皇朝經世文續編》，卷五一，戶政二三，頁119。

〔註235〕《硃批諭旨》，（十），雍正13年正月12日，江南總督趙宏恩奏摺，頁55。

〔註236〕《陶文毅（澍）集》，卷十五，〈查覆楚西現資鹽償摺子〉，頁393。

〔註237〕周騰虎，〈致九江知府沈幼丹論稅淮私書〉，盛康編，《皇朝經世文續編》，卷五二，戶政二四，頁76。

〔註238〕《申報》，光緒2年4月2日，頁9545。

〔註239〕同註147，頁20。

〔註240〕同註235，頁37～38。

〔註241〕《陶文毅（澍）集》，卷十二，〈籌議加斤價兼疏積引摺子〉，頁29～30。

〔註242〕同註13，頁13。

而私販愈不可禁止。」〔註243〕按清初規定：「凡客商將官鹽插和沙土貨賣者，杖八十。」〔註244〕已反映出這種情形不是一種特例，應該是有相當普遍程度的現象。康熙年間，兩浙所產之鹽，其行銷地方，憑水程到日先後挨次發賣。有豪惡巨商搶運先登，希圖貨賣，以萬室之邑盡食一商之鹽，致奸商特爲專鋪生理，坐勒價高，串通經紀，任意低昂。而鹽色卻質地如土，價值反倍增。巡視兩浙鹽院已看出潛在危機，乃指出「小民艱於買食，其勢必歸私販。私販既行，商鹽日阻，無論後到商人坐受羈縻，即豪力占先者，亦不免初通而終塞矣。」〔註245〕至道光年間，上述情形再次顯現，且有積重難返之勢。溯其緣由，蓋有數端，其中之一：

> 則課重而商本虧也。課非加重，銀價日昂。鹽之賣於民者錢，課之官者銀，以今較昔，課不加增，而暗中輸納維倍，以致商本日虧，則不得不引請加重，並攙雜以售於民，又輕其分兩，民既苦官鹽之貴，又苦似鹽非鹽者半雜於中，常憂淡食，遇有私鹽，價賤觔足而貨良，買之莫不爭先恐後矣。是以引愈滯消，商愈虧乏。〔註246〕

顯然，這種狀況以情理揆度，其結果應當是「官與商患私鹽之充斥，而民轉患私鹽之少也」。〔註247〕早在康熙時期，兩浙仁和等場，有種棍徒名爲長布衫，又名好漢或場虎，專門在場兜攬官商包買引頭，玩法作弊，生事害人。每遇商人到場買補，則三、五成群扛幫把持，將鹽銀總領入手，攙和銅鉛，散與灶戶。及至還商鹽斤，則又攙和灰土，商灶飲恨吞聲，莫敢誰何。〔註248〕一般百姓在如此質差價貴的惡劣官鹽下，很自然地企盼鹽梟這股「甘霖」的降臨了。

河南位處中州之地，各屬仰食長蘆、山東、淮北與河東之鹽。其後官鹽不行的原因之一，即是商人因腳價太重，不攙和沙土不足以償本，所以官鹽價重味苦，民眾又不堪淡食，致驅鹽梟以爲官鹽之害，私鹽愈多。〔註249〕安徽廬州

〔註243〕楊士達，〈與王御史論淮鹽第一書〉，葛士濬編，《皇朝經世文續編》，卷四三，戶政二〇，頁3。

〔註244〕雍正《敕修兩浙鹽法志》，卷九，頁2。

〔註245〕雍正《敕修兩浙鹽法志》，卷十二，頁22。

〔註246〕湯成烈，〈上鹿春如觀察論票鹽疏〉，盛康編，《皇朝經世文續編》，卷五四，戶政二六，頁26。

〔註247〕同前註。

〔註248〕雍正《敕修兩浙鹽法志》，卷十二，頁16。

〔註249〕朱雲錦，〈河南鹽法說〉，賀長齡編，《皇朝經世文編》，卷五〇，戶政二五，

向食淮北引鹽，由洪澤湖再運至壽州，另雇牛車陸運一百四十里，方至府城。據稱陸運時，牛戶拉鹽到家，偷竊鹽觔，用沙土攪入，使民間無法買食淨鹽。而梟販私鹽質地較官鹽爲佳，故民間喜食私鹽，以致官引不銷。〔註250〕

　　淮鹽行銷地區，以湖廣爲重，漢口則爲淮南售鹽總岸，向來鹽船到岸，聽商店行販隨時交易，並無封船挨賣之例。偶因初到新鹽易銷，蓄存潮包積滯難售，遂自乾隆五十年（1785）起定封輪之法，凡鹽船運到，由鹽道加封，按先來後到次序，挨次輪售。其利止在疏銷潮包舊鹽，務足售價而已。迨後本重價昂，輪規愈嚴，行銷益滯，私鹽易得乘侵越。同時，商鹽因封輪而板價，行販分運遞加工伙運腳，自數百里至千餘里不等。加上船戶亦圖溢出斤兩，攙雜泥沙，成分低下不堪，其色則黑，其價愈昂，民間苦之，乃不食官而食私。〔註251〕陶澍曾奏稱，兩淮「場價每鹽一斤不及十文，而轉銷各處竟至數十倍之價，且有攙和污泥雜入皁莢蛤灰等弊，鹽質更差，以致江廣之民膏血盡竭於鹽，貧家小戶往往有兼旬彌月堅忍淡食不知鹽味者。」〔註252〕如同包世臣所言：「淮商求利至急，而官又力助之，攔行抬價與人以不能買，攙和沙泥與人以不可食，剋扣官秤與人以不敷用。」〔註253〕後淮鹽場商以資本占攔，不暇精求，場員以泄沓成風，不復顧問，灶丁祇圖多煎爲利，煎成委地與塗泥爲伍，由灶而場無所遮蔽。收垣後，因其不銷，不知愛惜，任意踐踏飛灑。出運後，又有船戶攙和，子店作僞，並有參以石膏者，而鹽味不問可知。〔註254〕其實並非梟私銷售能勝於官，乃由官鹽價昂質差有以致之。

　　此外，官鹽無法提供供給的便利，也導致了梟私的入侵。運商售鹽於水販，水販再售與子店，處處分銷，重重剝削，或藉口鹽船不至，或託詞滷耗消糜，其居奇如故。且水販必由於官程，鄉市必售於子店，故水販子店可以專利。如是阻隔，小民雖得以見到官鹽，而其間早已不知耗費多久時日。故小民雖明知犯法，卻樂於食私。〔註255〕此指銷鹽區運售流程的不便。更有一

　　頁7～8。

〔註250〕《大清高宗純皇帝實錄》，卷一三九一，乾隆6年11月庚子，頁26。

〔註251〕《道咸同光四朝奏議》，第一冊，道光元年，兩江總督孫玉庭奏摺，頁26～27。《大清宣宗成皇帝實錄》，卷二三〇，道光13年1月甲午，頁17。

〔註252〕《陶文毅（澍）集》，卷十一，〈敬陳兩淮鹽務積弊附片〉，頁5。

〔註253〕《安吳四種》，卷五，中衢一勺，〈小卷游閣雜說三〉，頁24。

〔註254〕《清朝續文獻通考》（台北，文海出版社，民國52年），卷三八，征榷考十，頁7913。

〔註255〕註48，頁4。

些窮鄉僻壤，難於消鹽之處，從無開設鹽店，窮苦小民，經年淡食，或煎熬鹹土充食，以致生病，老人尤不能堪。間有家道充足之人，從城市多買數觔攜回，卻途遇巡兵，盤詰訛詐，往往不免，〔註256〕結果當然民怨之聲不絕。甚至有僻鄉險隘之地，名雖淮鹽引地，有終身未見淮鹽者，其間自是鹽梟橫行。〔註257〕例如，安徽盧州府屬八州縣口岸，巢湖連接道路之中心，必須起車三、四次，兼過黃河之險，名曰五駁十槓，節節盤駁，費用浩繁，以致商本虧折甚鉅，在乾隆初年，致顆粒不運。〔註258〕

淮南官鹽由泰壩抵達儀徵改包捆掣，埠頭攬頭內帶外帶各項人等，層層剝削，而場船交卸更換棕船，營謀攬載，一如屯船，私相盜賣。江船則專圖夾帶，勾通捆工放斤加重，謂之「買砠」，且借錢購私，謂之「跑風」，造成引少私多，鹽務爲之大壞。迨鹽船到岸，輪售待價，一船未盡，後船不敢開艙，因而暗地盜賣，輪未及而鹽已空，挪後掩前互相遞換，名爲「過籠蒸糕」。其挪掩不及者，則鑿船沈之，捏報淹銷，名爲「放生」。這些均是銷鹽不銷引惟私是務之積弊。至於淮北，其弊更甚於淮南。場不收鹽，暗售匪棍以延殘喘；商不運鹽，轉借蘆私以支門面，導致「梟橫成攘奪之風，民困多淡食之日」。〔註259〕長蘆場地，自永平之山海關迄山東樂陵縣界，袤延八、九百里，其鹽行直隸一百二十五州縣，河南五十六州縣，皆四達通途，易於轉運。私販之途，昔時猶走村僻小徑，畏人盤詰，近時（道光晚期）因商運不繼，私販於附近村莊，公然計口給鹽，時其價而收之，遠則大夥聯鑣，器械林立，地方官莫敢誰何。〔註260〕可見，鹽商無力販運的結果，卻使人民有無鹽可食的不便。而官鹽運至引岸的過程中，更是遷延多時，弊端叢集，亦造成種種民食上的困擾。

總而言之，清政府爲了確保官鹽之利，訂以禁令，以防私鹽之有害於官鹽銷路。「苟其一禁之後，果能弊絕風清，私鹽絕跡，官鹽暢銷，國課豐收，民間無擾，則雖立法嚴酷，猶曰將有爲也。」然而徒「有嚴酷之名，而無弊絕風清之實，又何爲乎？夫私販之所以獲利人皆舍性命而趨之若鶩者，以私鹽價賤而

〔註256〕同註13，頁14。
〔註257〕《道咸同光四朝奏議》，第一冊，道光九年，掌河南道監察御史王贈芳奏摺，頁215。
〔註258〕《丁中丞（日昌）政書》，卷三四，〈淮鹺摘要二〉，頁13。
〔註259〕同註74，頁40～41。
〔註260〕《道咸同光四朝奏議》，第二冊，道光26年，山西道監察御史朱昌頤奏摺，頁720。

官鹽價貴故也。」由於「設官置捕所費不貲，其經費皆從鹽價中取益之，故鹽
價日增，而民間買食者常苦其昂貴，私鹽則本無多開銷，鹽價較官鹽爲賤，買
食者多舍官而就私，良有以也。」〔註261〕所以說「鹽之爲物，其成色本無甚貴
賤也，自有官鹽之後，而價值每貴而不賤。」〔註262〕對此，我們可以道光年間
曾執掌河南道監察御史王贈芳在〈敬陳鹽務經久之法疏〉中的一段話，說明本
節所陳述的論點，同時也正可視之爲絕佳的註腳。原疏略謂：

> 鹽法者，國家所立以便民者也。……今之鹽利，不在國，亦並不在
> 民，而利歸於商。然商擅其利，而官吏爭制其短長，則其費必重，
> 商役以財結官吏，而擅其獨市之利，則其價必昂。商以鹵雜短秤之
> 鹽，又經水販子店之手，偷竊攙和，而民乃受之。價以遞增而愈多，
> 鹽以遞轉而愈醜，於是梟徒乘機逐利，與商爭權，小民出官鹽之半
> 價，得潔白之淨鹽。遠於官而近於私，地利之所便，人情之所趨，
> 固非嚴法峻刑之所能禁也。〔註263〕

將官鹽價貴質差與無法便民，同鹽梟興起的關聯性，以簡潔之句表明出，確
是道出了問題的根本所在。

〔註261〕《申報》，光緒9年6月7日，頁25847。
〔註262〕《申報》，光緒元年5月3日，頁7845。
〔註263〕同註256，頁214。

第三章　鹽梟的擴展

第一節　緝私制度的失效

　　在緒論中，錄有《大清律》關於緝捕鹽梟的條例，其中的懲罰則例呈現出相當嚴屬的程度，可見鹽梟在清代的前期已是令朝延倍感壓力的問題。除了針對鹽梟外，清政府還制定了防範和懲處與鹽務有關人等涉入私鹽不法情事以及失職的條例（見第二章第一節）。對於場灶也訂定了火伏法和保甲法（見第二章第二節），但不見預期效果，李澄曾論道：

> 私鹽被獲，從未聞有灶甲連坐，場官事處者。良由研訊得實，則所過場灶、關津各官，皆由失察之咎，故承審者深恐株連，概從未減。……獲私而不究所從來，則一切清灶之法，皆虛設也。〔註1〕

另外，對懈弛不盡心緝捕持械販私梟徒的官員，則規定：

> 該管文武官員，失於覺察一次者降職一級，二次者降職二級，三次者革職。今改爲該管吏目、典史、知州、知縣、千總、把總、守備等官，失察一次者降二級，失察二次者降四級留任，失察三次者革職。此例將道、府、直隸州知州、副將、參將、遊擊等官，未定有處分之例，恐怠玩不行嚴緝私鹽，亦未可定。嗣後興販私鹽事發，道、府、直隸州知州、副將、參將、遊擊等官，失察一次者降職一級，失察二次者降職二級，失察三次者降職三級留任，失察四次者降三級調用。〔註2〕

〔註1〕李澄，《淮鹺備要》，卷五，轉引自陳鋒，《清代鹽政與鹽稅》，頁21。
〔註2〕雍正《山東鹽法志》，卷九，頁18～19。

「夫緝私之例甚嚴，文武之處分甚重，誰不愛惜功名，甘罹參罰。」〔註3〕然以此決定相關人員去留，這也有其負面影響。「蓋此法既定，則鹽臣畏考成，不得不嚴督之各屬，各屬畏參罰，不得不嚴責之鹽捕，至於鹽捕畏比較，而其害遂有不可勝言者。」〔註4〕結果就如同雍正四年（1726），江蘇南匯縣知縣會同上海商議鹽引事宜中所指出的情形，即使官員被參去，仍無法真正改善引滯問題，反而牽引出更多弊害：

> 前令被參去官，而積引數年尚存道庫。查上邑商冊六卷，存上邑可查。再查奉設鹽捕非不羅列，但此輩原無額設工食，謂商人召募，商人已裹足矣。今惟責成州縣召募，其願充之人無非游手奸貪，習知鹽場利竇，藉在官鹽快爲名肆其吞噬，或有積年鹽梟結爲黨羽，朋比作奸，以致栽鹽指窩，勾賣嚇詐，零星食鹽，挈爲私販，株連蔓延，不可究詰。灶丁多一番橫索，地方多一番鬥毆，窮民多一番搶奪。甚至公駕械船，手持官票，護送大夥梟販，遇盤查則假稱捉獲，過地界則縱放公行，且有行商重載，借名巡鹽，搜搶客貨，因而告劫告毆告殺告傷，訟牒紛紛，成案累累，不特與銷引無益，實爲地方大害。〔註5〕

總之，「官不經心，以私販爲常事，止知勒商繳引，圖免考成之累；役多玩法，以承緝作生涯，止知賣放狗私，飽填囊橐之計，無惑乎私販橫行，官鹽壅積，商情日困，而課額日逋也。」〔註6〕雍正六年（1728），據浙江總督李衛所言，松江府一帶有提督重兵駐箚，宜乎鹽梟絕跡，但過去片引不銷，皆緣向日提標及附近各營無不通同濟私，大船裝載貯於兵丁屋內，令其子弟家屬提攜籃筐滿街市賣，根本就直接參與販私行動，地方官不敢過問，商人更無可如何。又崇明一邑，向係海外包額之區，例禁不許透越別縣，後因產鹽日多，鹽梟勾通鎮兵縣役，任意廣煎，不僅往來運米船隻順便裝載，亦且渡海各船夾帶進入，殆無虛日。文武各衙門向來皆有陋規，屢次行之，從不攔阻。〔註7〕同年，松江提督總兵官柏之蕃也具奏，過去文武官弁並未實力查拏，致紳民無不買食私鹽，甚至不法兵捕通同興販。〔註8〕且部分地方官弁擒獲鹽梟到官，

〔註3〕《南匯縣志》，卷五，田賦志，頁10。
〔註4〕雍正《敕修兩浙鹽法志》，卷十一，頁32。
〔註5〕同註3。
〔註6〕雍正《新修長蘆鹽法志》，卷十五，頁36。
〔註7〕《硃批諭旨》，（七），雍正6年7月18日，前江總督李衛奏摺，頁647。
〔註8〕《宮中檔雍正朝奏摺》，第十一輯，雍正6年12月5日，頁915。

卻指為某商銷賣，因而承審有司不分情偽，視鹽商為俎上肉，恣意勒索，不飽不休。迨辦理得雪，梟徒不過治以本罪，而良商之身家已破。〔註9〕這種情形，清高宗就曾慨然指出：「近見地方官辦理私鹽案件，每不問人鹽曾否並獲，亦不問販鹽人數多寡，一經捕役汛兵指拏，輒根追嚴究，以致挾怨攀扳，畏刑逼認，干累多人。至於官捕業已繁多，而商人又添私雇之鹽捕，水路交添巡鹽之船隻。州縣毗連之界，四路密布，此種無賴之徒，藐法生事，何所不為。凡遇奸商夾帶，大梟私販，公然受賄放縱。而窮民擔負無幾，輒行拘執。或鄉民市買食鹽一、二十觔者，並以售私毒拏獲，有司即具文通詳，照擬杖徒。又因此互相攀染，牽連貽害，此弊直省皆然。」〔註10〕「夫網紀者，諸侯之領袖，僉報匪人，反借以行奸，名與實違。」〔註11〕可見「緝私愈峻，而各省佐雜員并因以為利。」〔註12〕未能發揮應有效能。

康雍年間，山東一帶鹽梟得以販私者，緣與營兵議定規禮，有的每驢索錢五十文，每挑索錢二十文不等，得錢則任意賣路放行，甚至護送出境。〔註13〕康熙末，山東寧陽縣捕役徐欽九對於糾黨行劫拒殺兵丁的巨梟，不僅不行緝拏，更與之私通書信，敗壞鹽務。〔註14〕兩淮鹽區，於康熙中期不但江海鹽徒賄通蠹役汛地，揚帆直上，假託名目，莫可究詰，即該管鹽法衙門之下役，以及營汛之兵弁，郡邑各衙門之巡快，皆倚緝私腰牌為販私符牒，公行無忌，莫敢誰何。那些既無黨羽又無膂力的孤商，動遭蜂擁蟻聚的亡命群兇鬨然捽擊，迨其入城，號控於鹽法衙門，則法令難以星速施行。且兇黨多人與公門熟識，架虛誣捏，先已誑稟，多從寬宥，即或萬難寬宥，也僅薄責示懲，而鹽商已有性命之憂，不勝困憊。而「負嵎積蠹，何所畏憚而不販私拒捕乎」。〔註15〕淮北至晚也在康熙年間，曾經數年鹽滯不行，素封之家日就頹落，甚有棄所業而遷者。究其害在於私販，然私販之敢於恣行者，則在捕鹽之隸與捕鹽之兵表裏相為市

〔註 9〕　雍正《敕修兩浙鹽法志》，卷十二，頁23。
〔註10〕　《乾隆上諭檔》（北京，檔案出版社，1991年6月），第一冊，乾隆元年正月二十日，頁4。
〔註11〕　《青浦縣志》（台北，成文出版社，民國59年），卷八，田賦志，頁7。
〔註12〕　楊士達，〈與王御史論淮鹽第一書〉，葛士濬編，《皇朝經世文續編》，卷四三，戶政二十，頁829。
〔註13〕　雍正《山東鹽法志》，卷十一，頁23。
〔註14〕　《大清聖祖仁皇帝實錄》（台北，華聯出版社，民國53年10月），卷二九一，康熙60年1月乙未，頁12。
〔註15〕　康熙《兩淮鹽法志》，卷二六，頁54。

也。〔註16〕道光六年（1826），兩江總督琦善述及近年兩淮一帶私鹽充斥，總由灶丁透漏私煎，兵役得規包庇，以及鹽梟出境入境，製造違禁器械，該管官慮干處分，往往回護徇縱，乃益無忌憚〔註17〕「蓋鹽為利藪，豪強與胥吏比而為奸，私販肆行，而正業壅塞。」〔註18〕

除了普遍性的懲處條例，在一些鹽場還設立單獨的防制措施。按舊例，兩浙鹽場設立保伍，有司設立捕兵，各行巡緝，定有界址為憑，只許在團界外巡緝販徒，不許下團騷擾。每至季終，捕兵聽總巡官彙報，以定功罪。〔註19〕然「司巡各官習於怠玩，所設捕役又多縱漏，以致梟販日滋。」〔註20〕康熙十八年（1679），兩浙巡臨御史衛執蒲曾指出：

> 巡緝私鹽，雖地方官均有專責，而總巡一官更綦重焉。故巡官若秉公，則捕役必畏法。上無苟且，下不欺矇，何患私梟之橫販？其如年來，怠玩成風，上下徇庇，以致國法不申，梟徒無忌。〔註21〕

兩浙、三吳一帶，由於幅員廣袤，襟江帶湖，窩秤私販實繁有徒。然法久弊生，巡緝員弁非但不行巡緝，甚至公然構通，得受無藉棍徒與巨梟月錢常例，聽其逍遙出沒。營兵亦妄借游巡名色，暗與鹽梟往來，任其肆行水陸，恣行潑販。對於灶戶挑運上倉賣商官鹽，妄拏送官。遇有孤舟，反借稱盤鹽，剝掠資囊，誣賴不法。而不准入場騷擾之禁，也多所違例，假緝獲為由，遍歷各場，恣意夾帶，場官無法遏阻，團保莫敢過問。〔註22〕「夫盜賊行劫尚慮鳴官躧緝，此輩為盜反可進退自如。呵問則有巡鹽之名，追尋又無行劫之跡，竟可公行於光天化日之下矣。」〔註23〕咸豐以來，山東鹽梟之害已成為大患，沿海內地諸府皆受荼毒，致商運難行。據時人所述，這些鹽梟本係鹽巡，由於裁汰失業，衣食無資，勾結匪徒，愈聚愈眾，不可收拾，遂成鹽梟。同時，辦理團練以來，強團又與之勾結，攻城劫獄，勢焰更形囂張，各處張貼偽示，

〔註16〕 康熙《兩淮鹽法志》，卷二七，頁 16。
〔註17〕 《大清宣宗成皇帝實錄》，卷九五，道光 6 年 2 月壬戌，頁 16。
〔註18〕 康熙《兩淮鹽法志》，卷二六，頁 15。
〔註19〕 雍正《敕修兩浙鹽法志》，卷十二，頁 4～5。
〔註20〕 雍正《敕修兩浙鹽法志》，卷十一，頁 48。
〔註21〕 〈奏繳事述文冊〉，轉引自陳鋒，《清代鹽政與鹽稅》，頁 209。
〔註22〕 雍正《敕修兩浙鹽法志》，卷十二，頁 4～5，頁 17。〈奏繳事述文冊〉，轉引自陳鋒，《清代鹽政與鹽稅》，頁 18 日。
〔註23〕 《李文襄公（之芳）奏議》（台北，文海出版社，民國 58 年），別錄，卷六，康熙 21 年 7 月，〈嚴禁兵捕假緝私鹽告示〉，頁 53。

搶鹽殺人，官不能禁。〔註24〕原為緝私所役的總巡、巡役，積久則反成串通賣放之人。〔註25〕總之，各種嚴防懲處措施，不祗已成具文，更是官梟舞弊的保障，正所謂「委牌為護鹽之符，巡鹽為興販之路。」〔註26〕

至於兩浙鹽院所屬運鹽必經的關津，遇有真正私販鹽梟反行賣脫，然運到商鹽，每託名盤驗，多方刁索，商人利在速放，甘心受騙。又有地方豪棍索要斗面搭地等錢，而巡鹽官捕亦多藉口盤詰，需求常例。〔註27〕例如，在浙西太倉、常熟與浙東諸暨、義烏等私鹽出沒要津，土著捕役竟然每係鹽梟詭變姓名積戀充當。朋分本利，倚借拏解功鹽，批文影射，夾帶護送，交卸秤所窩家。〔註28〕順治年間，長蘆天津海口一關亦如是，私鹽重賄，串通巡役，公行無忌，官體反行借端阻塞。〔註29〕道光十三年（1832），陶澍論述淮北緝私各卡因有籌鹽名目，其不肖者，任意縱放，一經拏獲私販，必借口買自籌擔，而透私場丁與得賄兵役，皆得置身事外。〔註30〕同治二年（1863），掌江南道監察御史劉毓楠也指出，兩壩為淮北票鹽總匯之區，湖商由壩運往各岸，途經高良澗、正陽關、臨淮關、三河尖等處，俱設有釐卡，均係各營弁勇管理。自提鹽抵課以來，營弁捆運餉鹽，買私帶運，包庇梟販，漏卡闖關，一引餉鹽，數引私鹽，其勢不可窮詰。〔註31〕而淮南各岸，奉派緝私委員，大都以為此差使乃調劑性質，徒糜經費，有名無實。泰壩衙門書役及關卡弁兵人等，往往得私梟陋規，押送出境，他役不敢查詰。例所不禁之零星背負者，則捉拏湊成斤數，送官請獎。「委員視緝私為具文，兵役則私規而縱庇，以故梟徒橫行無忌。」。〔註32〕因此「巡緝私鹽之人，即為護送私鹽之人也」，〔註33〕所謂「多一捕役，即多一私販」，〔註34〕正是最佳寫照。

〔註24〕《道咸同光四朝奏議》，第四冊，同治元年，前山東試用道鍾文呈請代奏，頁1598。

〔註25〕《張季子（謇）九錄》，實業錄，卷三，光緒29年癸卯，〈整頓垣章槀場丘案文〉，頁11。

〔註26〕雍正《敕修兩浙鹽法志》，卷十三，頁21。

〔註27〕雍正《敕修兩浙鹽法志》，卷十二，頁19。

〔註28〕雍正《敕修兩浙鹽法志》，卷十二，頁21～22。

〔註29〕雍正《新修長蘆鹽法志》，卷十一，頁3。

〔註30〕《陶文毅公（澍）集》，卷十四，〈酌議淮北滯岸試行票鹽章程摺子〉，頁2。

〔註31〕《道咸同光四朝奏議》，第四冊，頁1788。

〔註32〕《道咸同光四朝奏議》，第二二冊，江南道監察御史江鴻升奏摺，頁693。

〔註33〕雍正《敕修兩浙鹽法志》，卷十，頁31。

〔註34〕胡文學，《奏稿》，轉引自陳鋒，《清代鹽政與鹽稅》，頁192。

　　再者，各屬官員又互有隔閡之念，未免人心懈弛，呼應延宕。雍正七年（1729），松江府一帶濱海鹽徒梟心復熾，浙江布政使高斌乃移咨江南提督并檄行司府嚴加查禁。而江蘇有司率以疲玩爲省事，以姑息爲愛民，陽奉陰違，並不實心查察，遇有兵役獲送人鹽，一任梟徒狡展曲爲開脫，甚且拷逼兵捕，坐以誣陷。巡查之員弁兵役不免人懷膽顧，不肯實力追拿。〔註35〕這種情形在整個鹽務發展過程中似乎未見改善，乾隆中期，江蘇各屬文武員弁以松江所行乃浙江鹽觔，意存歧視，雖有緝私之名，不肯盡力從事。浙江鹽政以緝私官弁兵役皆各省所轄，莫可如何，彼此間依舊呼應不靈。〔註36〕道光年間，淮鹽引地地方官以事涉鹽務，意存畛域，並不實力緝拏鹽梟〔註37〕其後，沈葆禎也認爲，「兩淮鹽課爲餉源所自出，欲裕課非疏銷不可，欲疏銷非緝私不可，欲緝私非地方官與鹽務委員聯絡整頓不可。」尤其是在太平軍之亂後，淮鹽引地又被鄰私任意充斥，各川縣督銷考成久未舉行，「以隔省之員緝隔省之私，呼應不靈積重難返」，對於緝私確是一大阻礙。〔註38〕丁日昌撫蘇期間，亦一再表示，由於鹽務疲壞，經費無著，地方官視鹽務爲膜外，以緝私爲末務，視之可有可無之事，故「小人之膽愈張」。〔註39〕在山東方面，道光十年（1830），御史岳鎮南上奏指陳，鹽場以武定府所屬利津縣永阜場產鹽最多，除了因鹽大使因德疲玩廢弛鹺務，致巡役鹽梟表裏爲奸，鄰境棍徒結眾多人，徑向灘內劫鹽，商灶並受其害外；更因地方官以事非專責，置若罔聞，故河西各灘，往往有鄰縣棍徒結聚二、三百人以至五、六百人，執持兵器赴灘劫鹽，灶戶莫敢如何。而河東一帶，向來鹽梟尚少之區，近亦數十成群，不時竊發。〔註40〕其實各級單位以政出多門，決不願負全責，各種法令早已是具文，故但有緝私之名，卻無緝私之效。

　　官員捕役畏葸庸懦諱諱盜怠玩，也可說是鹽梟愈形猖獗官引愈加阻滯的主因。「或弁兵遇有鹽梟，未能實力捕拏，或兵役得賄縱私，不行阻止，鄰私由是充斥，而官引因以難行。」〔註41〕順治迄於康熙年間，直隸近京一帶土棍

〔註35〕《宮中檔雍正朝奏摺》，第十三輯，雍正7年閏7月18日，浙江布政使高斌奏摺，頁885。

〔註36〕《大清高宗純皇帝實錄》，卷四一九，乾隆37年10月甲申，頁18。

〔註37〕《清朝續文獻通考》，卷三四，征榷六，頁7882。

〔註38〕《申報》，光緒2年4月2日，頁9684。

〔註39〕《丁中丞（日昌）政書》，卷三五，淮鹺摘要三，頁17～18。

〔註40〕《大清宣宗成皇帝實錄》，卷一八八，道光11年5月壬戌，頁15。

〔註41〕《大清宣宗成皇帝實錄》，卷二九七，道光17年5月乙未，頁18。

與滿洲莊頭放馬人役并投入旗下者，結夥百餘，騎馬帶車，各持器械，公然販賣私鹽，州縣捕役畏其威勢，不敢捉獲，造成官鹽壅滯。〔註42〕交河、南皮、東光三縣有天津衛地插入，景州、吳橋、故城三縣則有山東德州衛地插入，地方遼闊，軍民雜處，夙號私鹽淵藪。或倚旗狼籍，或結黨縱橫，動輒百十成群，時持刀械，恣行販賣。總以州縣衛所從來不相統轄，平日漫無稽察，輒以鞭長莫及為辭，臨時不行追尾，止以驅逐出境為幸。加上巡鹽員役庸懦隱徇畏縮躲避，不敢攖其鋒，甚至反為羽翼，惟夾私仇而搜搶富室。「是防奸者，反為叢奸矣」。地方有司又慮大夥重案，一經題報即羅降革之條，限年緝拏，茫無弋獲。故通向隱飾，苟安無事，所窩之鹽，州縣不得搜檢，所犯之人，州縣不得關提。偶有人鹽並獲之案，又動指為肩挑負販者流，任意寬縱，各屬不行細鞫，遂使欺飾之術得行。「此鹽徒之所以充斥，引課之所以壅絀也」。〔註43〕上述之例，有一點值得注意，政府對緝私所訂的條例，似乎有自縛手腳之嫌。康熙三十九年（1700），兩江總督阿山也曾疏稱，販私之徒盡屬輕生亡命之輩，遇有巡捕勢必拒捕。拏獲十人以下，不能敘功，不幸兵丁有被殺傷者，汛官即羅重譴。故遇持械梟徒，不無躊躇，自顧其功名性命。〔註44〕正是「杜弊以益弊者，緝私是已。」〔註45〕

　　事實上，這種情形在整個清代並各引地均不曾間斷，與之相始終。順治十三年（1656），巡視兩浙鹽院陳述，浙西劉河、吳淞、福仙沿海一帶，兵役販私更甚一般鹽梟。緣三吳與淮泗對峙，假以會勸鹽梟為名，連艑列艦，挾矢張弓，卸買城市，強椎官商勒限完價，有司莫敢結問，官捕無敢攖鋒。此皆水師將領鈐束不嚴，以致梟惡婪弁通同貿易，坐享厚利。〔註46〕嘉慶十六年（1811），直隸豐潤縣鹽梟搶扒鹽坨，駐營都司牽兵往拏，一見鹽梟百餘人，即行退避，兵丁亦皆走避，不敢與之交鋒。〔註47〕而州縣遇有緝拏案件，不能不用胥役，然鹽梟皆能賄通胥役，其尤黠者，令黨羽潛充盤詰，遇事諱飾，地方官清謹自守者尚且為之所欺，「況簠簋不飭，從事苞苴」。以胥役為爪牙，

〔註42〕雍正《新修長蘆鹽法志》，卷一，頁3。卷十一，頁33。
〔註43〕雍正《新修長蘆鹽法志》，卷一，頁3。卷十一，頁3、頁19、頁33、頁41。
　　　　卷十五，頁34～45。
〔註44〕雍正《敕修兩浙鹽法志》，卷八，頁13。
〔註45〕同註12。
〔註46〕雍正《敕修兩浙鹽法志》，卷十二，頁56。
〔註47〕《大清仁宗睿皇帝實錄》（台北，華聯出版社，民國53年10月），卷二五三，
　　　　嘉慶17年1月壬寅，頁19。

得錢賣放之弊,且在官不在吏,尚復何所顧忌。又鹽梟巢穴,多在交界處,此嚴彼竄,彼嚴此竄。地方官遇事推諉,延擱不辦,而鹽梟潛藏其間,「毫末不扎,將尋斧柯,弊有不可勝言者!」〔註48〕咸豐元年(1851),兩江總督陸建瀛曾說,揚州府屬地方鹽梟出沒,各州縣拏獲人犯,往往因距省城較遠,諱飾消彌,致鹽梟罔知儆懼。〔註49〕

　　一方面官方庸懦怠玩隱飾,並且呼應不靈,而另一方面鹽梟各有窩頓之處,互通聲息,自然使之販私活動得以較順遂。前述順治、康熙年間直隸鹽梟販私的情形,幾乎均與窩頓有直接關係。其窩囤者,又非勾連州縣蠹役武弁兵丁不可。〔註50〕然「土棍窩囤,尤為梟庇。」〔註51〕道光時期,陶澍也說道,長江自開孟瀆、德勝、澡港三河以來,即有江北鹽梟駕駛舥板黑魚腮等船,裝載私鹽絡繹進口。更有地方棍徒勾引招待,私設秤手行家,到處販賣。〔註52〕光緒年間,蘇州府營并屢獲私鹽,但各處河港私鹽船仍絡繹不絕,此乃本地無賴之徒為其窩頓。〔註53〕其實道理很簡單,「鹽徒百什成群,驢馱車載,豈能沿村逐戶零星貨賣,必有奸徒寄頓收藏,然後從容分散,到處濫售。」〔註54〕

　　對於上述的例子,由清初至清末的兩段民間記載中,更能夠消楚地了解到這種狀況的嚴重性,難怪鹽梟如此的囂張,視法令如無物。根據《兩淮鹽法志》所錄〈私鹽行〉一篇,即以詩歌體方式道出:

> 私鹽自古為鹽蠹,賴有王章使之懼,犯者應論城旦舂,拒捕當斬誰
> 敢護?孰知近日殊不然,小以車計大以船,商人對之那敢詰,袖手
> 任彼蒲帆懸。近年因設巡商軰,更番譏察邗江內,十佛安能敵百魔,
> 佛若遇魔佛先潰。佛中亦復有韋馱,力辭空嗟傷更多,負傷匍匐莫
> 可訴,訟訴往往遭譙訶。若軰從來號亡命,諸商相弔彼相慶,冒名

〔註48〕《大清宣宗成皇帝實錄》,卷二一,道光12年5月丙辰,頁21。

〔註49〕《大清文宗顯皇帝實錄》(台北,華聯出版社,民國53年10月),卷三四,咸豐元年5月壬子,頁26。

〔註50〕《道咸同光四朝奏議》,第二冊,道光24年,山西道監察御史曹履泰奏摺,頁671。

〔註51〕《道咸同光四朝奏議》,第一冊,道光17年,山東巡撫經額布等奏摺,頁405。

〔註52〕《陶文毅公(澍)集》,卷十五,〈會同浙閩督撫暨蘇撫籌議堵截淮私章程以衛浙鹽摺子〉,頁21。

〔註53〕《申報》,光緒4年8月4日,頁15843。

〔註54〕雍正《長蘆鹽法志》,卷十五,頁36。

呼作某字旗，誰敢公然道其姓。前年制府曾移文，煌煌憲令昭八垠，
有司藏匿不敢布，雖設屬禁如無聞。若輩意中有所恃，千百爲群勝
狼兇，不輸國賦免追呼，復何所憚不爲此。淮南淮北盡相同，高聲
叫賣城市中，提包竟到憲轅外，藐視一切如瞽聾。小販無知何足責，
檣帆大囷森如戟，腰牌遙作護身符，送下長江誰捍格。〔註55〕

這首歌謠，很鮮明地把官方的畏葸與鹽梟有恃無恐目空一切的行徑刻畫請出
來。光緒三年（1876）十月二十六日，《申報》一位署名「爲民請命生」的作
者，更將緝鹽者擾民與官府怠忽職守的情形揭露無遺，其文謂：

乃觀于今之搜緝者，嘅然矣。私梟盤踞巢穴，結夥燒販，不敢正眼
相覷。至於鄉氓村愚間本非鹽梟可比，而奸商恃上憲符引一紆，儼
然率領游勇，縱騎持械，村村節節而搜捨之。此輩半無賴餓虎，見
財物則任手探取，甚而翻篋倒箱，無所不至。或有稍剛硬者出頭攔
阻，則種□仇索，更有不可言者。浙之上虞縣鹽捕日日查搜，閭閻
久苦騷擾，近日搜至東門外離城五里地方某姓家，家止孀婦一子一
女，子年幼，適病，忽見大隊洶洶持軍器而至，誤以爲盜，驚悸而
死。婦痛子心切，奔訴鄉里，鄉紳姚祖虞、黃錦文等咸抱義憤，聯
名呈控邑尊唐師竹明府，當即出諭，祇准搜捕私販出入要路并河口，
不准縱搜民房，各者紳頌德，送萬民傘暨扁額數事。詎料有上憲扎
下准其挨搜，而唐明府遂束手而不能爲力，前之傘額幾難靦顏受之
矣。嗟乎！國家養育兵勇，將以防禦盜賊者也？今虞邑盜賊公行，
數年間，盜案不下數十次，……被盜者即喊稟地方，官府往往以盜
改竊，置不與聞。夫盜之處也，有巢穴，出也，有窩線，官斯土者，
誠實心爲民除害，豈眞難於緝獲。而乃諱盜縱盜，使之盜風日熾，
而鹽公堂搜鹽，竟任其玉石不分，擾害無窮唉！〔註56〕

我們從小兒誤以爲鹽捕即是盜賊來襲驚恐而亡，可以想見這些食官餉的捕役
平日欺壓百姓的兇橫作風，絕不亞於鹽梟盜賊。然而一遇鹽梟，卻祇有俯首
一途，不敢正視。一進一退，雙方勢力消長立見，愈使鹽梟勢盛而捕役畏懦。
在如此惡性循環下，焉能希望緝私制度發揮功效，其結果自然成爲人所詬病
與助長鹽梟發展的助力。

〔註55〕卷二八，頁55。
〔註56〕《申報》，光緒2年10月26日，頁13652。

其實，在一個以鹽課考量爲主的不健全制度下，緝私措施有其先天無法突破的障礙，即使歷經了各朝的努力，終究不能對鹽梟做到有效的制裁。對付鹽梟的方法事涉制度本身，雍正五年（1727），浙江巡撫李衛嘗云：「杜私銷引之計，未嘗不以稽煎督煎之事責之場官，而微員功名之念輕，貪利之心重，受賄縱私，無人不然。即盡加黜革，而所換新官仍復如故，此場官之不可恃也。」同時，「未嘗不以巡私緝私之事責之廳縣汛弁，而各官俱有地方公事，豈能每日親查。所差巡役兵丁又皆微末下人，更無身家顧惜，多將大夥賄放，僅拏一、二小販塞責，此巡緝之不可恃也。」〔註57〕很明白地將問題癥結點出，即使再如何認眞緝拏鹽梟，始終無法擺脫「徒增官費，而無成效」的下場。〔註58〕光緒三年三月二十日，在《申報》一篇名爲〈論私梟互鬥事〉文中，將這方面制度弊端分析地更透澈：

> 所可怪者，抽釐之卡與緝私之人耳。嘗見一葉孤舟往來河內，經過之卡無有能漏者；若至私梟之船，由一號以至千號任意行走，經過之卡又未見有被獲者。至於緝私之人，亦皆如老僧入定，目無所見耳無所聞者。若民船偶有夾帶，又皆無幸免者。何以待商人則獨苛，待私梟又獨恕也？此眞不可解也。說者均謂私鹽之利厚，凡販私者必有多金，富則好禮勢所必然，其於抽釐之卡緝私之人，大約多有餽贈，既已分肥，故應查者不能再查，應捕者不願往捕也。吾則以爲恐不盡然，大抵販私之梟多係亡命之徒，釐卡與鹽捕非因其富，實畏其強，倘盡認眞稽查緝捕，彼等聚眾而來，器械搶砲無所不有，一旦抗拒，大之則有性命之憂，小之亦有損傷之處，故不若見如不見聞如不聞，猶得常留此身以爲魚肉商人求謀錢財地也。不然彼販私鹽船若是之充斥，豈眞毫無知覺哉？又況其中業已互相搆難，何盡不敢從中乘勢一顯其稽查緝捕之能事哉。雖然此輩又何足責也，獨不見東南各督撫乎？猶復力爭引地鹽釐，可見鹽利之厚，不徒私鹽，即官鹽何莫不然！又何怪查私緝私販私者通同作弊也。總之，天下之事一秉至公，則上有所益下無所損，一涉于私，則其患不可言矣，豈徒一鹽務已哉？〔註59〕

〔註57〕 《硃批諭旨》，（七），雍正5年6月27日，浙江巡撫李衛奏摺，頁41。
〔註58〕 《安吳四種》，券三，中衢一勺，〈庚辰雜著五〉，頁7。
〔註59〕 《申報》，光緒3年3月20日，頁12193。

由本節的各項論述中，當可明白本篇所說官儒梟悍確是如此，陶澍也曾說過鹽梟多是亡命之徒，〔註60〕自屬強悍不畏死之人。雖然「私梟之靖，全在巡緝之嚴」，〔註61〕但涉及整個人事制度，絕非易行。嚴格來說，甚至「緝私之人即售私之人，不獨私愈緝而愈充，且適足以啓梟玩抗之端。」〔註62〕透過張謇之論，吾人更能了解清代緝私政策之行與不行間的矛盾。張謇云：

> 昔之鹽法，唯一不二之專制代表曰緝私。緝私有水有陸，歲費數百萬，固矣。日有刑戮，私終不絕，寧惟不絕？緝私者大則分梟之肥而自為梟，小者啜梟之餘而通於梟，此其人蓋十之七、八，免於此二者，僅僅少數。且梟以所漏之稅，與緝私為市，勢常有餘，政府舍此無他策以衛其收入，故明知而仍因之，尚復成何政體。〔註63〕

嘲諷之情溢於言表。觀清代的緝私制度，不過使「民生囂囂以愁，眴眴而疾」罷了，〔註64〕故「引繩而絕之，甚絕必有處」，〔註65〕正是這種措施的反映。

第二節　漕運積弊的助力

漕糧在清代被稱為「天庾正供」之一代大政，〔註66〕初期「仍明制，用屯丁長運」，〔註67〕也就是由運丁（即旗丁）負責各地漕糧經大運河轉輸京師。在海運期前的漕運情形，可從康有為的一段記述中窺其概要：

> 自京師之東，遠延通州，倉廠連百，高檣櫛比，運夫相屬，肩背比接。其自通州，至於江淮，通以運河，迢遞數千里，閘官閘夫相望，高檣大舸相繼，運船以數千計，船丁運夫以數萬計，設衛所官數百以守之，各省置糧道坐糧廳以司之，南置漕運總督，北置倉場總督

〔註60〕《陶文毅公（澍）集》，卷十四，〈淮北票鹽試行有效請將湖運各暢岸推廣辦理酌定章程摺子〉，頁33。

〔註61〕同註52，頁30。

〔註62〕《吳文節公（文鎔）遺集》（台北，文海出版社，民國58年），卷三八，〈札鹽道查明許灣卡員弁報獲私鹽有無隱匿由〉，頁7。

〔註63〕《張季子（謇）九錄》，政聞錄，卷十九，民國2年癸丑，〈重申改革全國鹽政計畫宣言書〉，頁5～6。

〔註64〕《張季子（謇）九錄》，政聞錄，卷十七，光緒30年甲辰，〈衛國卹民化梟弭盜均宜變鹽法議〉，頁3。

〔註65〕同前註。

〔註66〕《道咸同光四朝奏議》，第一冊，道光16年，工科給事中張琴奏摺，頁384。

〔註67〕《清史稿校註》，卷一二九，食貨三，頁3505。

兩大臣以統之。其漕米則民納於縣，縣上於糧道，乃船通於運河，
而後連檣續進，循閘而上，累時費月，乃達於通州，搬丁二萬人置
倉中，然後次第運至京師。〔註68〕

整個過程，牽動之廣，事務之繁，耗費之巨，確實總稱「一代之大政」。〔註69〕
其實，也正因事涉繁雜，故繁盛中已穩含危險，弊端自始即無可避免。早在清
初已有人看出，「屯丁長運，因襲不改，以致公私交累，軍民同困。」〔註70〕
順治十一年（1654），漕運總督蔡士英也說道，「長運罷，而刁軍之積弊可剔，
疲丁之困苦可蘇。」〔註71〕對於長運弊病的內容，更是詳盡指出。原文謂：

蓋今日之運丁，愈非昔比，其世業半侵于豪強，久不可問矣。夫以身
無寸土立錐之人，驅之領運，蹈江涉河，經歷寒暑，經年不得休息，
已屬堪憫。至於造船，尤爲苦累。每遇一僉報，避之不啻湯火，及拘
挐承受，而所給官銀，又不足打船之費，不得不先爲重利借債，惟計
領糧以抵償之，是未兌之日，而即爲盜賣折乾之計矣。未已也，起淺
盤剝，種種勒掯，迨至抵通，復苦積棍蠹役，需索百端。窮丁豈有點
金之術，莫不取足于糧米，額糧安得而不掛欠。此長運之一大害也。
且先時運弁，皆土著世官，與旗軍素相熟習，凡選旗造船，其間孰爲
堪運，孰爲不堪運，得以預知去取。今則部推守備千總領運矣，平時
漫無所知，止憑積蠹書識，上下其手，富者索其重賄，貧者困以力役。
爾年以來，衛丁富者益貧，而貧者日逃。職此之故，止餘奸軍劣弁，
鑽運代領，以恣侵肥之計，漕事安得不至于壞。此長運之又一大害也。
當時依期開兌，米一徵齊，所催船先集，故冬兌春開，運重回空，得
無阻滯。近來米已登廒，片帆不至，比及到次，正當水漲之時，江河
疾流，風濤迅怒，重運多遭漂溺。其間過淮過洪，盤查放閘，耽延時
日，未及抵通，而早已霜降冰合矣。阻凍阻淺，勢所必至，更何術使
其飛渡乎。此又長運之一大害也。〔註72〕

〔註68〕《康有爲政論集》，上冊，轉引自戴鞍鋼，〈清代后期漕運初探〉，收入《清史
研究集》（北京，光明日報出版社，1986年12月），第五輯，頁197。
〔註69〕戴鞍鋼，〈清代后期漕運初探〉，頁197。
〔註70〕鄭日奎，〈漕議〉，賀長齡編，《皇朝經世文編》，卷四七，戶政二二，頁2。
〔註71〕蔡士英，〈請罷長運復轉運疏〉，賀長齡編，《皇朝經世文編》卷四七，戶政二
二，頁10。
〔註72〕前註，頁10～11。

文中所述弊端，簡單來說，即是在整個漕運航程中，有「總押、分押及漕委、督委、撫委、河委等官，陋規餽送，以及行河有量水之費，湖口有放水之費，淮上盤糧，有兵胥比對之費，通州卸米，有經紀驗收之費，又過壩過閘，在在需索，奸徒放帳，被誘百端。」〔註73〕在經過各種名目的剝削與勒索，各幫丁水手「日疲一日，甚不可解。即如贛州幫素稱殷實，而其窮徹骨。臨到河西務剝米之時，米已上船，而剝價不能開發，千總代為挪移，始免誤公。回空則身工飯米全無，無所不賣，尚有遺棄之虞。……以此推之，各幫情形，大概皆然。」由於「運丁浮費既多，力不能支，因而盜賣漕糧，偷竊為匪，無所不至矣。」〔註74〕在無計補累下，各幫丁水手勢必另尋額外求財之道。

　　順治期間即已存在的上述各種弊病，迄於清代後期，從未根除，在在促使幫丁水手必須以不法的手段來獲取生活所需。道光十六年（1836），工科給事中張琴在其奏陳漕務積弊的摺子中指出：

　　　　幫船行抵各閘，所需關纜人夫，向來每船不過給錢數百文，即清江三
　　　　閘，水勢較陡，夫役較多，亦不過給錢二、三千文。近來多有無賴棍
　　　　徒，把持包攬，而糧頭走差，又與運弁標員，勾通一氣，批單向各船
　　　　勒取。臣聞本年糧船，自江南瀲流閘，以至山東濟寧閘，凡二十餘閘，
　　　　每船須用制錢四、五十千文，多費固己多矣。而自清江閘以至楊家莊，
　　　　不過三閘五壩，每船須用制錢七、八十千文、八、九十千文不等，其
　　　　費更加數倍。此皆貪婪之輩，彼此串合，藉以分肥。及至抵通交卸，
　　　　凡米色之純疵，觔口之贏絀，均由坐糧廳書役人等經手，其權柄更重，
　　　　需索更多。臣聞本年交兌，每船須用制錢八、九十千，方能驗收。此
　　　　糧艘疲累之丁，大都由於濫費者也。夫丁既疲累，則長途運費，拮據
　　　　不敷，必致盜賣虧短，以及攙沙發水，其弊有不可勝言者。〔註75〕

上述「盜賣虧短」和「攙沙發水」，還祇是較輕的問題，最嚴重的在於販賣私鹽以及隨之帶來的社會治安問題。

　　除了各種剝削外，運丁行月二糧又不足以贍運，〔註76〕以致夾帶私鹽之

〔註73〕《大清宣宗成皇帝實錄》，卷三〇二，道光17年10月壬申，頁31。

〔註74〕楊錫紱，〈論漕弊與各省糧道書〉，賀長齡編，《皇朝經世文編》，卷四六，戶政二一，頁13。蔣元溥、趙昀纂輯，《皇朝食貨志》（副本，藏於台北國立故宮博物院），漕運十。

〔註75〕同註66，頁385。

〔註76〕張哲郎，《清代的漕運》（台北，嘉新水泥公司文化基金會，民國58年），頁13。

弊愈重。順治十七年（1660）三月，御史李贊元題請預杜船夾帶之弊中指出，「回空糧船約有六、七千隻，皆出瓜、儀二閘，其船一幫夾帶私鹽，奚止數十萬引，合而計之。實侵淮商數十萬引鹽之地，為害未有大於此者。」〔註77〕為此清廷允准糧船攜帶土宜六十石，雍正七年（1729），加至百石，永著為例。旋准各船頭工舵工人帶土宜三石，水手三十石。嘉慶四年（1799），更定每船多帶土宜二十四石。雖然這些措施是為體恤運丁水手而設，但領運漕糧，冬出多盡，備極辛苦，日用亦倍徙家居，於是有帶私貨之弊。〔註78〕根據嘉慶年間漕運總督張大有條陳六項漕運事例中，有四條均和私鹽問題有關：一，長蘆、兩淮產鹽之處，奸民勾串灶丁，私賣私販，伺回空糧船經過，即運載船中，請嚴行禁止，違者俱依私鹽例治罪，一，運司等官拏獲私鹽，請依專管兼轄官例議敘：一，隨幫官專司回空，有能拏獲私鹽三次及幫船三次回空無私鹽事者，以千總推用；一，每船量帶食鹽四十斤，多帶者以和鹽例治罪。〔註79〕由以上條陳即可明白糧船販賣私鹽情形的嚴重性。

各幫糧船，多者八、九十號，少亦三、四十號，往來千里，水手數百人。〔註80〕按例，回空糧船准帶食鹽四十觔。〔註81〕然漕船抵達直隸通州卸貨後，迨回空時，往往於途中裝載私鹽，其中蘆私居十之八九，淮私居十之一二，且年甚一年，幾及淮引全綱之數。〔註82〕「私帶之弊，以江廣各幫為最重，實亦不獨江廣為然，其透漏鹽斤之弊，以天津為最甚，亦不獨天津為然。」〔註83〕蘆私出自天津公口岸，淮南私鹽在揚州、高郵、寶應境內，由水路上船，淮北私鹽則由海州、沭陽陸路而至。〔註84〕每船約計千餘石，南返途中隨意販售，各岸均被占銷，〔註85〕竟「以天庾正供之船，為聚集匪黨之藪」。〔註86〕其實，「帶私不止空運，而空運較多。聞天津鹽商利於售私，糧船停泊時，在公埠交

〔註77〕康熙《兩淮鹽法志》，卷十一，頁7。
〔註78〕同註67，頁3584。
〔註79〕同前註，頁3858。
〔註80〕同註66。
〔註81〕《大清高宗純皇帝實錄》，卷七一四，乾隆29年7月丙辰，頁9。
〔註82〕《陶文毅公（澍）集》，卷十五，〈陳奏回空糧船末便任帶蘆鹽摺子〉，頁1，頁10。
〔註83〕《大清宣宗成皇帝實錄》，卷一八七，道光11年4月丁亥，頁3。
〔註84〕《大清宣宗成皇帝實錄》，卷一八八，道光11年5月丁亥，頁11〜12。
〔註85〕《大清宣宗成皇帝實錄》，卷一七〇，道光10年6月辛卯，頁4。
〔註86〕《大清宣宗成皇帝實錄》，卷二四三，道光13年9月丁酉，頁47。

易，其附近天津地面，如青縣、靜海、滄州、南皮等處，臨河商店亦多私鹽窩留，專候迎船上載。」〔註87〕

　　除了生活困頓外，利益的誘惑亦是運丁水手敢於販賣私鹽的主因之一。清廷久已視漕私為弊病之尤，〔註88〕為防止彼輩販法私鹽，雍正元年（1723），訂定相當嚴厲的罰則，視同強盜般處置：

> 嗣後若水手夥眾十人以上，執持器械搶奪者，將為首之人照強盜律從重治罪，其為從者減一等。如十人以下無器械者，照搶奪律議罪。
>
> 出結之旗丁頭舵，一遇有事登時報明拿送者免罪，如容隱不首及狗庇不拿者，照強盜窩主律分別治罪。〔註89〕

但在重利驅使下，根本無法達到預期效果。水手每月身工不過七千多文，不足以養贍，而運丁得項不為不厚，然事多任意銷糜，並「受兌開行，以致通倉交卸，均不免受人勒索。」同時，水手多桀驁，其順帶官鹽，必有梟犯出資附和。又有名為風客的販賣弘鹽正犯，隨幫販運，盈千累萬，與丁舵水手均分，「啖以餘利，仗為護符，馴致闖關逃稅，莫敢誰何。」，〔註90〕陶澍即曾奏道：「竟有銀主，隨幫而行，謂之風客。除本分利，前後數年已坐占淮南數十萬引之綱額，人所共知。是既大害於鹽務，且勾引梟匪，紛紛聚集，販運上船。」〔註91〕其中，糧船夾帶以蘆私賤於淮私，故回空糧船所帶尤多，〔註92〕以其易於獲利。

　　若說漕私對清政府鹽務的侵害，自順治起已可謂不輕，前引御史李贊元之語即可得知。康熙二十二年（1683），江南鳳陽府泗州知州魏三聘詳稱，吏目王文璽在七艘回空糧船內搜得私鹽九萬五千多斤，現獲鹽犯運丁二十一名，餘犯半逃。據供鹽係在天津衛靜海縣唐官兒地方，各私販裝運前來。以長蘆九萬五千多斤私鹽進入淮鹽引地，額引官鹽安得不壅？而職司押空官

〔註87〕《李文恭公（星沅）奏議》（台北，文海出版社，民國58年），卷十五，〈請旨飭禁糧船回空夾帶蘆鹽摺子〉，頁31～32。

〔註88〕雍正《新修長蘆鹽法志》，卷十五，頁41。

〔註89〕雍正《新修長蘆鹽法志》，卷十五，頁42。

〔註90〕《大清宣宗成皇帝實錄》，卷一八八，道光11年5月辛酉，頁12。《大清宣宗成章帝實錄》，卷二四三，道光13年9月丁酉，頁46。周濟，〈淮鹺問答并序〉，盛康編，《皇朝經世文續編》，卷五一，戶政二三，頁92。《陶文毅公（澍）集》，卷十五，〈陳奏回空糧船未便任帶蘆鹽摺子〉，頁12，頁14～15。

〔註91〕同註82，頁1。

〔註92〕《陶文毅公（澍）集》，卷十一，〈嚴查回空糧船夾帶私鹽摺子〉，頁8。

弁，若非通同作弊，何以至此？〔註93〕可見官弁的不肖，同樣是運丁水手敢於販私的原因。漕務「候補各員，鑽營差委，未必自礪其廉隅，而實任者，間年輪運，亦祇爲營私之計。故有俸滿多年，應以營缺升用者，猶故意安置罣升處分，戀棧不去。其間老成歷練者，固不乏人，而衰頹庸憒者，恐亦不少。若非認真察覈，則精力疲憊之人，難免因循廢弛。」〔註94〕嘉慶十五年（1810）六月，清仁宗就曾在其「上諭」中，直接指明了官弁人等的包庇縱容：「似此明目張膽，肆無忌憚，……看來亦盡旗丁水手之故，押運官弁，恐不免包攬縱容，地方文武及總還催趲各員弁，亦必有得規賣放情事。」〔註95〕儘管清政府採行了各種防範措施，在漕船所過之處密設關卡，嚴加盤查，訂了處分罰則，結果仍是「弊難盡除」。〔註96〕

　　漕私不僅是對鹽務運作的大障礙，在販私之弊中最爲兇虐，〔註97〕更重要的運丁水手與鹽梟奸民的勾串，擴大了鹽梟的隊伍，對社會治安造成了相當程度的衝擊。由於押運官弁漫無鈐束，旗丁水手人等乃以糧船爲護符。始則勾串以窩囤爲業的地棍，白日黑夜裝販私鹽，繼則結黨成群，路截鹽船，卸鹽起剝，搶劫官鹽，隨路變賣。同時，率眾拒捕，巡役兵快畏縮不前，無法禁緝；或受賄疏縱，無怪乎私鹽日熾而國課日虧，商民亦同受困。〔註98〕此輩多係游手無賴之徒，素稱桀驁，動輒恃眾滋事，〔註99〕本身就是一股不安的力量。道光十四年（1834），「上諭」：「近日山東東昌府境內廬州幫水手聚眾械鬥一案，致斃數十餘命之多，且船所過地方，時有折體斷肢漂流水面，皆由水手戕害所致。」〔註100〕可見其囂張不法之一斑。其時任湖廣總督的林則徐也奏陳：「惟水手恃眾逞兇，已非一日，而近年爲尤甚。除廬州二幫在東省殺斃多命之外，其沿途糾眾圖鬥，經地方文武彈壓解（散）者，探聞所在多有。即如蘇省之鎮江前後兩幫，最爲著名兇悍，劫殺擄搶，靡惡不爲，且與浙江湖州府屬八幫向爲積讎，

〔註93〕康熙《兩淮鹽法志》，卷十四，頁 12～13。
〔註94〕同註 66。
〔註95〕《大清仁宗睿皇帝實錄》，卷二三一，嘉慶 15 年 6 月甲辰，頁 11。
〔註96〕陳鋒《清代鹽政與鹽稅》，頁 197。
〔註97〕雍正《新修長蘆鹽法志》，卷十五，頁 26。
〔註98〕雍正《新修長蘆鹽法志》，卷十一，頁 57。卷十五，頁 26，頁 41～42。
〔註99〕《大清宣宗成皇帝實錄》，卷十七，道光元年 4 月庚子，頁 21。《陶文毅公（澍）集》，卷十五，〈陳奏回空糧船未便任帶蘆鹽摺子〉，頁 4。
〔註100〕《林文忠公（則徐）奏稿》，道光 14 年 11 月 25 日，〈嚴防糧船水手聚眾械鬥片〉，頁 190。

各不相下。而鎮江幫水次本在徒、陽，又爲浙船必經之路。重運先後開行，尚可不令遇見。迨回空過鎮，輒即糾約復讎。」〔註101〕同時，「糧船水手，向有老安、潘安二教，並老管師父名目，編號傳徒，分黨滋事。」又「糧船北上時，每有無業游民，隨幫行走，名曰放散風」〔註102〕每「因犯案逃入教內，藉其庇護，因而沿途搶奪鬥毆，肆行不法。旗丁受其挾制，即該管官弁，亦並不能管束。」彼輩「游匪聽水手之指麾，水手之聚眾，無不藉助於游匪。」根本就視法令如無物。這些水手之所以敢於逞兇，其因也在於旗丁頭舵容隱徇庇，祇知圖苟安於目前，不知治罪於事後。文武官員，以其人數眾多恐激成拒捕重案，相牽容隱，不敢查拏，以致益逞兇頑。〔註103〕

　　康熙三十五年（1696），規定每船運丁一名，水手九名。因運丁對漕船駕駛不熟悉，不諳水性，乃不得不雇募一些水手幫忙，由千總保結，再呈報衛守備及府廳等官，故水手素質甚佳。〔註104〕按《林文忠公（則徐）奏稿》中記載清代的規定：

> 漕船出運，雇募水手，責成衛所及押運員弁，令前後十船互相稽查。並取正丁甘結，十船連環保結。一船生事，將本船旗丁照例治罪，十船連坐。〔註105〕

又同書中記載：

> 糧船水手，責成各衛所及運弁正丁雇募，擇其諳練老成之人，取具本船頭舵水手互保各結，造具年貌花名清冊，轉報糧道存查。仍開明姓名籍貫，各給腰牌，糧道押運等官沿途稽查，如中途或有事故更換，押運官弁移行該地方官選擇土著良民添補，仍取具冊結報查。
>
> 〔註106〕

針對水手運丁人等所訂定的防範則例，採行互保連坐責任方式，應當還算得上完備。其後糧船日益加大，水手人數也隨之增多，每船運丁、舵工、水手不下三、四十人。雍正九年（1731），江西巡海謝旻已指出各省糧船有七千隻，

〔註101〕同前註，頁191。
〔註102〕同註66，頁385。
〔註103〕《大清宣宗成皇帝實錄》，卷二七〇，道光15年8月丙戌，頁38。
〔註104〕同註76，頁11～12。
〔註105〕《林文忠公（則徐）奏稿》，道光15年11月25日，〈籌議約束漕船水手章程摺〉，頁313。
〔註106〕同前註，頁313～314。

以頭舵、水手計之，不下十多萬人。而糧船所經之地，需用剝淺、頭縴、提溜等項人工，又不下數萬人。〔註107〕雍正二年（1734），漕運總督張大有曾針對這種問題具摺上奏，指出不得已的情形。其摺略謂：

> 茲於糧船過淮盤驗時，臣逐船查點，每船祇換一、二名，或三，四名不等。據各糧道弁丁同稱，糧船除正副旗丁之外，其本軍內或貿易為生，或務農為業，撐駕之事多不諳練。糧船涉江渡黃，提溜打閘，關係重大，非熟諳之人，不能勝任，不得不將老練水手留用數人撐駕，俟本軍學習練熟，然後盡得更換。且糧船旗丁有什軍朋運者，可以學習撐駕，漸次更換。若戶少丁稀，併無什軍者，勢不得不僱募外人代撐等語。〔註108〕

如此一來，則易造成管理上的不便。其後漕運日壞，水手來源不正，遂致水手素質愈差，多為無賴獷悍之徒。甚至盜匪作亂失敗後，四散逃逸，為了謀生，也加入水手之列。〔註109〕

事實上，運丁回空貲囊已竭，舵工水手等身價更微，即使購買私鹽，能有幾何？所以敢犯禁，滿載私鹽者，皆梟徒預為布置包攬暗運，隨幫風客出本買裝，朋比為奸。而不肖之商店與商夥商廝乘機俞賣分肥，貪小利不顧大局者亦復不少。〔註110〕糧幫中尤以江廣幫所帶私鹽為最甚，先在江廣置買木植，隨重運上，沿途賒與私販，回空南下時，收鹽抵價。鹽既上船，以十分之三作為水腳，頭舵水手包攬過關，本販並不在船，另坐小船，先往沿途講價售賣。〔註111〕基本上，「不聞幫丁之受益，獲有餘潤以資辦公者，蓋載鹽並非糧船之利，乃私梟風客之利也。」〔註112〕更有一種名為「青皮」的無賴，盤踞馬頭，專為糧船通線散銷，從中取利。〔註113〕關於青皮在漕運中所扮演的角色及其性質，道光十六年（1836），掌陝西道監察御史劉夢蘭曾在一奏摺

〔註107〕莊吉發，〈清代漕運糧船幫與青幫的起源〉，收入《中國歷史學會史學集刊》（台北，中國歷史學會，民國75年7月），頁230。

〔註108〕《宮中檔雍正朝奏摺》，第二輯，雍正2年3月26日，頁435。

〔註109〕同註76，頁12。

〔註110〕〈陶文毅公（澍）集〉，卷十一，〈嚴查回空糧船夾帶私鹽摺子〉，頁9。卷十五，〈再陳回空糧船未便任帶蘆鹽摺子〉，頁12。

〔註111〕周濟，〈淮鹾問答并序〉，盛康編，《皇朝經世文續編》，卷五一，戶政二三，頁92。

〔註112〕《陶文毅公（澍）集》，卷十五，〈再陳回空糧船未便任帶蘆鹽摺子〉，頁11。

〔註113〕《大清宣宗成皇帝實錄》，卷一八八，道光11年5月辛酉，頁12。

中有詳細的說明。劉夢蘭奏稱：

> 據臣所聞，尚有一種匪類，號爲青皮，又名好老，爲患最甚，偶值汛
> 丁捕役查拏，而本幫運丁運弁輙向該丁役等飾詞容庇，往往已獲之犯
> 仍行釋放。竊思此等匪類，習慣兇橫，如果迅就拏獲，從嚴根究，必
> 皆確有案據，豈可任其通同徇庇，當場免脫，致將來或別生事端。推
> 原各運丁所以庇護青皮之故，緣青皮黨類甚夥，皆游手無籍，強狠異
> 常，專隨重空運船往來上下各幫，起卸私貨，全倚仗青皮之勢，官吏
> 不敢盤詰，地方不敢阻攔，盤踞日久，水手聽其指揮，時有搶奪劫拋
> 棄屍骸之事。自來地方文武習以爲常，因循不辦。近聞沿途州縣簽差
> 捕役，協同汛舟，遇有幫船過境，極力盤詰，間有緝獲，實屬青皮，
> 無如該船運弁旗丁，共相扶隱，汛官捕兵，明知確係青皮，亦竟聽從
> 保釋，否則恐該船停幫不進，在汛弁捕役固不敢膺此重咎，而該管有
> 司，亦憚於多事，以致旋獲旋放，由此青皮必更與捕兵結恨，捕兵益
> 不敢與青皮爲難，而匪徒遂肆無忌憚矣。〔註114〕

青皮爲害漕運的程度，不可謂不深。而其行徑亦直如盜匪般，「所過之處，官畏
之如虎豹，民更畏之如蝗螟。大抵逢村擾村，逢縣擾縣，強買市物，械鬥打降，
猶其餘事。其最可恨者，強污擅殺，惟所欲爲，百姓含冤，官爲不直，商賈因
以遏絕，居民至於夜驚。」〔註115〕光緒四年（1878），翰林院侍講張佩綸也提
到。「漕船水手，號曰青皮。」〔註116〕《清史列傳》中更指出，「青皮等或隱匿
在船，假充水手，或散游在岸，托名短縴。」〔註117〕這種具有雄厚資本的武裝
販私集團，與糧船水手早已結下不解之緣。〔註118〕光緒三十一年（1905）十月
二十四日《中外日報》刊載：「蓋青幫者，當日漕河運丁，」〔註119〕即使並非
漕船水手均是青皮，但仍可見雙方間的密切關聯性。其中青皮與青幫的關係，
莊吉發於〈清代漕運糧船幫與青幫的起源〉一文中指出：「其實青皮是青幫的前
稱或前名，亦即青幫名稱正式通行以前的舊名，浙西青幫名稱通行已久，而蘇

〔註114〕《軍機處檔・月摺包》，第 2768 箱，104 包，71782 號，道光 16 年 7 月 10
日。
〔註115〕《道咸同光四朝奏議》，第八冊，光緒 4 年，頁 3561。
〔註116〕同前註。
〔註117〕《清史列傳》，卷三八，大臣傳續編三，烏爾恭額，頁 38。
〔註118〕周育民、邵雍，《中國幫會史》，（上海，人民出版社，1993 年 3 月），頁 262。
〔註119〕《東方雜誌》，第三卷，第一期，1906 年 2 月 18 日，〈論江浙梟匪〉，頁 5709。

松一帶仍稱青皮，此青皮即蘇松青幫的前稱或舊名，則是因襲其舊名，後來自於青幫的名稱通行日久，青皮名目，逐漸被放棄，以致後人對青皮的本義，不加詳考。」〔註120〕青幫既因青皮而得名，由糧船幫而來，當可更明白青皮與糧船水手彼此牽連程度之深。

至於紅幫，由於青幫日後在各種非法行業上，如走私、販毒方面，遠超過紅幫的發展，同時，青幫在各地的勢力範圍，也因豐富不絕的財源，而有急速擴張之勢，不是紅幫所能望其項背。以致紅幫在發展上，有逐漸爲人遺忘的現象，連歷史記載也日趨淡沒。

在整個漕運體系下，藉此維生者甚眾，雍正九年（1731）正月，江西巡撫謝旻指出，各省糧船七千隻，以頭舵、水手計之，不下十萬餘人。〔註121〕由於大運河水量不豐沛，山東、蘇北一帶地勢較高，在長江以北運河多設水閘，以便蓄水漕運。〔註122〕一旦「各省糧船北上，每遇過閘過壩，及急溜淺阻，必需人力挽拽者，」〔註123〕故而，「沿河一帶短縴撈淺挑挖夫役人等，以及小本經營，藉此爲生者，更復不少。」〔註124〕甚至「有無籍游匪，借短縴爲名，食宿船內，此等游匪，多至各船水手數倍，均係鹽梟劫盜。」〔註125〕點出了漕船就是鹽梟藉以生存的環境。

道光六年（1826），清政府採行海運建議，江蘇蘇州、松江、常州、鎮江四府與太倉州的漕米由海運運至天津。〔註126〕其中蘇州、太倉爲一幫，松江、常州爲一幫，由於海運之故，該船幫即須停歇，「共計水手等不下六、七千，俱係東、豫、淮、徐一帶好勇鬥狠不諳生計之徒。」同時，大江南北，乃私梟出沒之區，〔註127〕遭到遣散的水手，很容易就會投入與之在糧船上即已熟悉的販私鹽的不法組織內，形成嚴重的社會問題。海運的成功，直接針對漕運積弊，但卻沈重的打擊了糧船水手以及藉此維生者的生計，因此，第二年清政府仍決定繼續河運。然而，鴉片戰爭後，黃河連續三年大決口，大運河的淺阻更加嚴重，海運漕糧的意見漸趨上風。直到太平軍於咸豐三年（1853）

〔註120〕同註107，頁236。
〔註121〕《宮中檔雍正朝奏摺》，第十七輯，雍正9年1月24日，頁513。
〔註122〕同註69，頁225。
〔註123〕《大清高宗純皇帝實錄》，卷五七八，乾隆24年1月丁亥，頁8。
〔註124〕《道咸同光四朝奏議》，第八冊，光緒4年，漕運總督文彬奏摺，頁3555。
〔註125〕《大清宣宗成皇帝實錄》，卷三七○，道光15年8月丙戌，頁38。
〔註126〕同註76，頁59。
〔註127〕《大清宣宗成皇帝實錄》，卷一二九，道光7年11月甲辰，頁90。

進入江南，切斷了大運河，清政府才不得不將江蘇、浙江二省漕糧全部改由海運。〔註128〕在此之前，內閣學士兼禮部侍郎勝保已上疏論道：

> 河決未復，數郡其漁，流離蕩析，所不待言。……兼之糧幫水手，素非善良，今歲南糧，半由海運，半阻河干，此輩資生無策，豈免冒死犯科，脫梟黠之魁起而倡之，振臂一呼，豺狼四合，恐朝廷旰食，南顧不遑，況該處風氣頑悍，前代之亂，多起於是，此淮、徐之憂也。〔註129〕

勝保之言絕非杞人憂天之論，時人丁顯《河運芻言》指出：「漕河全盛時，糧船之水手，河岸之縴夫，集鎮之窮黎，藉此為衣食者，不啻數百萬人。自咸豐初年，河徙漕停，粵氛猖獗，無業游民，聽其遣散，結黨成群，謀生無術，勢不得不流而為賊。」〔註130〕光緒三年（1876）五月二十四日，上海《申報》刊載糧幫停廢後販賣私鹽的情形，文曰：「在後糧船停廢，其族無以為生，即散處各州縣，名曰站馬頭，萃聚亡命，藐法殃民，初猶淮、海一帶，千百成群，今則蔓延江南、北郡縣、無地無之。」〔註131〕這些強而有力，素不安分之徒，「旋以販鹽為生，不投課，官捕則拒，所謂鹽梟也。」〔註132〕

　　總之，在一個組織不健全的漕運系統內，糧船水手生活上的艱困以及外在環境的誘惑，安分守己者實在不易生存下去，導致必須藉助販賣私鹽以求取生活的改善。當然，各種因素的配合，方能順利完成販私的行徑。陶澍即曾奏陳回空糧船夾帶私鹽定例綦嚴，連年條陳利病者多而弊仍未除，並且日有甚焉。固由掩耳盜鈴奉行未力，實亦稽查鮮要，弊源未清之故。陶澍指出弊源未清云：

> 天津商人利於鬻私，甚至在於公埠明目張膽而為之，其弊一。公埠雖有印票，限以斤數，而帶私者並不請票，鬻私者並不填票，徒法難行，其弊二。青縣、靜海、滄州、交河、南皮各州縣臨河商店存鹽過多，並不按應領應銷實數，率付糧艘，以鄰為壑，其弊三。私鹽窩囤存積河干，專候糧船經過，千夫運送，萬人共見，兵役巡查翻無知覺，其弊四。糧船裝等均用小船載送，天津河下私船如織，

〔註128〕同註118，頁257～258。
〔註129〕《道咸同光四朝奏議》，第三冊，咸豐2年，頁988。
〔註130〕轉引自戴鞍鋼，〈清代后期漕運初探〉，頁226。
〔註131〕《申報》，頁10033。
〔註132〕《太平天國史料叢編簡輯》，第一冊，頁229，轉引自戴鞍鋼，〈清代后期漕運初探〉，頁227。

> 圍繞糧艘，白晝上載，地方文武熟視無睹，其弊五。江廣糧道趕辦
> 新漕，不能親押回空，查私之責惟咨幫弁，其懦者畏難苟安，不肖
> 者知情故縱，遇有緣事革職，往往糧船代爲捐復，按股攤賞，即在
> 夾帶之內，其弊六。丁舵水手貲本無多，緣有奸民名爲風客，出本
> 貿鹽，哄誘分利，在南則裝栽木植紙張瓷器雜貨抵津易鹽，在北則
> 天津土棍預買囤鹽候船裝載，盈千累萬，幾及淮引全綱之數。縱有
> 犯案舵水甘心認罪，從不將風客供出，固結不解，其弊七。以上各
> 弊，皆爲糧私橫恣之根。〔註133〕

確實道出了整個漕運制度的通病與弊根，成爲糧私氾濫的根源。更進一步來
看，糧私的發展乃是倚賴漕運圖利的各種不法勢力的結合有以致之。

第三節　社會經濟變遷與人口流動的助長

　　人口流動的研究，主要在於由居住地點遷移產生的流動狀態，其中，較長
期的外出活動亦包括在內，然而不改變居所的出差、探親、旅遊等則並不涵蓋
在內。〔註134〕根據大陸學者郭松義的研究指出，人口的增長促進了社會繁榮，
卻也帶來了許多問題，最主要就是生產發展和人口增長間無法適應的矛盾愈見
嚴重，而清代中葉以後人口活動的頻繁，正與此矛盾關係密切。〔註135〕清代人
口壓迫在雍正時已成嚴重問題，乾隆時更甚，與康熙物阜民豐的情形不同，已
有人多食艱之慮。〔註136〕話雖如此，但康熙晚期人口已有矛盾現象，人口壓力
造成的食糧不足問題已呈現端倪。康熙五十二年（1713）十月，上諭曰：

> 且先年人少田多，一畝之田，其價值不過數錢，今因人多價貴，一
> 畝之值，竟至數兩不等，即如京師近地，民舍市廛，日以增多，略
> 無空隙。今歲不特田禾大收，即芝麻、棉花皆得收穫，如此豐年，
> 而米粟尚貴，皆由人多地少故耳。〔註137〕

〔註133〕《陶文毅公（澍）集》，卷十三，〈籌議稽查糧船夾帶私鹽摺子〉，頁1～2。
〔註134〕莊吉發，《清代秘密會黨史研究》（台北，文史哲出版社，民國83年12月），
　　　　頁79。
〔註135〕郭松義，〈清代的人口增長和人口流遷〉，收入《清史論叢》（北京，中華書局，
　　　　1984年），第五輯，頁103。
〔註136〕羅爾綱，〈太平天國革命前的人口壓迫〉，收入《中國社會經濟史集刊》（南京，
　　　　民國38年1月），第八卷，第一期，頁28～29。
〔註137〕《大清聖祖仁皇帝實錄》，卷二五六，康熙52年10月丙子，頁15。

清世宗對於米貴事實也相當清楚，他於雍正五年（1737）三月頒發上諭道：

> 近年以來，各處皆有收成，其被災歉收者不過州縣數處耳，而米價
> 逐覺漸貴，閩廣之間，頗有不敷之慮，望濟於鄰省，良由地土之所
> 出如舊，而民間之食指愈多，所入不足以供所出，是以米少而價昂，
> 此亦理勢之必然者也。〔註138〕

其實，早在三年前，清世宗就已經因人口增加引起的耕地緊張和民生困難，有所警覺了。〔註139〕雍正二年（1724）二月，在一次對各省督撫的諭旨中論道：「國家休養生息，數十年來，戶口日繁，而土田止有此數，非率天下農竭力耕耘，兼收倍穫，欲家室盈寧，必不可得。」〔註140〕反映了當時全國土地與人口間的矛盾情形。這個問題也就是說，人口過剩導致農業生態惡化，糧食生產不足、農民生活日趨貧困等農村經濟問題，直接間接與農村經濟的衰敗有若無可分割的關係。〔註141〕

經過了數十年的安定生活，全國生齒日繁，食指眾多，人口與糧食失調的現象，到了乾隆時期愈顯其嚴重性。乾隆五十八年（1793）十一月，在一次上諭中，清高宗即曾憂心的指出這種情形：

> 百餘年太平天下，化澤涵濡，休養生息，承平日久，版籍益增，天
> 下戶口之數，視昔多至十餘倍。以一日耕種而供十數人之食，蓋藏
> 已不能如前充裕，且民戶既日益繁多，則盧舍所占田土，不啻倍蓰。
> 生之者寡，食之者眾，於閭閻生計，誠有關係。若再因歲事屢豐粒
> 米狼戾，民性游惰，田畝荒蕪，勢必至日食不繼，益形拮據，朕甚
> 憂之。〔註142〕

而一些憂國之士，也紛紛提出意見以警惕於世。乾隆初，郭起元於〈上大中丞周夫子書〉中憂慮地說：「今戶口日蕃而地不加增，民以日貧者，人與土瀛之勢也。一人之食，十人食之則必飢，一人之衣，十人衣之則必寒矣。」〔註143〕此

〔註138〕《十二朝東華續錄》（台北，大東書局，民國57年8月），卷十七，頁12。
〔註139〕同註135。
〔註140〕《大清世宗憲皇帝實錄》（台北，華聯出版社，民國53年10月），卷十六，雍正2年2月癸丑，頁14。
〔註141〕行龍，《人口問題與近代社會》（北京，人民出版社，1992年3月），頁72。
〔註142〕《大清高宗純皇帝實錄》，卷一四四一，乾隆58年11月戊午，頁14～15。
〔註143〕《介石堂全集》，卷八，轉引自郭松義，〈清代的人口增長和人口流遷〉，頁108～109。

時，因人口滋長致耕地減少，而米價昂貴的事實，已是普遍到全國了。〔註144〕
乾隆十三年（1748），湖南巡撫楊錫紱具摺奏稱：「蓋戶口多，則需穀亦多，雖
數十年荒土，未嘗不加墾闢，然至今日，而無可墾之荒者多矣。則戶口繁滋，
足以致米穀之價，逐漸加增，勢必然也。」〔註145〕再看時人朱倫瀚所陳〈截留
漕糧以充積貯箚子〉中論述，更能明白這種情況的迫切性。文中謂：

> 產穀運米之地，素稱江廣東南，……惟江蘇、安徽、浙江、江西、湖
> 北、湖南六省，每歲徵運漕白糧米，以實天儲。……盛世滋生，人口
> 日眾，歲時豐歉，各處難一，以有限有則之田土，供日增日廣之民食，
> 此所以不能更有多餘，以無多餘之所出，而欲供各處盡力之搬運，此
> 所以米穀日見其不足，價值日見其增長，臣所謂計盈虛之數者此也。
> 至廣產之地，米穀之價，臣少年隨任江西，往來外省各處，及補授浙
> 江糧道十餘年，督率糧艘，前赴江淮，又署任湖廣驛鹽道，合此數省
> 觀之，其米穀之價，俱加倍於從前矣。即如浙江省分，浙東一帶，只
> 供本地兵米民食，不能更為浙西之用，其杭、嘉、湖三府屬，二十二
> 州縣內，每年應辦漕白正耗糧米南秋兵米外，仍須本地之倉社積儲，
> 所產不敷所需，不待言也。江南辦糧愈多，兼之各處經商人民，到處
> 雲集，食米更倍。江西素為魚米之鄉，邇來生齒倍繁，多往外省開墾
> 力作，號為棚民，則庶而富，亦可見矣。湖廣素稱沃壤，故有湖廣熟
> 天下足之諺，以今日言之，殊不幸然。……加以本處之生聚，外來之
> 就食，各省之搬運，價乃愈昂。而今日之採買運販者，動云楚省，不
> 知今日之楚省，非復昔日之楚省也，且亦待濟於川省矣。武漢一帶，
> 有待川米來而後減價之語，則不足之情形已見，恐未可視為不竭之
> 倉，不涸之源也。臣所謂統核天下產米之區者也。〔註146〕

由朱瀚倫的經歷，可很清楚的知道他是深明東南各省糧食情形的官吏，其奏
陳自是一篇確實的報告。雍乾間，米貴問題已非地方性，乃是全國性的，當
時全國糧食的供應已不夠，也就可以看見當時全國性的人口壓迫相當嚴重
了。〔註147〕

〔註144〕同註36，頁45。
〔註145〕楊錫紱，〈陳明米貴之由疏〉，賀長齡編，《皇朝經世文編》，卷三九，戶政一
　　　　○，頁8。
〔註146〕賀長齡編，《皇朝經世文編》，卷三九，戶政一○，頁9～10。
〔註147〕同註136，頁49。

迄於光緒年間，人口壓力問題並未解決。光緒後期，即有人論道：

> 蓋近年穀米日貴，糧食日艱，無論凶荒之歲也。即年歲順成，米價
> 曾不少落，幾幾乎農田所出有不敷海內民食之患。試就廣東而論，
> 向仰食于廣西、江西而已也，今則兩粵并仰食於暹邏、安南之米矣。
> 咸同以前，石米兩銀上下而已，今則石米洋錢五六元，歲以爲常矣。
> 試思貧民一手一足爲力幾何，仰事俯蓄，何能堪此五六元之米價，
> 故曰無生路也。夫各鄉之田未必加少於前也，耕田之人未必不多於
> 前也，而何以穀日少而日貴也……夫爲農者一，而食焉者至不可數
> 計，穀米安得不貴，此病在坐食之過多一也。〔註148〕

的確，在一定的生產水平上，「生齒日繁」確實會給社會帶來壓力，造成人民
謀生的困難。〔註149〕一些迫於人口壓力，生活無著的貧民，乃游離出來，成
爲生活在社會邊緣的流民。乾隆時有人曾說：「今天下……占田者十之一、二，
佃田者十之四、五，而無田可耕者十之三四。」〔註150〕同時，民間也有「在
家做飢民，不如出外做流民」的傳言。〔註151〕這些無田可耕的流民，離鄉背
井，成爲被排出正常生活的邊際群，自然紛向他處就食。

　　另外，土地兼併的結果亦加重了人口流動的現象。清代生產力的提高與
商品貨幣經濟的發展，是促使土地買賣關係獲得進一步發展的歷史前提。自
康雍以來，由於農業生產主特別是商業性農業的迅速發展，使得土地日益捲
入商品流通過程中。故地權轉移的經濟因素，獲得了一定程度的增長，即一
般地主乃至官僚地主通常是以「價買」方式獲得土地。這是因爲農業勞動生
產率的提高，特別是經濟作物的種植面積的擴大，提高了土地單位的產量和
產值，增加了佔有土地的收益，從而刺激了人們追求土地的慾望。這對人們
把資金轉移到土地上也就有了保證。所謂「田地無定主，有錢則買，無錢則
賣」的現象，較以往更司空見慣，充分反映出這時任何人只要掌握較多貨幣，
可以任意購買土地。〔註152〕這種情形逐漸造成激烈的土地兼併，甚至使地價

〔註148〕〈張弼士侍郎奏陳振興商務條議〉，轉引自行龍，《人口問題與近代社會》，頁
　　　　73。
〔註149〕同註135，頁109。
〔註150〕曠敏本，〈復范撫軍論城工〉，轉引自郭松義，〈清代的人口增長和人口流遷〉，
　　　　頁106。
〔註151〕《十二朝東華續錄》，卷九，乾隆13年5月己丑，頁15。
〔註152〕中國第一歷史檔案館，中國社會科學院歷史研究所合編《清代土地佔有關係
　　　　與佃農抗租鬥爭》（北京，中華書局，1988年9月），上冊，頁4～5。

飛漲，以及土地「歲易其主」的現象。〔註153〕清人錢泳在《履園叢話》中說過，順治初，良田不過二、三兩。康熙年間，漲至四、五兩不等。乾隆年間，又漲至七、八兩一畝。到了嘉慶年間，地價竟漲至五十多兩。同書並說：「俗話云：百年田地轉三家，言百年之內，興廢無常，必有轉售其田至於三家也。今則不然，……十年之間，已易數主。」〔註154〕顯然此乃激烈的土地兼併有以致之。道光時人章謙曾論道：

> 夫農民之常困於他途者，他途貧，謀口而止，而農民不但謀而止。
> 一畝之田，耒耜有費，籽種有費，罱斛有費，僱募有費，祈賽有費，
> 牛力有費，約而計之，率需錢千。一畝而需千錢，上農耕田二十畝，
> 則口食之外，耗於田者二十千。以中年約之，一畝得米二石，還田
> 主租息一石，是所存者僅二十石。當其春耕急需之時，米價必貴，
> 折中計之，每石貴一千有餘，勢不得不貸之有力之家，而富人好利，
> 狹其至急之情，以邀其加四加五之息，以八閱月計之，率以二石償
> 一石。所存之二十石，在秋時必賤，言人乘賤而索之，其得以暖不
> 號寒，豐不啼飢，而可以卒歲者，十室之中，無二三焉。〔註155〕

按乾隆初戶都侍郎秦蕙田所云：「今日之民，非特貧之為患」，實則是「貧富不均為患」，〔註156〕正是地主的剝削，高利貸的盤剝，並且愈見激烈的土地兼併活動，更加深了人口問題的嚴重性，〔註157〕以致有「一邑之中，有田者什一，無田者什九」的土地高度集中的情況。〔註158〕

　　那些喪失土地資源的貧民，在現實生活中被排擠出來，逐漸形成無法解決的社會問題。加上天災的助長，更使無籍貧民及流民成為一股不安的力量，隨時都有可能與反社會的力量結合在一起。對此情形，道光年間，鴻臚寺卿黃爵滋有相當透徹的論述：

> 國家承平既久，生齒日繁，而土不加闢，於是民多產少，天下不能
> 無失業之民。夫此失業之民皆有身家，不能以無食，而其心智才力
> 又不能廢之於無所用也。民有正業，則心智才力皆管於正業之中，

〔註153〕石方，《中國人口遷移史稿》（黑龍江，人民出版社，1990年7月），頁388。
〔註154〕轉引自石方，《中國人口遷移史稿》，頁388。
〔註155〕〈備荒通論上〉，賀長齡編，《皇朝經世文編》，卷三九，戶政一〇，頁3～4。
〔註156〕秦蕙田，〈籌利濟以裕民生疏〉，仁和琴居士編，《皇清奏議》，卷四二，頁2。
〔註157〕同註135，頁108。
〔註158〕邱家穗，〈丁役議〉，賀長齡編，《皇朝經世文編》，卷三〇，戶政五，頁2。

而有所托以得食。無正業，即無所托以得食，遂去而爲梟棍，爲賊盜，爲邪教。一唱而十和，十唱而百和，日積月多，并有業者亦且爲所誘脅而從之。黨與既眾，事端易生，故天下多一失業之民，即天下多一生事之民，天下多一生事之民，即天下多一不治不安之民也。以臣所聞，直隸、山東、山西之教匪，河南之淰匪，四川之嘓匪，江西之鹽梟，江西、福建之擔匪、刀匪，及隨地所有不著色目之棍徒、竊匪，地方官慮其生事，未嘗不查察，而終莫能使之改革者，無業以管其心智才力而使之得食，故狃於故轍也。〔註159〕

基於生存的需要，這些被排擠於社會邊緣的游離群，很自然走上反社會力量的群體。咸豐三年（1853），候補鹽運使但明倫亦曾具摺奏稱：

而可慮之事有三，尤須早爲防範。豐工尚未合龍，災民可慮，即令合龍，而河夫數萬人，猝難遣散，可慮者一也；江浙漕糧改由海運，數十萬水手無所依歸，此皆強而有力，素不安分之徒，可慮者二也；漢皋淪陷，楚南北之鹽引不行，即安徽、江西之鹽亦不暢達，各場煎丁，儀徵捆工，以及一應賴鹽謀食之人，奚啻數十萬，可慮者三也。〔註160〕

可見這些強而有力素不安分之徒，本身就是值得社會憂慮的一股潛在亂源。這批無立錐之地的無籍貧民，既然無以維生，販賣私鹽求取生計自是他們的出路之一。清廷爲贍恤貧乏之家，允許鹽場附近老人等販賣老少鹽以資糊口。然而日久生變，肩挑負販之眾，實非老少，均係無籍貧民。〔註161〕並且與鹽梟結合，助長了鹽梟的聲勢，滋生出許多大案子（第二章第二節已詳加論述，茲不贅述）。〈雷塘庵主弟子記〉一文中也記載了嘉慶時浙江南沙鹽梟的情形，「貧民篷居煎滷以爲私販，已搜已前，間歲或以兵搜毀，兵至而私梟逃逸，篷灶盡撤，兵去復集，集乃益貧，且至四出爲盜。」〔註162〕可知無籍貧民確可成爲鹽梟的潛在力量。

鹽的販賣是使用銅錢，但是繳稅卻須用銀。銀與銅錢的比率，自明代到乾隆末年，大致上是銀一兩兌換銅錢七、八百文至一千文左右。然而，到了

〔註159〕《黃爵滋奏疏》，卷五，道光 15 年 9 月 9 日，〈敬陳六事疏〉，頁 46。
〔註160〕《道咸同光四朝奏議》，第三冊，頁 1064。
〔註161〕《宮中檔乾隆朝奏摺》，第四三輯，乾隆 43 年 5 月 17 日，高晉等奏摺，頁 126。
〔註162〕轉引自羅爾綱，〈太平天國革命前的人口壓迫〉，頁 66。

嘉慶期間，銀的動向一反過去流向中國的常態，開始外流，銀與銅錢的比率因而起了大變動。特別是以道光、咸豐時期爲甚，每年流出的白銀幾逾三千萬兩。向來英商自中國輸入茶葉，交易是以銀爲支付代價，不過，十八世紀中葉，英國發生了產業革命後，爲了產業資本的需求，乃禁止銀的輸出，代之以印度鴉片輸往中國。故中國不但再無銀的流入，反而有大量的銀漏於外國，〔註163〕於是形成了嚴重的銀貴錢賤的問題，造成了整個社會經濟的重大變化，鹽務自然也不例外的受到相當大的衝擊。

道光十六年（1836），黃爵滋指出：「臣竊近年銀價遞增，每銀兩易制錢一千六百有零，非耗銀於內地，實漏銀於外洋。」影響所及，鹽商視販運爲畏途，黃爵滋論道：「各省鹽商賣鹽，俱係錢文，交課盡歸銀兩，昔則爭爲利藪，今則視爲畏途。」〔註164〕次年，山東巡撫經額布與鹽運使鍾靈具摺奏稱：「溯查道光八年以前，每銀一兩，易大制錢一千二、三百文，商人已苦累不禁，近年則每銀一兩，增至大制錢一千五、六百文不等。各商賣鹽得錢，易銀交課，無論東商資本微薄，就令素稱殷實，亦難當此虧賠，因而十引五積，十商九乏，一商參革，一岸虛懸，一岸虛懸，則一岸之課悉歸無著。」〔註165〕受到銀貴錢賤的打擊，兩浙鹽務亦有積重難返之勢，其時曾任同知的湯成烈即言：「今處官商交困之時，有積重難返之勢，原其所自，蓋有數端。一則課重而商本虧也，課非加重，銀價日昂。鹽之賣於民者錢，課之輸於官者銀，以今較昔，課不加增，而暗中輸納維倍，以致商本日虧。」爲此，又「不得不引請加重，并攙雜以售於民，又輕其分兩。民既若官鹽之貴，又苦似鹽非鹽者半雜於中，常憂淡食，遇有私鹽，價賤觔足而貨良，買之莫不爭先恐後矣。」〔註166〕至於淮鹽，也因爲銀錢比率大幅波動，愈受私鹽影響，更形滯銷，以致魏源嘆息道：「整飭又整飭，彌縫又彌縫，而銀價愈昂，私充愈甚，官銷愈滯。」〔註167〕

〔註163〕佐伯富著，魏美月譯，〈鹽與歷史〉，《食貨月刊》，第五卷，第11期，民國65年2月1日，頁532。

〔註164〕黃爵滋，〈嚴塞漏巵以培國本疏〉，收入趙靖、易夢虹主編，《中國近代經濟思想資料選輯》，上冊，頁69。

〔註165〕同註51，頁403。

〔註166〕〈上鹿春如觀察論票鹽書〉，盛康編，《皇朝經世文續編》，卷五四，戶政二六，頁26。

〔註167〕魏源，〈籌鹺篇〉，收入趙靖、易夢虹主編，《中國近代經濟思想資料選輯》，上冊，頁101。

　　鴉片戰爭期間，因爲英人滋事，「兩浙行鹽引地，多被侵擾，且鄰私乘機攔入，引目益形停滯，而銀價每兩易錢一千六、七百文，較從前增至十分之五、六，商人轉運出納，虧折正多。」〔註168〕戰後，上述的情形愈形吃重，長蘆「通綱額鹽，自道光入年查明各引地賣價，歲獲制錢六百十五萬餘串，易銀四百七十餘萬兩，雖於十八年加價二文，亦止多獲錢五十餘萬串。照近年時價僅敷易三百三十餘萬兩，計每年斤耗錢三百餘萬串，未及兩年，已將通綱賣價虧折殆盡，蘆商並無多餘資本，又何能按年完課，按年運銷，此銀價過昂之爲大累也。」〔註169〕又「淮南綱引疲滯，積漸使然，其大端在銀貴錢賤。」而「小民錙銖必較，勢必貪賤食私，因而私鹽易侵。」〔註170〕同時，「商人本爲牟利，必抑價以虧其本，則商運愈不前，而私鹽愈充斥矣。」〔註171〕

　　有清一代，屢經動亂，不少營伍在事後大量裁撤兵勇，復員後的兵勇未經妥善安排生活，不少在外流蕩，散兵游勇形成游走社會邊緣的動蕩力量，反更加助長了社會的不安。同治十一年（1873），任江西巡撫的劉坤一曾具奏指出各省散勇結黨進入江西的情形：

> 再查各省均有散勇……各省均受散勇之害，……即以江西而論，游勇劫搶之案，遞經州縣破獲，或本省人，或湖南人，並有籍隸河南、安徽、廣東、福建、浙江各省者。其蹤跡之詭祕，情形之兇橫，迥非意料所能及。方其結黨入境，多係販運貨物而來，逢關納稅，過卡抽釐，苟遇各處稽查，輒以印票呈驗。及其貨物賣完，收貲入橐，則擇殷實鋪户，乘機劫搶多贓，晝夜奔馳而去。各州縣文武選派兵差，或追至鄰縣，甚至追至鄰省，僅能及之。追及之時，該游勇等均身藏短桿洋槍等項併力拒捕，往往犯未全獲，而兵差相繼受傷，致多漏網。所獲之犯，訊明每係武職爲首，且有曾保參、游、都、守之人。江西省如此，他省可想而知。至以爲曾營哨官之武職，流而爲盜，其黨羽更易招呼，第非迫於飢寒，當亦計不出此。〔註172〕

〔註168〕《大清宣宗成皇帝實錄》，卷三七九，道光22年8月壬辰，頁17。

〔註169〕《道咸同光四朝奏議》，第二冊，道光26年，直隸總督訥爾經額等奏摺，頁724。

〔註170〕《李文恭公（星沅）奏議》，卷七，〈會籌淮南鹽務仍宜合力緝私摺子〉，頁39。

〔註171〕《林文忠公則（則徐）奏稿》，道光18年2月，〈整頓楚省䲝務摺〉，頁514。

〔註172〕《劉忠誠公（坤一）遺集》，奏疏，卷七，同治11年4月28日，〈遣撤營員勇丁飭編軍器並推廣收標章程片〉，頁62。

從這篇附片和「江省如此，他省可想而知」這句話，反映出游勇對各省造成的衝擊力。時人何良棟於〈論會匪〉一文中，對太平軍亂後撤勇的情形也有相當深刻的論述：

> 妖氣蕩盡，海內刈安，朝廷無此巨款以養數十萬之雄兵，其不得不大加裁汰者，迫於勢也。年力壯強之人，方其應募而來，殺敵致果，奮不顧身，屢保官階，煇煌翎領，方自以爲揚眉吐氣。不料一旦裁撤，置散投閒，既不得從事耕耘爲農夫以沒世，又不能略權子母，與商賈逐什一之利。文墨非其所長，醫卜非其所習，江湖落魄，年復一年，糊口無資，棲身無地，其流而爲匪者，情也，亦勢也。〔註173〕

招募之勇，「皆出於□□之工匠，畎畝之農夫，與市井之無賴耳，未必能知禮義。」在營之日，「予之以殺人之器，教之以殺人之事」。同時，彼輩「久歷戎行，習於剛悍」。朝廷「招勇勦匪之時，勇來恐其不多，事平率加裁汰，去之恐有不速，」並未妥於善後，遣撤後，「爲工者論技藝則荒矣，爲農者論耕耘則苦矣，爲無賴者論衣食則難矣。」故「家居則恆恥於無事，流寓則莫可安居，良者不免怨聲，黠者遂生詭計。」因而「兵燹之後，每有餘孽再起，非盡出於叛逆之黨，亦多由遣散之人也。」〔註174〕

這些喪失資源流爲盜匪的散勇，販運私鹽則成爲他們生存的重要活路，「兵燹之後，散勇游民到處聚集，無以爲生，動輒大幫私販，在彼憨不畏法，拒捕格鬥，無所不爲。」〔註175〕光緒三十一年（1905）十月十四日，《中外日報》刊載遣撤淮勇在江浙地區走上販私爲害的狀況，其文謂：

> 江浙梟匪之猖獗，未有甚於今日者。長江太湖，私鹽之運道也，皆自淮南買鹽而來，紅幫西溯江，青幫南入湖，率其群醜，分道而馳。販鹽則爲梟，無鹽可販，則聚賭，賭不勝，則爲盜，盜不足，則擄勒索詐，無所不至。……蓋青幫者，當日漕河運丁，拜師傅拜老公之餘孽也，久浸淫於淮河流域。克復蘇湖之淮軍，承其枝派，雖遣不歸，盤踞於浙湖郡縣，而以販鹽爲生，於是有焦湖幫之名稱。其根抵最深，其魄力最厚，土著無賴，從而附合之，營汛兵役，從而

〔註173〕轉引自周育民、邵雍，《中國幫會史》，頁252。
〔註174〕《申報》，光緒2年閏5月2日，頁10225。《申報》，光緒6年8月15日，頁19519。《申報》，光緒7年9月26日，頁21207。
〔註175〕《光緒朝東華錄》，收入《清朝文獻彙編》（台北，鼎文書局，民國67年4月），光緒13年1月丙午，頁2222。

庇護之，如虎傅翼，莫敢誰何。聞有生擒陣斬，元氣亦無所傷，去

一渠魁，復來一渠魁。〔註 176〕

不足自贍的撤勇，承襲了青幫販私鹽的路線，擴大了鹽梟的勢力，並且更爲
勇悍。不但營況兵役爲之庇護，地方州縣也視緝私鹽爲分外之事，不肯痛繩
嚴懲，姑息貽患。對於這些梟匪的由來與行徑，光緒三十四年（1908），法部
侍郎沈家本有如下的奏報：

臣查此項匪徒，與大股匪黨揭竿起事者情形不同，蓋其中半爲昔年

裁勇，半爲鹽梟，有紅幫、青幫各種名目。其籍貫以皖省之焦湖人

爲最多，兩湖人次之，溫台人亦雜出其間。平日以包賭販私爲事業，

遇便則搶劫訛詐，無所不爲，恃太湖爲出沒之所，沿湖各府州縣，

蹤跡無常，一聞官兵搜捕，往往四散逃匿，或竟持械抗拒，官兵反

致失利，如是者已數十年，辦理總未得手。〔註 177〕

上面所提的焦湖，其實就是指巢湖，本是鹽梟活動頻仍之區，由於裁撤淮勇
流蕩於此，販私爲生，遂有焦湖幫名稱的出現。而江、浙一帶梟雄之由皆與
游勇有關，可見他們之間密不可分的關係。清末，張謇亦曾指出，湘淮退伍
軍人使得兩淮鹽場一帶鹽梟之患日劇，對鹽務運作造成相當大的影響。〔註 178〕
此和沈家本所言「其籍貫以皖省之焦湖人爲最多，兩湖人次之」之說正相符
合。同時，這些證據中都提到，以上的情形乃是光緒末年前數十年間所呈現
的現象，這正是清廷大量裁撤營勇最盛時期。顯然，這批無以爲生的散兵游
勇，已匯入流民行列中，不過他們受到戰陣中生死獷悍的洗禮，遠較一般流
民具有對社會更大的震撼力。

　　早在乾隆晚期，曾任貴州學政的洪亮吉，就已看出當時各地生活資源人
口之間不成比例的緊張狀態，因而提出了卓越的見解，在〈治平篇〉中論道：

要之，治平之久，天地不能不生人，而天地之所以養人者，原不過

此數也。治平之久，君相不能使人不生，而君相之所以爲民計者，

亦不過前此數法也。且一家之中有弟子十人，其不率教者常有一二。

又況天下之廣，其游惰不事者何能一一遵上之約束乎？一人之居，

〔註 176〕同註 119。

〔註 177〕《光緒朝東華錄》，光緒 34 年 1 月庚寅，頁 5841。

〔註 178〕《張季子（謇）九錄》，實業錄，卷三，光緒 31 年乙巳，〈鹽業整頓改良被阨
記〉，頁 5。

> 以供十人已不足，何況供百人乎？一人之食以供十人已不足，何況
> 供百人乎？〔註179〕

故「終歲勤動，畢生惶惶，而自好者居然有溝壑之憂，不肖者遂至生攘奪之
患矣。」〔註180〕按羅爾綱所言，人口壓迫是個「因」，天災人禍是個「果」，
社會上既然種下了人口壓迫的「因」，自然免不了造出天災人禍的「果」來。
〔註181〕雖然鹽梟的擴張未必一定就能說是人禍，但是有相當成分的鹽梟後續
發展與盜賊無異，甚至有類流匪，破壞社會結構至大，確屬人禍。故在促發
以及助長的各種因素導使下，所謂人禍於焉形成。同治時期，在《申報》一
篇名為〈擬收卹窮民以戢盜賊論〉的社論中，對當時社會盜賊充斥的現況有
頗為深入的探討，原文云：

> 近世巨寇翦除既盡，而匪徒之竄伏者多。兵勇之遣散者不少，即流
> 民之遭亂離而不能復土歸業者，亦比比皆是。則安插之道，誠有亟
> 宜講求以免禍生於不測者，正未可聽其自然也。……鶉衣鵠面之輩
> 無處不有，是豈人之生而如此者耶！夫有迫之者也，弱者為竊賊，
> 強者即為劇盜矣。柔者為乞丐，悍者即為逋寇矣。此盜賊之數之所
> 以未易清也。刑罰者，所以治其標也，而心腹之疾曷以除。兵役者
> 所以決其雄也，而根本之局何以固。……夫國以民為本，民以食為
> 天，無人民則何立國，無食則何以養民，民既無以養則邪辟之心生，
> 而盜賊之風熾矣。夫民豈生而樂為盜賊者哉？為民上者但知治盜賊
> 之罪，以為雷屬風行，彼自畏法而不敢逞，而不知變盜賊之心，使
> 之田鑿井，彼自樂業而不為非，則所以收養而撫卹之者，誠宜有道
> 而處之矣。……無如游手好閒飢寒者眾，或三五成群夜起盜心，或
> 糾會聯盟肆行搶劫。紳耆之補救無多，好官之調護日淺，久則殷實
> 之家又迫於朘削，愚蠢之輩悉聽其慫恿，以致釀成禍階，其關係豈
> 淺鮮哉？〔註182〕

將游勇和流民等閒視之為社會亂源，並且指出沒有籌一個妥善的社會救濟措
施，更促使了社會的動蕩不安，確見其深刻了解當時整個社會環境的趨勢。

〔註179〕《洪北江先生遺集》（台北，華文書局，民國58年），卷施閣文甲集，卷一，
〈治平篇〉，頁9。
〔註180〕《洪北江先生遺集》，卷施閣文甲集，卷一，〈生計篇〉，頁10。
〔註181〕同註136，頁70。
〔註182〕《申報》，同治11年10月29日，頁1449。

清末，有一署名「程淯」者，上書兩江總督端方，指出江浙鹽梟有土著者，有外來者，窮民無告流而爲匪者，有平民過亂被脅而爲匪者，不過，一言以蔽之。「人民不事生產，爲飢寒所迫而已。」〔註183〕窺諸整個時代脈動，確實有相當的正確性。

〔註183〕《大公報》，（九），宣統元年 2 月 8 日，頁 203。

第四章　鹽梟的組織結構

第一節　組織形態

　　鹽梟在清代初期，似乎無法看出是一個堅實完備的組織，而在其後的發展過程中，展現出來的確實也是一種無固定形態的結構，也就是說鹽梟在多元因素的促發下，沒有一定的組織原則，隨時隨地都能結合在一起。一人可以興販私鹽，並無組織可言，十數人乃至上萬人亦可結為一夥，形成一股強勢武裝力量。這種沒有固定的組織方式，似乎可以說就是鹽梟的販私原則，或許這也就是鹽梟得以持續不斷的主因之一，不能將之視為缺陷。

　　根據順治年間的官方文書顯示，興販私鹽的不法之徒尚未全冠以鹽梟之名，多以「土棍」、「奸民」等稱之。順治元年（1644），在詹事府舍人王國佐的條陳中，僅說私鹽橫行，捕役非但不敢攖其鋒，反成其羽翼。〔註1〕順治四年（1647），在一上諭中指出，各處奸民，架引滿兵，率領旗下兵丁，車載驢馱，公然開店發賣。次年，北京附近地方土棍，串通滿兵，車牛成群，攜帶弓矢，公然販賣私鹽。〔註2〕順治十七年（1660），一分名為〈條議鹽法疏〉的奏摺中奏報，直隸交河、南皮、東光、景州、吳橋、故城六邑軍民雜處，與天津衛的唐官屯、陳官屯向為私鹽淵藪，或倚旗狼籍，或結黨縱橫，動輒百十以群，持執刀槍，至鹽場恣行販賣，而州縣衛所各官巡當庸儒隱狗，無

〔註1〕　雍正《新修長蘆鹽法志》，卷十一，頁3。
〔註2〕　《大清世祖皇帝實錄》（台北，華聯出版社，民國53年10月），順治4年5月丙戌，頁20。雍正《敕修兩浙鹽法志》，卷一，頁2。

能扼其吭,不敢攖其鋒。〔註3〕這些案例,可能是滿清入主中原後最早有關私鹽販子的記載。私鹽販子與旗兵的勾串,應是一種彼此的利益結合。清入關靠的是強有力的八旗勁旅,天下初定,自然多所優禮,具有相當的勢力,因此私鹽販子倚靠他們,是權衡得失後的策略。這種情形到康熙年間仍然如此,在直隸順德、永平、保定、河間等府奸棍,與滿洲莊頭放馬人役并投入旗下者,結夥百餘,騎馬帶車,各持器械,侵入鹽場強行販運。又與滿州莊頭土豪奸棍聯結,將私鹽窩囤其家。〔註4〕在此我們所看到的僅是在販運過程中的粗略輪廓,是一種武裝的販私行動,無法看出是否已具有完備組織體系的團體。當然,就其結夥行為而論,不能完全認定是烏合之眾,多少應是有計畫的組合,祇是程度疏密的差異罷了。不過,康熙晚期,江蘇淮揚一帶已有山東、河南流棍聚集於此興販私鹽,中各有頭目,或率黨數十人,或率黨一、二百人,橫行白晝。〔註5〕可能已具有初步的組織形式了。大體來說,經過長時期的時空演變,雖然各地鹽梟有其相通之處,但也發展成頗具地域性色彩的組織。又鹽梟本身未必都是永久性質的集團,活動有些是有時間性的,頗受外在因素的影響,往往有的只是臨時集結而成,故而談不上有何組織形式。

乾隆三十年（1765）,山東沂州府屬沂水、蒙陰二縣,三五鹽梟途次遇合同行,不服巡役拘拏,抗官拒捕,並隨路誘集愚民,致聲勢浩蕩。究其實乃係一時附和,並非久聚恣橫,亦非盡屬鹽梟。〔註6〕這是相當普遍的鹽梟隊伍,以利驅使,隨路糾集,祇是一種臨時性質的結合,沒有什麼層級劃分的職務區別。有些更是以威迫方式裹脅愚民,如有不從即行燒殺,看似黨羽眾多,然多屬烏合。〔註7〕

乾隆四十二年（1767）,山東嶧縣鹽梟拒捕傷人一案震驚朝廷,清高宗下令徹查。按兩淮所屬之通州、泰州、海州、如皋、興化、鹽城、阜寧、安東及新化之東台等州縣,皆逼迫場灶,向不行官引,於雍正十二年（1734）酌撥餘鹽,令各該州縣老少窮民持籌赴灶挑往鄉鎮售賣,承計過四十斤之數,

---

〔註3〕 雍正《新修長蘆鹽法志》,卷十一,頁19～20。
〔註4〕 同前註,頁33。
〔註5〕 《康熙朝漢文硃批奏摺彙編》(上海,江蘇古籍出版社,1984年5月),第四冊,康熙51年11月3日,頁521。
〔註6〕 《宮中檔乾隆朝奏摺》,第二五輯,乾隆30年5月25日,山東巡撫崔應階奏摺,頁75～76。
〔註7〕 《申報》,光緒3年8月6日,頁13106。

是所謂老少鹽。又各場引鹽由灶運垣，由垣捆運，船裝車挽，一路層層拋散，附近貧民隨時掃刮，積成斤數，挑赴村莊零賣，或易日用食物，濱海窮黎既藉此以資生，而村落居民亦無淡食而稱便。無如日久弊生，牟利奸民即藉老少為隱射，零收囤積，私梟則向囤戶販運，積少成多，販行無忌，離灶愈遠則獲利愈多，即灶中剩有餘鹽，賣與私販亦可多索價值。淮北的海州分司所轄三鹽場係屬曬鹽，遇晴多雨少之年，則池曬之鹽即多溢額，且場地又坐落於海州、安東、贛榆等州縣境內，與山東郯城接壤，該處灶場鹽多價賤，且例准老少男婦肩挑背負因以為利，鹽梟遂藉此收買，由江蘇邳州至山東郯城、嶧縣一帶販私，以老少之利源竟變而為鹽梟之弊藪。即或嚴為查禁非肩挑背負不許出場，梟徒仍可私僱窮人在場如數攜出，彼等從旁收買，一落其手，即可積少成多，販行無忌。本案就是這類鹽梟越境販私頗為著名之例，當然，在此之前這種情形早已經常發生。〔註8〕

本案鹽梟共四十九人，鹽車四十六輛，原三五成群，各自為夥，不是一個有組織系統的團體，並無各種職務的分配，各夥不約而同至山東嶧縣販私鹽，分寓嶧縣固園莊徐寡婦、趙文煥與石俊店內。其後本案首領孫二漢倡議彼此不用分夥，大家聚在一起售賣以防被官府查拏時人多可以抵禦。同年九月七日，基於共同的利害關係，大夥即在一起自嶧縣馬家村至龐家渡過河，一路零星售賣。向北到姚家山時，劉三蓑衣等九車落後，為巡鹽探知，至界溝邊各棄車逃逸。後孫二漢起意奪回，以木杆棍石上前攔劫，奪回鹽車仍向姚家山行去，連夜繞路向南逃走，由龐家渡過河抵馬家村，然後分別逃散（見附錄一所引資料，所錄為本案成員）。

另外，同年於江蘇鹽城也發生梟拒捕抗官並放火燒橋之案。涉案人數不足五十，皆各向灶戶與老少鹽擔買，分貯小船，三五成群分去鹽城販私。有些是路遇本案主犯季光祖，給予錢文方允隨幫行走，擬該縣王家港會齊，共船二十八艘，後遇巡役，乃有抗官燒橋之事（見附錄三所引資料，所錄為本案成員）。

根據清末《光緒朝東華錄》記載，鹽梟的規模大小有如下的畫分：

> 梟徒私運，向有大小之分，其小販強半濱海而處，每藉煎曬為業。
>
> 浦東各縣多捆載出運，不過數百十斤，弁勇緝拿指為土梟者也。其

〔註 8〕　《宮中檔乾隆朝奏摺》，第四一輯，乾隆 42 年 11 月 26 日，閏泰奏摺，頁 185。
　　　　《宮中檔乾隆朝奏摺》，第四二輯，乾隆 43 年 3 月 28 日，頁 473〜475。

> 大幫動以數十百艘，出沒於蘇、松、太三屬，督緝從嚴則幫散，稍
> 懈則幫集。其種類曰糧幫、曰光蛋、曰巢湖，巢湖最悍，光蛋糧幫
> 時附麗所行，眾指爲梟匪者也。〔註9〕

此說大致鹽梟的外在形態勾勒出來，內部的職權分配與運作，則未交待。其
實，綜觀整個清代鹽梟的發展，是有其它下層社會組織販私，以及彼此間有
合流的現象，但這些下層社會或秘密會黨的組織並不能算是鹽梟的眞正組
織，因爲他們各有其組成的宗旨與因素，與鹽梟的組織不能混爲一談，故而
無法很清楚的展現出鹽梟內部狀況。乾隆三十年與四十二年發生的這三件案
子，按前引文所言，應屬土梟之流。他們的規模並不大，各夥所攜鹽斤亦不
過數十百斤，生計問題似乎是他們得以串連在一塊的一大誘因，能夠解決一
時的經濟問題是最迫切的需求，故而多是隨路糾約，只要有人出面領幫主導
販私即可，甚至連首領的稱謂也沒存在的必要。像這種較散漫的鹽梟團體，
彼此間似乎也沒有什麼約束力量，談不上分立的重要性，因爲本身並沒有確
定他們的地盤馬頭，在沒有建立勢力範圍的共識下，平日各行其事，沒牽涉
到利益分配問題，同時販私亦非一定是專職，許多不過是圖利的額外生計，
自然是生計緊迫時促使他們結合在一起，也就談不上成立能凝具共識的組織。

再由前述順治年間的鹽梟案件來看，也多有類於前述所謂的土梟，然迨
其勢盛，則可發展成近於匪類的大幫梟匪，像順治十七年在直隸發生的案件，
形同叛逆，絕非單純的土梟所能比擬。雍正年間，據巡鹽御史莽立鵠所奏，
一些直隸小民興販私鹽，其始不過希圖小利，或十餘人，或二三十人結伴興
販，原無強橫，日久利之所在，即有地方光棍出爲幫頭，或稱將頭，即其首
領，將人鹽引入村莊，按戶口大小洒派，約時收價，肆行無忌，是以人愈聚
愈多，地方文武官員雖有嚴行巡緝之名，實有莫可如何之勢。〔註10〕這也是
小幫土梟發展成大幫梟匪的典型情形，迄於清末，有愈演愈烈之勢，甚至攻
城略地，遂同流寇，最有名的即是同治年間橫行直、魯數州縣的鹽梟巨案。

嘉慶年間，在淮北鹽場海州附近來自山東的鹽梟，出現鹽梟首領仗頭名
稱，因夥眾仗其照應，故名之。除了眾人擁護外，亦可自立爲仗頭，私設鹽
關，聚集夥眾，帶有火器刀械，架護私梟，抽錢漁利，並且爲爭奪馬頭，不

〔註9〕 《光緒朝東華錄》，收入《清朝文獻彙編》（台北，鼎文書局，民67年4月），
　　　　頁2652。
〔註10〕 雍正《新修長蘆鹽法志》，卷七，頁12～13。

同各夥間相互械鬥。販私時，爲便於認記，懸旗以資辨識。〔註11〕道光年間，江西樂平縣破獲鹽梟王鳳彩一案，王率眾數十人於婺邑之小港地方設立「公堂」，專包私鹽過卡事項，每擔連卡費抽錢三百文，凡私鹽過卡有公堂人到卡知會即不過問，惟照數收費。梟販以過卡爲關，以納費爲稅，連艚直達，四溢侵充，無所忌憚。〔註12〕道光十一年（1831），江蘇淮安、揚州所屬縣被水成災，窮民紛紛四出，乘坐艐船乞食逃難，或數十船一起，或數百船一起，鹽梟乘勢勾結，令其載運私鹽，由戚家汊，孔家涵等處逕出運河並沿海一帶售賣。公然設立章程，有屯戶、過載、架護名目，派人各司其事。至次年，前後報獲五十餘起，獲犯四百三十餘名，私鹽六十九萬餘斤。〔註13〕雖然鹽梟借災煽惑飢民販私，但由他們的計畫掌控與各種職務的分配，已絕非簡單的隨路糾約隨地販賣的型式所能比擬。雖然，淮南一帶鹽梟利用艐船販私的情形在雍正時期已經出現，而且也有一定的運銷網路，但是卻無法看出有何專屬職務的指派，與道光時期的案件相比，顯然單純多了。〔註14〕總之，上面所引三個嘉道年間的例子，可以很清楚看出這些鹽梟已經有了一套完整的運銷路線，有負責不同任務的人員，以便於佔立馬頭畫分地盤時各種工作的運作。這種佔立馬頭畫界自爲的情形，自嘉道以降已成爲一種普遍的現象，而這種觀念的建立，正是鹽梟由較散漫的隨路糾集夥黨不多的型式逐漸步向組織嚴整在地方紮根的標的。不過，並不是說簡單較小型組織鹽梟團體就此消失了。他們仍舊活躍於販私的舞台上。另外，有些鹽梟集團規模不小，外表看似毫無組織結構可言，但卻自有一套運作方式。例如，道光年間，直隸河間府與順天府一帶鹽梟結夥百數十人或二、三百人不等，以驢駄爲記，以槍砲爲號，一聞槍砲聲，則各處鹽梟聞聲往助。〔註15〕在狀似鬆散中表現出嚴整聯繫的一面。

　　道光以降，是鹽梟發展相當特別的時期，新血不斷地注入其中，多種不

〔註11〕　《軍機處檔·月摺包》，第 2751 箱，1 包，047328 號，嘉慶 21 年 4 月 15 日，兩江總督百齡江蘇巡撫張師誠奏摺。《軍機處檔·月摺包》，第 2751 箱，16 包，050005 號，嘉慶 21 年 11 月 29 日，署兩江總督松筠江蘇巡撫胡克家奏摺。《大清仁宗睿皇帝實錄》，卷七，嘉慶 25 年 10 月癸卯，頁 12。

〔註12〕　《吳文節公（文鎔）遺集》，卷四二，〈札饒州府等查拏梟匪由〉頁 6。

〔註13〕　《陶文毅公（澍）集》，卷十三，〈查禁艐船帶私摺子〉，頁 27～29。

〔註14〕　《硃批諭旨》，（十），雍正 12 年 10 月 6 日，江南總督趙宏恩奏摺，頁 35。

〔註15〕　《軍機處檔·月摺包》，第 2749 箱，149 包，080251 號，道光 27 年 12 月 12 日，直隸總督訥爾經額奏摺。

同的社會下層組織也販賣私鹽，形成相互間無法很清楚地區分彼此錯縱複雜地關係，官方概以「梟匪」視之，光緒年間尤爲突出。這些名爲梟匪之徒黨類不一，在江蘇有糧幫、巢湖與安慶各幫；浙江則有巢湖幫、九龍會、青紅幫、鹽梟、廣（光）蛋等，不一而足。江蘇襟江帶湖，長江上下數千里，固匪徒出沒之所，而太湖巨浸，港汊紛歧，群山綦布，尤易藏奸。自湘淮各軍逐漸裁汰後，留蘇未歸撤勇失業，往往流而爲匪，私販之徒因而勾結嘯聚，加以水師不振，愈聚愈眾，販鹽不足則四出劫掠，盜案層見疊出。〔註16〕而浙江也有與之共通之處，光緒三十二年（1906），江蘇巡撫陳夔龍即曾上奏疏稱：

> 竊維吳越澤國，江湖縈帶，匪類最易孳息，而蠶絲之饒，地方豐富，尤爲客匪所豔羨。淮軍平蘇留營甚多，後因餉絀，陸續遣散，無業可執，遂以販私餬口。盧穎地瘠，食力維艱，鄉里無賴來相依附，滋蔓既久，遂成合眾，名曰巢湖幫。當地民情嗜賭若命，持其氣勢號召黨羽，遠近嘯聚，以賭爲業，工幫從而效之，久之復成賭匪，此皆近數十年情形也。營員曾立戰功而不諳捕務者多，或持重失機，或輕進中伏，遂以梟爲難辨。其諳捕務者，往往利用投誠之匪辦事，有效擢爲官弁，營中既多梟目，展轉引荐，馴至兵匪不分，坐成尾大之勢。州縣視緝私爲分外，謂賭博爲尋常，不肯痛繩嚴懲，而後土楷劣紳衙役汛兵數受賄規，互相徇護，窮民偏野貪利而不畏法，平時自居窩頓，臨時暗通消息，又馴至民匪不分。〔註17〕

也道出了江浙兩省梟匪猖獗的原因，這些被貫上匪的集團，平日以販私開賭爲生，與民雜處，恃眾橫行，有時強借強索，有時擄人勒贖，有時白晝搶劫，私鹽的利益已非他們唯一賴以生存的經濟來源，在組織外觀上，不是純粹販運私鹽的聚合，整個態勢上更是複雜化了。也「非土匪可比，苟有一、二人爲首，則本地民外來游勇，蟻附蠅趨，便形猖獗。」〔註18〕彼輩「聚則爲匪，散則爲民」，爭利則公黨械鬥，遇急則互相救援，與大股巨寇攻城掠地抗敵叛

〔註16〕《軍機處檔・月摺包》，第 2739 箱，71 包，140589 號，道光 23 年 7 月 4 日，禮科給事中龐鴻書等奏摺。《大公報》，（8），光緒 34 年 7 月 26 日，頁 21。

〔註17〕《庸菴尚書奏議》（台北，文海出版社，民國 59 年），卷七，光緒 32 年 7 月 26 日，〈會商江浙治梟情形並籌善後摺〉，頁 33。

〔註18〕《劉忠誠公（坤一）遺集》（台北，文海出版社，民國 55 年），奏疏，卷二七，光緒 23 年 8 月 26 日，〈搜捕梟匪布置善後事宜摺〉，頁 42。

逆者，迥不相同。〔註19〕因此地方督撫主張辦理之法在於：

> 必須力捕以擒其渠，窮投以搗其穴，游擊以摧其鋒，兜拿以防其逸，
> 尤必力辦清鄉以澄盜源，舉行鄉團以固民氣，尤在慎選牧令以清吏
> 治，乃足以收鋤莠安良之效。實係緝捕之事，而非戰陣之爭，其責成
> 應注重地方吏治，而以兵力輔之，非若戡定叛亂，全仗兵威。〔註20〕

著重於清鄉之法與官吏之良莠。光緒年間，曾任兩江總督的劉坤一在致友人
信中也曾提及，「辦梟匪尤難於辦土匪，以其根株互結，良莠不分也，要在解
散黨羽，購獲渠魁，確探大起私鹽囤聚之區，及時搜捕大幫私販經過之地。」
〔註21〕可見這些梟販早已在地方根深蒂固，與地方和官府形成盤根錯節的複
雜關係，故而導致兵匪不分以及民匪不分的局面。因此在整個組織上，我們
或許能看到破獲案件中組織表面情形，真實深入內層的關係則未必能一窺究
竟。

關於鹽梟的組織概況與運作有較整體性敘述的，當屬道光時期經世學者
包世臣的〈淮鹽三策〉，其文謂：

> 梟徒之首名大仗頭，其副名副仗頭，下則有秤手、書手，總名曰當
> 青皮，各站馬頭，私鹽過其地則輸錢，故曰鹽關，為私販過秤主交
> 易，故又曰鹽行。爭奪馬頭，打仗過於戰陣，又有乘夜率眾賊殺者，
> 名曰放黑刀，遣人探聽，名曰把溝。巨梟必防黑刀，是以常聚數百
> 人，築土開濠，四面設砲位，鳥鎗、長矛、大刀、鞭鐧之器畢具。
> 然相約不拒捕，非力不足也，知拒捕則官兵必傷敗，恐成大獄，阻
> 壞生計耳。淮南以深江、孔家涵子為下馬頭，而瓜州、老虎頸為上
> 馬頭；淮北以新壩、龍苴城為下馬頭，而錢家集、古寨為上馬頭。
> 大夥常五六百人，小亦二三百為輩，皆強很有技能。猶幸文武吏卒
> 利規賄，緝捕不盡力，上司催促甚，則商之仗頭，取其役使數人以
> 變數百千斤解交，名曰送功。〔註22〕

文中的鹽關或鹽行，就是馬頭之義，亦即地盤，佔據私鹽必經之地以為勢力

〔註19〕《軍機處檔・月摺包》，第 2739 號，71 包，140589 號，光緒 23 年 7 月 4 日，
　　　　禮科給事中龐鴻書奏摺。《光緒朝東華錄》，光緒 33 年 12 月丙子，頁 3821。
〔註20〕《光緒朝東華錄》，光緒 33 年 12 月丙子，頁 3821。
〔註21〕《劉忠誠公（坤一）遺集》，書牘，卷十二，光緒 23 年 7 月 17 日，〈致杜雲
　　　　秋〉，頁 33。
〔註22〕《安吳四種》，卷三，中衢一勺，〈庚辰雜著三〉，頁 6。

範圍，強烈的地域觀念乃有修築防衛措施之需。當然，不是每一幫鹽梟都有這種防禦之事的措施，但的確為爭馬頭，常有「非其夥黨，不容販賣」的情形。〔註23〕淮私的馬頭固然不止於其中所列，但證諸其它資料記載，絕非憑空杜撰，確實是梟販聚集的重要馬頭所在。對於官府，「防捕不嚴，彼固未必懼；防捕果嚴，彼亦不過暫懼。」同時，一些營勇所募皆是招安梟徒，遣散後勢必仍為梟徒，一旦驟添大股，殆將不可收拾。「是故營官非不可撤換，所慮在撤換之後，非其人則不能接，仍其人則與不撤何異。酋目非不能擒拿，所悉在欲拿之酋目尚未懲辦，續起之酋目又復紛來。」〔註24〕且由於鹽梟的規模愈大，「兵役緝私者，於梟徒大夥，即有懼心，兼且利其規賄，私行賣放。」〔註25〕加上鹽梟已經組織化的演進，更需要與官方形成某種程度的共識，非到不必要不破壞一定的默契，為免兩敗俱傷，必須維持彼此的協調。因此相互知會商量，保持共存的微妙關係是鹽梟得以持續發展與雙方互利的重要關鍵。道光九年（1829），監察御史王贈芳在〈請更定鹽法疏〉中有類於包世臣文中鹽梟組織的敘述：

> 淮南北之梟，又私販於場灶以灌腹內，其為首者，有大仗頭副仗頭之目，貲本多至數十萬，大夥以數千計，小者二、三百為群，砲位槍矛刀戰鞭鏈之器畢具，所過關隘，輒鳴鐙施槍，銜尾飛渡，凡安徽之潁毫盧鳳，江蘇之徐邳、河南之南光、山東之曹州、湖北之襄陽、江西之南贛吉、紅鬍、教匪、搶匪、會匪以及糧船水手，皆其黨類，處處充斥，阻壞鹽法，擾害地方。〔註26〕

其中提到武裝販私集團已不僅單指一般的鹽巢，還涉及許多同樣也販私鹽的不同的團體，有一點值得特別注意的是，這些下層社會的組織不能祇憑「皆甚黨類」之說，就將之完全歸類於鹽梟之中，應該說販私鹽是其生存方式之一，他們本身在各地各有不同的組織緣由與條件，不能一言以蔽之，概以鹽梟括之（關於此點，見本章第四節），事實上，他們是具有多重身分的下層社會分子。

〔註23〕《大清宣宗成皇帝實錄》，卷二四七，道光 13 年 12 月甲子，頁 22。

〔註24〕《軍機處錄副奏摺》，光緒 31 年 9 月 21 日，開缺浙江巡撫聶緝槼奏摺，收入《辛亥革命前十年間民變檔案史料》（北京，中華書局，1985 年 2 月），上冊，頁 364～365。

〔註25〕王贈芳，〈請更定鹽法時疏〉，盛康編，《皇朝經世文續編》，卷五一，戶政二三，頁 26。

〔註26〕同前註，頁 26～27。

　　各鹽梟隊伍間，爲了成員的團結與有效的進行販私活動，也需要仰賴直線的家長式指揮系統。鹽梟中負責發號司令與掌握全局的首領，除了將頭、幫頭、仗頭以及大仗頭、副仗頭名稱外，乾隆三十年（1765），山東萊州府查獲販私鹽徒，往往聚集數十人挑鹽行走，其首執持鳥槍刀棍，名曰標頭，爲後擁護，一般巡役人小不敢盤拿。〔註27〕江蘇儀徵老虎涇地方爲商買往來舟航叢泊之所，鹽梟雜出其間，推其點者爲大哥，邀約黨羽，爭占馬頭。道光十一年（1831），有梟目蔣來山在彼勾結潛藏，護私抽利，時船時陸，居址無定，均有夥黨護衛，稱爲總老大。〔註28〕同治年間，江蘇一販私集團，其中三人因熟悉路，徑被推爲領幫名爲老鸛。同時期，直、魯有如流寇般的鹽梟案件中，有總頭目與散頭目之名。〔註29〕光緒年間，江蘇松江府與蘇州府一帶，有鹽梟買船隻器械領眾販私，自任正領幫、副領幫，〔註30〕除上述外，不見有其它梟首之名了。

　　基本上，鹽梟組織多設有私秤或所謂秤手行家，「猶盜賊之有窩主也，盜無窩主，則無地潛蹤，鹽無私秤，則無從售賣。」各場埠無籍棍徒動輒招引鹽梟，執秤抽牙。而票引肩販以其利於速賣，遂相率蟻聚投入其中。〔註31〕例如，道光年間，淮北一些鹽梟並不赴灶場買鹽，總由灶丁挑赴數十里外各村鎮賣與秤手頭家，轉售鹽梟。〔註32〕江蘇儀徵爲淮南監掣捆鹽之場，兼係泊船馬頭，役夫蝟集，舟航櫛比，常時不下十數萬眾。肩摩踵接之下難免藏污納垢，私鹽船隻雜出其中，其代爲雇覓掩藏抽分微利者謂之「外代」。〔註33〕有類秤手性質，屬於中間掮客之流。鹽梟爲了便於分銷私鹽，往往在各處廣結窩家，換個角度來看，窩家也可說是引誘鹽梟入境的媒介。彼輩「百什成群，驢馱車載，豈能沿村逐戶零星貨賣，必有奸徒寄頓收藏，然後從容分散，到處濫售。」〔註34〕

〔註27〕　《宮中檔乾隆朝奏摺》，第二五輯，乾隆 30 年 5 月 26 日，高誠奏摺，頁 96。
〔註28〕　《陶文毅公（澍）集》，卷二五，〈拏獲老虎涇梟匪多名飭審附片〉，頁 3。
〔註29〕　《申報》，光緒 3 年 6 月 9 日，頁 12821。《劉武慎公（長佑）全集》（台北，文海出版社，民國 57 年），卷十三同治 6 年 6 月 22 日，〈梟匪訊供片〉頁 38。
〔註30〕　《宮中檔光緒朝奏摺》，第五輯，光緒 16 年 8 月 26 日，江蘇巡撫剛毅奏摺，頁 558。
〔註31〕　雍正《敕修兩浙鹽法志》，卷十二，頁 15～16《大清宣宗成皇帝實錄》，卷二一一，道光 12 年 5 月乙未，頁 26。
〔註32〕　《陶文毅公（澍）集》，卷十四，〈酌議推北滯岸試行票臨章程摺子〉，頁 2。
〔註33〕　《陶文毅公（澍）集》，卷十一，〈覆奏籌辦巨梟黃玉林等大概情形摺子〉。頁 13。
〔註34〕　雍正《新修長蘆鹽法志》，卷十五，頁 1394。

而窩囤者又多爲地棍土豪，並爲之勾通胥役，飽其規費，一任鹽梟往還，肆行無忌，彼此間形成相互爲用的利益網。〔註35〕雍正六年（1728）六月，江南巡察御史戴音保奉旨赴江蘇泰州訪察私鹽情事，据拏獲鹽梟所供，泰州地方港汊分歧，且皆通場灶，以致私梟盛行，然究其弊則起於囤戶窩頓與地方文武不能實力查拏所致。〔註36〕光緒末，浙江餘杭縣有劣紳某，乃著名訟棍，以開碗店爲名，內置機鑪，鑄造各項軍火機械，接濟私梟盜匪，藉獲重利，並與公門中人聲氣相通，〔註37〕形成三方面錯縱複雜的關係，亦可見通過窩家所扮演的角色，鹽梟更能方便與順利達到販私目的。

一般來說，凝聚鹽梟向心力的紐帶常是以利益爲主要誘因，在第二章第四節論述販私利厚，主要是談有利可圖是從使他們走上販私途徑的原動力，但首領將販私所得散與成員，更是要結人心擴張勢力的重要策略。〔註38〕響亮的「替天行道」與「劫富濟貧」口號，也是鹽梟用以號召黨徒有力的手段，這或許是襲自《水滸》中梁山泊的俠義精神。從作品的具體描繪來看，它提出的替天行道口號，使其不僅成爲一部綠林傳奇、節俠傳奇，也是一部英雄傳奇，反映了俠文化在江湖中所追求的綠林道義的理想。在梁山好漢日常生活中，多得是描述仗義疏財與劫富濟貧的情節，〔註39〕在天理的旗幟下聚集在一起，行所謂的正義之道，不僅凸顯了社會的不公，在心理上予其一種足以號召群眾的媚力，同時也表明了一般百姓對均貧富社會的渴求。道光元年（1821），江蘇海州、宿遷、邳州一帶有梟首劉三毛豎立旗號，書寫「替天行道」字樣，聚眾千餘人，分作二十四撥，每隔數十里，安設一撥。〔註40〕姑且不論此一口號的道德眞實性如何，就其勢力範圍的分布，似乎顯示出它撼動人心不容忽視的一面。光緒末，有標榜「搶富濟貧」爲號召的，確實幫助了貧苦的同鄉，還頗能搖惑人心。〔註41〕

血緣與地緣在傳統中國社會中是群體認同的重要法則，鹽梟這種販私團

〔註35〕同前註，頁 33。《申報》，光緒 4 年 8 月 4 日，頁 15483。
〔註36〕《宮中檔雍正朝奏摺》，第十輯，雍正 6 年 7 月 12 日，江南巡察御史戴音保奏摺，頁 827。
〔註37〕《大公報》，（1），光緒 28 年 5 月 17 日，頁 12。
〔註38〕《大清宣宗成皇帝實錄》，卷二四七，道光 13 年 12 月甲子，頁 22。
〔註39〕韓云波，《人在江湖》（成都，四川人民出版社，1995 年 12 月），頁 32～36。
〔註40〕《大清宣宗成皇帝實錄》，卷十三，道光 1 年 2 月戊子，頁 7。
〔註41〕《軍機處收電檔》。宣統元年 5 月 14 日，直隸總督端方等致電，收入《辛亥革命前十年間民變檔案資料》，上冊，頁 282。

體是中國傳統社會的一環，自然也不例外，受到二者的影響。以血緣關係作為聯繫方式的宗族組織，於鹽梟集團中有其一定的力量，在整個發展過程中不乏其例，〔註42〕這種家族結構的販私團體，本身似乎就具有上下主從的階級式指揮系統，正符合團體運作的事權易統一的有利條件。然而，同鄉情誼較之更有推動力。例如，安徽廬州府屬地方有巢湖，素為不法之徒出沒之地。〔註43〕前面所引江蘇巡撫陳夔龍奏摺中，已將巢湖幫的由來交待清楚，不僅散處於蘇州、常州、松江諸府，同時也活躍於浙江嘉興及湖州二府。很顯然這是來自安徽在江、浙以同鄉情誼團結人心的販私集團。清末，陶成章《浙案紀略》一書中，也記述了太湖周遭江、浙鹽梟以地域區分的幫派，「一曰主幫，係浙東溫台人，一曰客幫，係皖北江北人，又別號巢湖幫，以別於溫台幫，凡江南皖南浙西諸府之流氓光蛋，咸屬此流派。」〔註44〕光緒三年（1877），在江蘇查獲的一宗販私案件，夥販供稱彼此皆是山東同鄉，由此在江蘇陸續認識，各出資本，並製造火槍刀械，結幫行走，共約八、九十人，有船四、五十隻，其首名老鸛，號稱「山東幫」。〔註45〕不過，山東幫並沒硬性非魯籍不收，成員有直隸人入夥。這或許牽涉到所謂南北差異，至少在整個環境上來說，直隸與山東同屬北方省分，生活習俗上較為接近，故在地緣情感上易有認同感。又山東幫採行師徒制，而糧船水手自信奉老官齋教後，各船之首稱為「老管」，亦即老鸛之義，並且老官齋教亦是師徒相傳，相似之處絕非巧合所能解釋，應該存有相當的關聯性。

　　在江蘇以籍貫為號召的著名鹽梟，除山東幫、焦湖幫，還有由安徽人組成的「焦河幫」，其實就是焦湖幫的異稱，此幫亦採師徒制，與山東幫積不相能，常有械鬥發生，設關立卡，非其同幫，必遭劫殺。〔註46〕此與盛行於閩粵各分氣類的分類械鬥頗有相似之處。固然省籍情結會造成不同幫眾間的芥蒂，可是

〔註42〕《軍機處檔‧月摺包》，第 2780 箱，12 包，085046 號，咸豐 2 年，常大淳附片錄副。《軍機處檔‧月摺包》，第 2780 箱，13 包，085296 號，時間不詳，署浙江巡撫椿壽奏摺。《十二朝東華續錄》，卷十六，咸豐 2 年 7 月丙辰，頁 2。《端忠敏公（方）奏稿》，卷十二，光緒 34 年 5 月，〈審明縱匪各官定擬摺〉，頁 12。

〔註43〕《大清宣宗成皇帝實錄》，卷二九七，道光 17 年 5 月乙巳，頁 27。

〔註44〕《辛亥革命》（上海，人民出版社，1981 年 5 月），第三冊，頁 21。

〔註45〕《申報》，光緒 3 年 6 月 9 日，頁 12820～12821。

〔註46〕《申報》，光緒 3 年 3 月 14 日，頁 12154。《申報》，光緒 4 年 2 月 2 日，頁 14252。《申報》光緒 4 年 3 月 10 日，頁 14516。

在鹽梟這種沒一定結合模式可循的團體中，利益的獨佔性更是相互間劍拔弩張的導火線。在生存與利益導向為第一優先超過鄉誼的前提下，自然又能消除彼此的仇視而聚集在一起。例如，著名的乾隆四十二年山東販私案件，就是山東人與江北人合作的典型案例。江蘇青浦縣金澤鎮為焦湖幫存留之處，將其汲引來此者卻是江北人。〔註47〕江蘇松江與蘇州二府，光緒年間曾出現東幫、南幫、西幫三大鹽梟團體，幫首分別籍隸江蘇與安徽，強調各分地段領幫販私收取規利。南幫一名南灣幫，西幫又名金澤幫，均是以地方為名，只有東幫出自糧幫，雖然彼此來源不同，但在利益互惠下倒也相安無事。〔註48〕宣統元年（1909），為了擴充勢力，在江蘇的巢河幫和溫台幫合而為一，馴致人數大增，異常猖獗。〔註49〕在在說明了利害關係扮演者關鍵性地位。與其說是出於擴展組織的願望，勿寧說是現實的利益促使他們之間的合作。

　　另外，回民也在販私行列中，特別是直線、山東、安徽一帶的回民在販私活動中相當活躍，自成一具有民族特色的販私組織。這其中還涉及宗信仰問題，回民信奉伊斯蘭教，自古即以經商著稱，是典型貿易通商的民族，而販賣私鹽，不可否認其本質就是一種經濟活動，這又正好符合回民的生活形態，同時伊斯蘭教本身隱含強烈的凝聚性，嚴格說即是排他性，很容易結合成具有向心力的團體，販賣私鹽也就在宗教、經濟利益與民族情感三方面共識下形成一股強大的勢力。安徽巢湖沿岸一帶，素為販私回梟出沒之區，但不知與巢湖幫是否有關係。〔註50〕在安徽販私回梟中，曾發現為首者仍名仗頭，一般來說與平常販私團體沒何差別。〔註51〕鳳陽的溪河、小谿與定遠的三河集、明光集俱為由回梟販私口岸，由於在此販私的回民來自不同區域，故販私口岸有裏口、外口之分。其霸據裏口者，係河南與安徽潁、鳳以及江蘇淮、徐等處之人；其在外口者，係籍隸山東之人。彼等各據口岸，往往互爭界限，聚眾械鬥。出鹽以販私為生，無事以劫盜為業。〔註52〕雖然他們都

〔註47〕　《申報》，光緒8年11月8日，頁24733。

〔註48〕　《宮中檔光緒朝奏摺》，第三輯，光緒13年3月15日，江蘇巡撫崧駿奏摺附片，頁125。《宮中檔光緒朝奏摺》，第五輯，光緒16年8月26日，江蘇巡撫剛毅奏摺，頁557。

〔註49〕　《大公報》，（10），宣統元年9月28日，頁409。

〔註50〕　《大清宣宗成皇帝實錄》，卷二九七，道光17年5月乙巳，頁27。

〔註51〕　《軍機處檔‧月摺包》，第2747箱，39包，063326號，道光8年5月25日，兩江總督蔣攸銛安徽巡撫鄧廷楨奏摺。

〔註52〕　《大清宣宗成皇帝實錄》，卷13五，道光7年十月乙卯，頁25。

是回民，有著相同的民族與宗教背景，但是地域主義仍然影響他們的觀念，佔有裏口者來自淮河流域，在鄉土情感上與來自山東者有別，加上利害關係的糾葛，導致雙方仇視械鬥。

　　直隸天津府滄州、鹽山各屬瀕海回民，雍正年間即已開始偷扒私鹽，聚眾興販。道光中期，在天津東西兩岸鹽水沽、楊家岑子、鄧家岑子及黃兒莊等處，招邀匪類，結隊販鹽。迨後愈聚愈多，每幫自三、四百人至六、七百人不等。勢力範圍相當廣布，南路直至河間獻縣、交河、阜城一帶，東路直至寶坻、武清、香河一帶。各用驢頭，駄載鹽斤，名曰鹽驢，動以百計。〔註53〕山東海豐回回營與直隸鹽山接壤，回民向以販私為業，每在天津屬之滄南、鹽慶等州、縣，河間屬之吳橋、東光等縣集鎮結夥灑賣，遇便聚眾扒搶，商巡緝拏嚴緊，輒結仇逞忿，往往將商巡殺傷，在商巡以為拒捕，在該黨以為報復。〔註54〕根據回梟扒賣私鹽到聚眾橫行這種分幫立界的形態來看，販私組織並未因民族的不同而有差異性。

　　鹽是每個人不可或缺的日常生活上，由於官方將之視為維持國家命脈的利源，故而衍生出不合理的制度與現象，鹽梟就是在這種背景下應運而生，在為謀取利益與生計活躍於販私舞台上。他們的出現並沒有什麼複雜的過程與原由，與政治、宗教以及民族情感無關，不若一些秘密社會組織為著某種特定的因素而有著階級森嚴的內部組織，沒有嚴明的以為上下一體共遵的戒律，不必靠結義的擬親屬方式來維持潛沈的信心，所以沒有祕密會黨開山堂的儀式與程序。不用揭櫫高遠的政治理想以號召群眾的加入，即使有職務的派分，然而幾乎沒有封官設職類似政府的權力機構的出現。雖然曾有以口號驅動群眾之例，但畢竟不是普遍現象，且無職權畫分。至於同治年間，直、魯二省鹽梟幾近流寇的行動，以及有宗教信仰的糧幫或青幫紅幫的介入，則另當別論，此不贅述。實際上，鹽梟集團只是單純的為生存而結合，因此，我們看不到在某一地點的某一鹽團體為著某種理念而一直發展下去，隨著時間的延續，展現出的不過是一幕幕不同的人群在為糊口扮演著在體制外生存的角色。

〔註53〕　雍正《新修長蘆鹽法志》，卷十一，頁59。《大清宣宗成皇帝實錄》，卷二七五，
　　　　　道光15年12月辛巳，頁23。
〔註54〕　《劉武慎公（長佑）全集》，卷九，同治4年8月19日，〈請飭東撫會剿回梟
　　　　　片〉，頁28。

　　總之，鹽梟的聚合沒有固定的規則，縱然有些鹽梟能在地方上紮根，與官方維持著一種特定的「默契」，但這僅是互惠關係使然，不是建立在某種理念基礎上，一旦有變，取而代之的依舊是相同關係的延續。

第二節　成員的類別與特質

　　鹽梟的成員雖然可以說是相當複雜的，但幾乎祇要敢於認同他們生活方式的人，都能成為其中一分子，似乎與其組織形態有頗為相類之處，並無一定軌則可尋，緒論中對鹽梟定義所作的析論，亦可視為構成分子類別的解說。尋求免於遭受飢餓貧窮的人，失去土地活命的人，不滿現狀敢於向法紀挑戰的人，或是在行為上不為常態社會所接納的人，都是加入鹽梟的基本成分。由於動機的多樣性，故本是制度弊端下的產物，除了經濟因素外，衍生成為具有侵略性與破壞性的隊伍。

　　一般來說，敢於販私者雖然迫於生計上的困窘，或是重利的誘惑，不過，若是沒有膽量，則在嚴刑峻罰的威脅下，加入鹽梟並非易事。在清入關之後的前三朝中，販私鹽和與之結合者，官方資料常提到所謂土棍或奸民，其實所指即是敢於不守法紀或是玩法的地方土豪以及無賴之流。當然敢於抗官拒捕的鹽梟，有清一代比比皆是，不僅如此，即使已被拏獲的鹽梟，同夥也敢前去劫搶，〔註55〕可見其強悍的作風，這絕非尋常老百姓所能為之。

　　基本上，鹽梟的販運私鹽是一種頗具冒險性的非法活動，過程中除了要應付官府外，更要防範同是鹽梟的其它隊伍的襲擊劫搶，不論在體力與精神上都極富高度壓力。同時具有某種特殊目的的下層社會組織，含有濃厚的義氣與互助色彩，多是流蕩江湖男子凝具在一起的組織，自然不是女性容易表現出來的。在附錄中所列的名單，雖然有其局限性，但確實不會有女性出現，在整個清代的文書中，雍正年間有一女梟沈氏橫行於江浙二省之間外，〔註56〕別無資料記載，證明鹽梟幾乎是純男性的天地，尤其是日後紅鬍子、幫會與水手之流相繼進入販私行列，更見其是以男性為主體的組織，對於女性而言，則是一個閉鎖的空間。

〔註55〕《硃批諭旨》，（一），雍正 7 年 9 月 17 日，署理江南江西總督印務尚書范時繹奏摺，頁 105。

〔註56〕《硃批諭旨》，（七），雍正 5 年 6 月 27 日，浙江巡撫李衛奏摺，頁 43。

生活於社會邊緣的游離群，包括所謂亡命之徒，與一些低階層的人群，是鹽梟的重要構成因子。例如，籍隸山東滕縣的彭傳見，因賭博輸錢，恐其父打罵，乃赴江南投奔親戚，未遇，隨在各處覓工，後在餅鋪賣燒餅營生，遇素識之同鄉，告知販私鹽獲利情由，於是各出錢文買鹽興販。〔註 57〕此例似乎顯示缺乏家庭生活的照顧下，很容易走上一條反社會又能滿足本身欲求的道路。籍隸江蘇靖江縣的顧荃榮、顧薌錢、陸淶汰、王志恒，在鄉傭工種田度日，後與劉二葆遇道貧難，起意販私賺錢，乃收買老少鹽販賣。〔註 58〕原本為體恤貧困的老少婦女而設的老少鹽，由於訂制的不夠嚴謹，以為販私之藪。籍隸安徽亳州的蘇玉淋，於道光五年（1825）與同鄉數人及籍隸山東民人多名，在江蘇安東縣會遇熟人各道貧難，蘇玉淋起意合夥興販私鹽，向江蘇清河縣一帶老少婦女鹽擔收買私鹽，載至洪澤河賣與漁船並沿湖居民。蘇玉淋見清河縣湖口地方往來鹽船甚多，起意在彼自稱仗頭，架護私鹽。〔註 59〕上述以利趨誘或互道貧困而走上販私之途者甚多，聊舉數例以為說明。在第二章第四節中，對於鹽利的誘因已有詳細論述，茲不贅述。而因生計困頓成為私鹽販子的情形，確實也是不勝枚舉。這也反映出「患難與共」的浪蕩江湖的行為準則，也表明了經濟上的互助要求是鹽梟長期發展活動的重要保證。其中有一點值得注意，上述之例與附錄所列者，有四成並不在原籍販私，且許多是遠離家鄉赴外地營生時才興起販私鹽之意，證明他們多是無法安身於家園浪跡天涯的社會邊際群。同治八年（1869），直隸總督曾國藩便指出，當時橫行於直隸肆行搶劫勒贖的數十股梟匪，以山東口音最多，〔註 60〕根本就是狀為土匪的亡命之徒。早於同治四年（1865）時，直隸總督劉長佑就說道這批鹽梟皆山東濱海無賴，平日即亡命橫行。〔註 61〕而淮北一帶，向有來自山東與河南侉梟販私。〔註 62〕他們與正常的社會經濟生活脫節，變成無所依歸的百姓，其中較強悍者則認為與其自生自滅流為

〔註57〕　《軍機處檔・月摺包》，第 2751 箱，9 包，048789 號，嘉慶 21 年 8 月 6 日，
　　　　　山東巡撫陳預奏摺。
〔註58〕　《宮中檔光緒朝奏摺》，第十七輯，光緒 29 年間 5 月 2 日，江蘇巡撫恩壽奏
　　　　　摺，頁 454。
〔註59〕　《軍機處檔・月摺包》，第 2747 箱，39 包，063326 號，兩江總管蔣攸銛安徽
　　　　　巡撫鄧延楨奏摺。
〔註60〕　《曾文正公（國藩）全集》，批牘，卷四，〈批銘營武強縣梟梟匪充斥〉，頁 64。
〔註61〕　同註 54。
〔註62〕　《宮中檔雍正朝奏摺》，第十三輯，雍正 7 年 7 月 10 日，尹繼善奏摺，頁 574。

社會遺棄的可憐蟲，不如另闢活路，成爲爲生存而奮鬥的不安於現狀的一群。環境惡化時，離鄉背井走另一條生存之路，總比餓死或受困於現實生活中強得多。

災荒的發生也常促使災民成爲鹽梟勾誘的對象。例如，雍正年間，浙江因歲歉，飢民百十成群湧入江蘇省肆行販賣私鹽圖利。〔註63〕江蘇省淮安、揚州府屬下游州縣，向有名爲䑸船的小舟，雍正年間，即假作乞丐或運糧食蔬菜或帶銀錢布疋等貨至各場灶換買私鹽，運至下河，有姦頑船戶串誘各船索費領幫，或十餘隻或二、三十隻不等，俱至淮安、寶應、高郵等處賣與地棍搬運販賣。〔註64〕這種現象，迄於道光時期仍然發生，借天災之名行販私之實。〔註65〕坐落於山東利津縣的永阜場，與濱州霑化、蒲台接壤，逼近海豐，界運直隸鹽山、滄州一帶，素爲鹽梟出沒之區。咸豐二年（1852）六月，猝被海潮，又兼鄰境秋歉收，次年，青黃不接之際，外來鹽梟勾結沿海無業貧民，將春曬灘鹽肆行扒搶。〔註66〕縱然無法證明這些災民是否成爲鹽梟一分子，但他們敢於與鹽梟合作，雖說是迫於環境，也未嘗不與其具有敢拼的性格有關。根據清代《金山縣志》所載，江蘇沿海貧苦壯健之徒，無田可耕，無業可歸，即群以販私爲務。兼之性喜爭鬥，偶值水旱偏災米薪騰貴之時，往往糾聚多眾，各擔私鹽，蜂集鄉村，強行增價，多爲求售。〔註67〕見其行徑有如鹽梟般，直可視爲鹽梟的後備隊伍。他們一貧如洗，沒有賴以爲生的資源，在別無選擇下，販私鹽不失爲一條求生的出路。

在附錄中列舉有職業的幾乎多屬下層工作性質，除不務正業游蕩度日者之外，主要是推車生理、傭工、種田、小販、開歇店等等，所謂販夫走卒之流。彼輩大都沒有固定的生活點，不是徘徊在城鎮周圍，就是穿梭於大小鄉鎮間，以求得起碼的基本生活。有的既耕田又出外傭工，證明了他們的耕地不足以養家活口，衹有以傭工來彌補，農事的缺乏深厚根基與生活的不穩定，造成了非正常社會體制下的潛在淵藪。一旦鹽梟組織提供了生存的保障，相

〔註63〕《硃批諭旨》，（六），雍正2年2月21日，江南提督高其位奏摺，頁4。
〔註64〕《硃批諭旨》，（十），雍正12年10月6日，江南總督趙宏恩奏摺，頁35。
〔註65〕《大清宣宗成皇帝實錄》，卷二○二，道光11年12月辛卯，頁27。《大清宣宗成皇帝實錄》，卷二○七，道光12年3月辛亥，頁8。
〔註66〕《宮中檔咸豐朝奏摺》（台北，國立故宮博物院），第八輯，咸豐3年5月10日，山東巡撫李僡奏摺，頁500～501。
〔註67〕《金山縣志》（台北，成文出版社，民國63年6月），卷十一，賦役志下，頁7。

對而來的危險就顯得微不足道，飢餓與貧困刺激著他們投身於另一個雖是非法，但卻能保障其繼續活下去的隊伍，則是一件相當合理的選擇了。他們許多沒有了家庭的照顧，雖然鹽梟組織與一般有著擬親屬式的祕密會黨存有相當程度的差異，但是有些群體式的鹽梟隊伍，的確能散發出類似家庭的吸引力，給予流蕩在外者一種依靠的感覺與寄託。而鹽利的誘因則更是激勵他們敢於販私的動力之一。「鹽之利既巨，則民間安肯舍此厚獲，勢必禁者自禁，犯者仍犯，而又恐官府捕役多方緝捕，則又結爲黨羽，持械自衛，拒捕傷人，而私梟之名於以立，私梟之害於以滋。」〔註68〕光緒二年（1876），《申報》一篇對鹽梟歸正的報導正是利益驅使而不顧危難的最佳註腳：

> 有張某者，奔牛鎮人，以針科名於時，⋯⋯其人年約三十餘，面微麻，身長玉立，舉止閒雅，言論謙和，十指纖纖如處女指甲，長盈寸。初不知其爲綠林中人也，時值盛暑，袒裼相對，見其身創痕纍纍，一足微跛，蓋筋爲藥彈所折也。⋯⋯張乃告曰，予固向以販私鹽爲生者，俗諺曰，喫過河豚百無味，販過私鹽百無利。販私獲利因可百倍，每遇大隊捕緝時，財命攸關，奮不顧身，事後思之殊覺危險，不致身首異處者，實屬徼天之幸。因少從巨魁習拳棒，粗知穴絡，故改而就醫。然大凡業此者必有本領，非特膽力過人，且須工夫精熟。如予業此時，腰間必藏有洋蚨數封，每封約三、四元至十餘元不等，將洋排列，包固極薄。如遇追躡，俟相離十餘步以至少者，擲之，必適中其履幫，彼自會意不復追矣。若恃勇仍逼，再以較多者用力擲之，必令履脫，迨俯納再追則已占先數十步矣。倘復窮追，則取極多之封猛力擲之，必令傷趾負痛。此余數年未所以屢追而卒未就獲者，恃有此長技耳。〔註69〕

從這篇報導中，吾人當可明白厚利確是販私主因之一，同時也意味著鹽梟生涯中，處處充滿著危機壓迫感，敢於從事者也須有過人膽識以面對官府追緝時的壓力。當然，尚有一點值得注意，即是打破了綠林中人一定是紅眼睛綠眉毛的刻版印象。

　　另外，即使無法確知職業者，在亡命與無賴字眼的含蓋中，這些未必是一種道德裁判下的鄙夷稱呼，相信如果有職業的話，應當不會有何高層的工

〔註68〕　《申報》，光緒 7 年 11 月 4 日，頁 21501。
〔註69〕　《申報》，光緒 2 年 2 月 9 日，頁 9333。

作性質，生活的不穩定是他們無法擺脫的陰影。至於有功名者，不過是監生或是生員罷了，他們是所謂「有學問的普通人」（Scholar-Commoners），亦即「低層士紳」，在官宦途上未能建立起本身的地位。〔註70〕在傳統的中國社會中，士紳在地方上具有支配與穩定的力量，是地方領袖，有此地位能助其行不法之便。若嚴格來說，監生資格甚至是捐來的，實在無法列名真正的知識分子行列。然而或許也正有此起碼的功名資格，使之在地方上能建立起一定的社會關係，便於掩飾窩囤私鹽及與鹽梟合流之實，光緒五年（1879）十月十六日，《申報》刊載：「浙東西各地，往往有不守本分之文武舉監生員及殷實之戶在地接販私鹽。」〔註71〕即為明証。

在第三章有關漕運方面的論述中，已提到水手因制度與運程的弊端走上販運私鹽路線。從明末以來，江浙各幫水手多係山東、河南一帶無業之輩，他們經年受僱在船上，無家可歸，形成了以流民為主體的隊伍。而漕運的衰敗和停廢，更促使了水手集團步上過去即已熟知的販私一途了。其中最顯著的即是部分聚集到蘇北的兩淮鹽場，開始了販私鹽與劫搶的生涯。同時，數以萬計的舵工、水手、縴夫再次加入青皮集團，在遼闊的淮鹽引地以及運河、長江中下游一帶從事飯私鹽的不法勾當。〔註72〕

在水手大量走上鹽梟隊伍之後，與之相應的就是裁撤下來的游勇，彼此間似乎有著相互吸引的意識存在，更充實了鹽梟的內容，壯大了鹽梟的聲勢。光緒三十年（1904），兩江總督端方曾奏曰：「近來鹽梟、光蛋以及青紅各幫，大半游勇居多。」〔註73〕所謂光蛋，「本系游勇，大半籍隸巢湖，先因招募而來，後雖遣不去，⋯⋯游手習慣，只惟販私聚賭為生涯，而黨類千萬，充斥海濱，械利船多，悉皆亡命。」〔註74〕而「淮軍平蘇留營甚多，後因餉絀陸續遣散，無業可執，遂以販私糊口。盧穎地瘠，食力維艱，鄉里無賴來相依附，滋蔓既久，遂成合眾，名曰巢湖幫。」〔註75〕若輩「本無恒業，飢寒所

〔註70〕費正清（John. K. Fairbank）編，張玉法主譯，李國祁總校訂，《劍橋中國史》（台北，南天書局，民國76年9月），第十冊，晚清篇上，頁15～16。
〔註71〕《申報》，頁18153。
〔註72〕馬西沙，韓秉方，《中國民間宗教史》（上海，人民出版社，1992年12月），頁265，292，299。
〔註73〕《端忠敏公（方）奏稿》，卷四，光緒30年7月，〈整頓蘇省積弊摺〉，頁9。
〔註74〕蔣清端，《拓湖宦游錄》，轉引自馬西沙、韓秉方，《中國民間宗教史》，頁307。
〔註75〕《庸菴尚書奏議》，卷七，光緒32年7月16日，〈會商江浙治梟情形並籌善後摺〉，頁33。

迫，不旋踵而仍為匪，其勢必然。」〔註76〕這些以販私鹽為生計的不同名稱的隊伍，顯然是以游勇為骨幹，無所依歸，浪跡天涯。而與之同質性的亡命無賴，在慣於飄泊浪蕩的基礎上乃能結合在一塊。光緒十三年（1887）四月十六日，《申報》一篇〈論緝盜賊而整風俗〉社論就指出：「近來盜賊橫行矣，……推其由來，游勇半，鹽梟亦半，而地方無賴之徒又從而為之耳目。」〔註77〕

其實，退伍軍人之所以會成為鹽梟的重要來源，在於他們本身就是社會邊際群，清政府並未規劃出一個具體且完整的復員辦法，安置撤勇形成相當棘手的社會問題。他們部分「從征日久，本業蕩然，無田可耕，無財可賣，一聞裁撤，生計毫無，慮後此無以為生，悔為此應募失計，愁歎起於行間，銳氣為之消沮。」〔註78〕即使回到農村的，也未必能適應過去的耕鑿之事，他們已不習慣農村生活的束縛。然而卻又謀生無路，閒散日久，生計惟艱。〔註79〕《官場現形記》中有如下的記載：「所有從前得過保舉的人，一齊歇了下來，謀生無路。很有些提、鎮、副、參，個個弄到窮極不堪，便拿了飭知獎札沿門兜賣。這時只要有人出上百十吊錢，便可得一、二品功名，亦算得不值錢了。」〔註80〕可見其窘境之一斑了。安分守法者固不乏其人，而不事恒業，流蕩各省者，也所在多有，滋生事端，大為地方之害。〔註81〕其實，「軍營武職起於鄉曲細民，奉撤回家，多無力自達，因之遂甘廢棄，或至出外為非。」〔註82〕同治十一年（1873），江西巡撫劉坤一就指出：「即以江西而論，游勇劫搶之案，業經州縣破獲，或本省人，或湖南人，並有籍隸河南、安徽、廣東、福建、浙江各省。其蹤跡之詭秘，情形之兇橫，迥非意料所能及。」〔註83〕曾經在戰場上為國家立下汗馬功勞的戰士，生活上清廷沒有給他們籌一個救濟的辦法，飢寒則思亂，在眾人尚且如此，何況這般人均久經兵戎，獷悍成性，到這時候更怎能夠安於

〔註76〕同註72，頁307。
〔註77〕《申報》，頁27627。
〔註78〕《道咸同光四朝奏議》，第九冊，光緒5年，內閣候補典籍端木埰奏摺，頁3675。
〔註79〕《劉中丞（崑）奏稿》（台北，文海出版社，民國56年），卷八，同治10年7月，〈通籌援防全局並請指撥實餉摺〉，頁55。
〔註80〕轉引自蕭一山，《清代通史》（台北，商務印書館，民國74年4月），（三），頁320。
〔註81〕《月摺檔》，光緒2年3月22日，安徽巡撫裕祿奏摺。
〔註82〕《劉忠誠公（坤一）遺集》，奏疏，卷七，同治11年4月28日，〈遣撤管員勇丁飭繳軍器並推廣收標章程片〉，頁63。
〔註83〕同前註，頁62。

飢寒，不躍然有鷹隼思秋之意呢！〔註84〕

鹽梟的販運冒險行動和抗官拒捕的過程，有如過去戰陣的重現，驚險的經歷及軍事化的氣氛，加上利益誘惑的刺激正憾動著他們對未來生計的信心。就個案來看，例如，籍隸安徽舒城縣的丁士洪，曾在江浙等營吃糧，自光緒二十六年（1900）即帶販私船隻，糾集夥黨，購置槍械，專在金山衛及江浙交界太湖一帶販私圖利，先後與江浙官兵打仗五次。〔註85〕宣統元年（1909），江蘇金山衛等處有大幫梟匪肇事，據聞是股梟匪均係各營裁撤之弁兵，為首者且身為領哨。〔註86〕具體而論，像安徽地當「吳楚之衝」，乃長江上下游往來必經之地，且久為捻藪，亦是太平軍戰役最激烈的戰場，東南各省以其蹂躪最深，土著不及十分之五，皖南尤屬空虛，土曠人稀，致客民麕集，良莠不齊，匪類尤易涸跡。〔註87〕同治七年（1868），安徽巡裕祿具摺上奏，詳述動亂後整個安徽形勢的實際狀況，原摺略謂：

> 迨軍興以來，皖北各處半為捻逆舊巢，皖南尤為客民麕集。奸點之徒，弱肉強食，結眾玩法，習為故常。歷經奏留留設防軍以資彈壓，又奏定就地懲辦章程以禁奸暴，近年始得稍安，久邀聖明洞鑒。現自肅清後，雖著名漏網匪首陸續捕除，而降眾散勇之處當不一而足，加以近年各處裁撤勇丁紛至沓來，此等游手之徒，勢不能悉安耕鑿，且沿江沿淮等處之哥老會、安清道友以及齋匪等項名目，靡地蔑有，根株總難淨盡，不法之徒動思乘隙勾結。〔註88〕

其中捻與鹽梟本有不解之緣，而安清道友本身即多是水手與游民之屬，販私鹽為其主要活動，很顯然撤勇的加入，使販私隊伍更加活躍。江蘇一省，襟江帶湖，長江上下數千里，固匪徒出沒之所，而太湖巨浸，港汊紛歧，群山慕布，尤易藏奸。同、光年間，湘淮各軍逐漸裁汰，勇丁失業，往往流而為匪，私販之徒因而勾結嘯聚，漸成伏莽。加以水師不振，梟匪愈聚愈多，販鹽不足自給乃間出劫掠。黨類不一，有糧幫、巢湖、安慶各幫，其成員有外

〔註84〕 羅爾綱，《湘軍新志》（台北，文海出版社，民國72年），頁212。

〔註85〕 《庸菴尚書奏議》，卷七，光緒32年9月28日，〈拏獲著名梟匪酌保員弁摺〉，頁786。

〔註86〕 《大公報》，（16），宣統元年9月28日，頁469。

〔註87〕 《大清穆宗毅皇帝實錄》，卷二四三，同治7年9月甲午，頁13。《月摺檔》，同治年閏10月28日，掌浙江道監察御史李宏模附片。《月摺檔》，光緒2年3月22日，安徽巡撫裕祿奏摺。

〔註88〕 《光緒朝東華錄》，光緒7年12月丙寅，頁1251～1252。

來游匪、遣散之游勇與本地無賴，彼此間各自勾結，爭利則分黨械鬥，遇急則互相救援。〔註89〕由於「此輩本屬游手好閒之徒，臂力方□，心性暴狠，不啻以販私爲桓業，一旦輟業以嬉，失其衣食之資，又無以逞橫行之志，則鋌而走險，江湖暴客從此益增羽翼。」〔註90〕

　　總而言之，社會上如浮萍般飄蕩的游離分子，是構成鹽梟的主要成員，販私得利不僅能救其生計上燃眉之急，同時有些鹽梟本身就是會黨之流，或者與會黨結合，對生活缺乏保障又沒家庭依託的社會邊緣人來說，自然有其無可言喻的歸屬感，甚至對游勇而言，還具有找回過去戰陣上的殺伐之氣，激勵著他們繼續生存下去的意志。固然販私並非正常的社會正義所容許，但是適時的解除生活困境以及使無依無靠的人，能在陌生環境中取得立足點，似乎在社會經濟侵蝕外，也有使社會取得平衡點的那麼點功能。

第三節　首領的條件與特質

　　根據本章第一節的論述，鹽梟組織有隨時空的區隔而有不同的發展，其實鹽梟的首領也會因鹽梟隊伍的擴張，在能力上有適應新情勢而有所提升的趨勢，明確地說法，就是必須具有更能符合時代環境的能力。道光時人孫鼎臣曾論道：「梟私者出於所在之私販，以其慓鷙也，而謂之梟。」〔註91〕透露出其驃悍的作風。從順治、康熙年間的情形來看，鹽梟成員兇悍的作風與以後並無二致，然而限於資料，無法很明確地將鹽梟首領的特色描繪出來，不過可以想見，其驃悍程度自不在話下。雍正年間，有一女梟沈氏，久慣販私，聯結黨羽大船裝載，動輒統眾執械，拒捕逞兇，傷兵毆官，橫行於江浙兩省間，犯案累累，皆莫能制。〔註92〕一個女子能夠有此行徑，至少表明了她有不亞於男子的能力，甚至更有超越的氣魄，方可領導眾梟，在男人世界中爭得一席之地，使之甘受其指揮販私抗官。

　　作爲鹽梟隊伍的首領，似乎具有某種過人的領導特質，上一節提過鹽梟

〔註89〕　《軍機處檔·月摺包》，第 2722 箱，35 包，128579 號，光緒 10 年 7 月 3 日，掌廣西道監察御史張人駿奏摺。《軍機處檔·月摺包》，第 2739 箱，71 包，140389 號，光緒 23 年 7 月 4 日，禮科給事中龐鴻書等奏摺。〈飭江浙兩省合剿梟匪摺〉，《東方雜志》，第三卷，第四期（1906 年 5 月 18 日），軍事，頁 62。
〔註90〕　《申報》，光緒 7 年 11 月 4 日，頁 21501。
〔註91〕　孫鼎臣，〈論鹽二〉，盛康編，《皇朝經世文續編》，卷五〇，戶政二二，頁 5。
〔註92〕　《硃批諭旨》，（七），雍正 5 年 6 月 27 日，浙江巡撫李衛奏摺，頁 43。

本身要有面對官府緝捕時壓力的勇氣，想必首領除此外，還具有特殊的媚力，才能吸引群眾，在其號召下，群集在同旗幟下共同行動。乾隆四十二年，發生於山東、江蘇交界的販私案件，各自成群或單獨販運的私鹽販子，在孫二漢倡議下即能結合在一塊，共同販私，若非憑其領導特質，要想指揮這些浪蕩於社會邊緣的流離分子談何容易。同年，江蘇鹽城的案子，乃私鹽販子自動要求拿錢歸附在季光祖帶領下，更可見季光祖確有過人的吸引力。另外，有些首領甚至就是地方惡霸之流，爲了利益，將梟徒與梟鹽引入村莊販售。〔註93〕可能是仗其對地方環境的熟悉，或是與官府間的特殊交情，有著不是一般善良百姓具備的手段。道光時期，江南、山東、河南各處私梟巨魁張建禮，就有官府皁役爲之耳目，傳遞訊息。〔註94〕部分梟首行蹤極其詭祕，時船時陸，居無定址，〔註95〕一方面自然是不易爲官府捕獲；另一方面或許在保持一種神祕性，使徒眾對之有高深莫測之感。爲了發展，有時鹽梟往往會「推其黠者爲大哥」，〔註96〕不僅證明了鹽梟首領應具有相當的條件，也顯示出鹽梟首領的出任，也似乎有某種程度的「民主」氣息。

　　嘉道年間，鹽梟組織較爲有了進一步的發展，有了勢力範圍的畫分，有了一定的運銷網路，顯示出了組織的嚴整性，應該在地方上具備了盤根錯結的關係，各有該負責的職務，像〈淮鹽三策〉與〈請更定鹽法疏〉中所述（見本章第一曾有），明白展示出鹽梟組織的內容，更證明了鹽梟首領在其中所應扮演的角色，絕對具有相當關鍵性的分量。梟首貲本多至數十萬，在豐厚的資財下，又領導強悍的黨徒，何事不爲，何事不能。當然，對於一個擁有數百人，乃至數千人的隊伍，本身若無出色的能力，如何能夠統率，甚至震攝住兇狠異常的亡命無賴。其中以道光年間兩淮臣梟黃玉林頗具代表性，尤爲個中翹楚。黃玉林本是福建逃流，至江蘇儀徵販賣私鹽，〔註97〕建立起販私王國。《道光朝東華續錄》對黃玉林有如下的描繪：

> 兩淮巨梟黃玉林，以儀徵老虎頸水次爲匯聚運籌之所，以湖北之陽邏、江西之藍溪爲屯私發賣之處。大者沙船載數千石，三兩連檣，由海入江。小者貓船載百石，百十成群，由場河入瓜口。器械林立，輒

〔註93〕雍正《新修長蘆鹽法志》，卷七，頁12～13。
〔註94〕《大清宣宗成皇帝實錄》，卷五二，道光3年5月庚辰，頁14。
〔註95〕同註38。
〔註96〕同前註。
〔註97〕《大清宣宗成皇帝實錄》，卷六九，道光10年5月丁丑，頁25。

轆轉運，長江千里，呼吸相通。甚則劫掠屯船轉江之官鹽，每次以數
百引計，各路關隘，俱有賄屬巡役，明目張膽，任其往來。〔註98〕

從江蘇到湖北，長江上下數千里之遙，都在其勢力範圍中，可知掌控之大與
活動力之強，是毋庸置疑。同時，各關隘的巡役也都有被賄買者，使整個過
程呼吸相通，若非有通天的本領，如何能將數省地盤運籌於一點之中。加上
他貲本雄厚，黨與眾多，商夥商廛多與其往還，並且「公然立有約束，於販
私之外，不許有劫盜客商等事，以為要結人心之計。」〔註99〕更見其精於權
謀的運用。由於黃玉林佔據老虎頸馬頭歷有年所，各種內外關節暢通，聲勢
已重，從前有人密奏拏辦，地方官恐查激變，相率容隱，不肯懲辦，反映了
黃玉林在其勢力範圍內紮實的根基。〔註100〕

為了本身長遠利益著想，也為了現存實力的保有，梟首也會在官府招撫
下，接受收編，甚至反成緝私隊伍。事實上，這不過是掩護販私的幌子，投
誠後非但不影響其販私利益，更能藉此維護本身的安全，在合法外衣下，掩
蓋非法之實。黃玉林即在此情形下投首效力，然其開據的四百多名鹽梟，查
明「多係往來小貿及腳夫之類」，顯示出黃玉林居心叵測之念，最後在復圖販
私下，清宣宗特降諭旨，將之正法。〔註101〕

與黃玉林的情形能夠相輝映，甚至更勝一籌的當屬清末巨梟徐寶山。光
緒二十六年（1900），在〈附查探徐懷禮報告〉中，對徐寶山有很詳細的記錄，
其文謂：

> 查會匪徐懷禮字寶山，綽號徐老虎，現年三十五歲，丹徒縣南門
> 內人，向開竹店生意，家有母妻。其弟名懷亮，自幼不安分，在
> 外勾結無賴，種種不法。光緒十九年在江都仙女廟搶劫重案，潛
> 回鎮江，躲避寶蓋山下，被丹徒縣主簿張煥文親督捕保拏獲，解
> 縣稟府，訊據該匪供認仙女廟搶案不諱。嗣徑江都縣移提歸案審
> 辦，擬軍，發遣甘肅。在路脫逃匿在丹徒境高資鄉販私鹽陶龍兩
> 家。又與七濠口岸販私鹽人勾結，往來口岸，三江口、西馬大橋、

〔註98〕 《十二朝東華續錄》，卷六，道光10年閏4月戊子，頁184。
〔註99〕 同前註。《陶文毅公（澍）集》，卷十一，〈覆奏籌辦巨梟黃玉林等大概情形摺
　　　　子〉，頁14。
〔註100〕《陶文毅公（澍）集》，卷十一，〈覆奏籌辦巨梟黃玉林等大概情形摺子〉，頁
　　　　12。
〔註101〕同前註，頁12，頁14。

> 七濠、十二圩等處，上自大通、蕪湖、漢口、江西，下抵江陰等
> 處，長江千餘里，時有該匪私鹽船出沒有其間，多至七百餘號，
> 黨眾萬餘。以任春山、許蓉齋爲左右心腹，以孫標、羅海波、蔡
> 金標、劉保林、趙洪喜、張老八、王南熙、邱寶柱、歐老滿、梁
> 夸子等爲爪牙，以李漢川辦筆墨。二十五年五月十三日在七濠口
> 演劇數日，設立春寶山堂名目，入會者人給一票，上載口號，監
> 讀三日，熟所焚燬滅跡。〔註102〕

同黃玉林一樣，上自湖北下迄江蘇，皆可見其勢力的分布，展現出強烈的活動力，也同樣自軍流逃脫，開始了販私生涯。龐大的販私隊伍，相信應該也有較高程度的職責劃分，便於掌控，同時也能應付各種可能發生的狀況。又爲了凝固彼此的向心力，仿照會黨方式，組織山堂，使黨眾間產生自群意識的觀念，強化大家的認同感。而鹽梟多屬強悍亡命之徒，徐寶山憑其「狠鷙之性，狡悍之才」，方「足以懾聾群匪」，更見其絕非泛泛之輩，若非有過人本事，不可能擔起大哥之責，使梟眾歸附於他的領導之下。爲了擴展勢力，鹽梟首領也必須展露雄才之術與收攬人心之機，徐寶山確實也能符合這些條件，「時假仁義煽結人心，振濟貧民，收納亡命。凡營中弁兵被革者，該匪必羅致之，或以資財恤其家室，或派鹽船使其管駕。」〔註103〕處處見其野心之大和心機之深沈，如果以好的一面來看，說其具有任俠之風似無不可。

事實上，徐寶山的作風與聲勢，的確引起朝廷的高度重視，與其勦之無把握，不如採行招撫之策，既可節省經費，又可收編成爲緝私之用，乃由兩江總督劉坤一主其事。時值庚子事變，在劉坤一招撫前，張謇致書劉坤一論道。「南中聞警，伏莽騰謠，揭竿之徒，在所可慮，東南爲朝廷他日興復之資，誠不可不爲之早計也。」〔註104〕首重平息東南伏莽於揭竿之先。其後又爲招撫徐寶山之事提出意見：

> 撫徐之說，荷賜施行，内患苟弭，可專意外應矣。此輩如亂柴，徐
> 則約柴之繩也，引繩太緊，繩將不堪，太鬆且枝梧，宜得有大度而
> 小心之統將處之，俾不猜而生嫌，不輕而生玩。……且令一善言語

〔註102〕《辛亥革命》（上海，人民出版社），第三冊，頁 403〜404。
〔註103〕同前註，頁 404。
〔註104〕《張季子（謇）九錄》，政聞錄，卷一，光緒 26 年庚子，〈爲招撫徐寶山致劉督部函〉，頁 23。

有計略之道員，爲往宣示誠信，以開諭之，令專鎮緝沿江諸匪。若
請來謁，宜即聽許，不請勿遽強。此人聞頗以膽決重於其黨，控馭
得宜，安知不有異日之效，宮保歷軍事必有勝算。〔註105〕

文中透露出徐寶山在鹽梟間分量之重，將鹽梟喻爲亂柴，徐寶山爲約束亂柴
之繩，同時儼然視其爲東南亂渠，撫之即可專力應付外患。一再勸誡不可用
強，處處表現對之平撫的態度，顯示出不容忽視的實力。而他的聲勢就連保
皇黨也視爲勤王軍主力，〔註106〕遣人與之聯絡。「（光緒二十六年）正月間忽
來二人到七濠口與徐懷禮說話，自言係康有爲一黨，聞徐懷禮是個英雄，爲
來相邀，如願合夥，即與他同到廣東香港見康有爲商量，銀子軍火皆是現成。
聞徐懷禮已派鄭大發與康黨前往探聽虛實。」〔註107〕在權衡利害得失後，爲
了長遠之計，徐寶山選擇了清廷的招撫，以都司補用，統帶新勝營，專緝私
梟。〔註108〕然而他「陰賊狡悍，益藉官勢販私。」〔註109〕更能在合法外衣下，
遂其販私之實，不但沒有損失，反而多一層保護，無怪乎人云：「紳梟合一」。
〔註110〕光緒三十一年（1905）十月二十四日，《中外日報》所刊〈論江浙梟匪〉
中指出「某某數弁，聞其由民而匪，由匪而官，僅十閱月耳，始入青幫，繼
又自立幫，擁眾至千，擁資至萬，厚結統帥，爲之游揚於大府，而居然就撫，
富貴捷徑，乃以梟匪得之。」〔註111〕雖非專指徐寶山而論，但不啻也反映出
鹽梟首領依違在官方與鹽梟之間，潛藏藉著雙方面的關係以博取富貴利祿的
才智。

　　與徐寶山同時期江浙一帶著名的鹽梟渠魁可考者，有夏小辮子、余孟亭
以及夏竹林等人。陶成章《浙案記略》一書，對余孟亭、夏竹林有詳細記載，
其文謂：

〔註105〕《張季子（謇）九錄》，政聞錄，卷一，光緒26年庚子，〈爲招撫徐寶山致劉
　　　　督部函〉，頁24。
〔註106〕李守孔，〈唐才常與自立軍〉，收入吳相湘主編《中國現代史叢刊》（台北，文
　　　　星書店，民國53年11月），第六冊，頁94。
〔註107〕同註103。
〔註108〕《劉忠誠公（坤一）遺集》，奏疏，卷三六，光緒28年3月8日，〈整頓兩淮
　　　　鹽務摺〉，頁4748。《大公報》，（1），光緒28年9月16日，頁303。
〔註109〕《宮中檔光緒朝奏摺》，第十九輯，光緒30年3月18日，兩江總督魏光熹奏
　　　　摺，頁298。
〔註110〕《大公報》，（1），光緒28年9月16日，頁303。
〔註111〕《東方雜誌》，第三卷，第一期（1906年，2月18日），軍事，頁4。

余孟庭，一名孟廷，安徽廬江人。幼性孝友，喜技擊術，有大志，不屑從事農商。年十九至杭州，入清李得勝湘營充當營勇。尋改入吳福海團營為旗牌官，營散，孟庭漂泊於蘇松嘉湖之間者有年。以開搏局事，被清吏收禁秀水獄中，尋越獄走，潛行至震澤，遇梟魁管大，邀至樊涇見梟魁李能掌、夏小辮、許三諸人。能掌等有坐船七隻，快槍三十六桿，黨徒百餘人，孟庭率之以攻梟魁之降清者沈小妹軍，破之，盡獲其軍械以歸。眾以孟庭有才智，推為領幫。……旋與太湖梟魁夏竹林合，竹林領主幫，有船二十餘隻，快槍一百餘桿，徒屬二百餘人。孟庭領客幫，有船二十餘隻，快槍二百六十餘桿，徒屬三百餘人，……兼出清吏及富家積粟以賑饑民。軍聲既大，孟庭恐其徒屬為暴，乃立營規三條：一，不許擾亂鄉民，二，不準妄殺無辜，三，不許強姦婦女。犯者輕則責以藤鞭，重則責以軍棍。若強姦強劫，則用矢貫耳刑。嘗有一日其徒獻一民婦，孟庭立飭送還。又一日，其徒以敝衣入質店強質，孟庭見，立傳強質者至質店為，鞭之數十，追取原值，以還店主。軍行所至，咸以劫富濟貧為辭。由是鄉里窮民，望孟庭軍旗，儼猶大旱之望雲霓。孟庭之名，震於沿江上下游諸省。……夏竹林，原名作霖，安徽巢湖人，自幼不事生業，稍長，嗜博，屢釀事端，因改今名。入清鹽捕中營吳中標下充營勇，欲藉以自匿，不得，懼而辭去，避地寧波。因販私案中有名，清吏籍沒其祖產以入官，竹林怒，遂入太湖，嘯聚亡命，誓與清吏為難。〔註112〕

至於夏小辮子，宣統元年（1909）五月十四，直隸總督端方在致軍機處電文內有其經歷如下：

據供：又名夏連貴，安徽合肥縣人。先在嘉興防營當差，因事開革，投入青幫，與余孟亭、夏竹林、江北阿四同為梟匪首領。該匪手下有船五、六百隻，槍數百桿。凡有船裝私鹽，皆由該匪包送販賣。抗拒官兵，不止一次。并向富戶強借，有時亦幫助貧苦同鄉。……強悍與已獲正法之余孟亭等相埒，而狡譎異常，日以搶富濟貧為名，頗能搖撼人心。〔註113〕

〔註112〕《辛亥革命》，第三冊，頁72～74。
〔註113〕同註41。

以上三人均係革勇，而且都籍隸安徽，與前面論述中所言清代晚期撤勇的匯入，壯大了鹽梟隊伍不謀而合，同時也再次印證了江浙鹽梟與安徽的密切關係。余孟庭憑其才智，為眾人推為領幫，彼此又以強悍著稱，端方也說他們「兇悍狡儉，頗有賊智」，〔註114〕當非溢辭，說明了要成為一名鹽梟首領，確實要有過人的膽識與技能。至少入營為勇，使之有了基本的軍事常識，在行事上多少有助益。又劫富濟貧的口號，也突顯了他們的智謀，能夠體會迎合民心的渴望。尤其是余孟庭，訂立條規，切實執行，頗有古人政治性起事的謀略，宛若正義之師的化身。

另外，太平軍叛將李世忠，如果以廣義角度而論，也可算是另一類型的鹽梟渠魁。李世忠投降官軍後，與苗沛霖分據皖北淮河南北上下游一帶，李世忠於五河、泗州，下至洪澤湖，及江蘇境內的西壩、高良澗等處設卡捐釐，並曾率眾和苗黨械鬥後，擅自作主，查封西壩之鹽，至數十萬包之多，淮北鹽務疲弊，悉由其盤剝把持所致。〔註115〕由於太平軍興，籌餉困難，變易舊規，軍營提鹽抵課，李世忠部下乘此「赴壩領鹽，尤屬桀驁，一不遂欲，百般恐嚇，甚至因棧鹽不足，下場自捆。一營開端，各營效尤，護私夾私之弊，遂至不可窮詰。」〔註116〕緣此，李世忠財大勢雄，結交各處匪類與鹽梟，公然販賣私鹽，儼然梟魁模樣。李世忠憑太平軍之亂起家，後以降清保存實力，有其一定的本事與雄圖異志，藉軍隊販私來壯大力量，十足鹽梟行徑，自不必絕其於鹽梟行列之外。

總之，鹽梟本多無賴亡命，若無更為勇悍與超越的膽識，何來資格成為梟魁，以統領這些慓驁之徒？

第四節　民間下層社會與其關聯性分析

在第一章中已經討論過鹽梟的定義，事實上，有一些下層社會的組織，就其販運私鹽來說，與鹽梟並無二致，但是他們的特殊背景因素，加上他們獨有的名稱，與一般鹽梟不同，因此，我們並不能概括性將他們視為尋常的

〔註114〕《端忠敏公（方）奏摺》（台北，文海出版社，民國56年），卷十一，光緒34年3月，〈剿辦梟匪情形摺〉，頁21。
〔註115〕《道咸同光四朝奏議》，第四冊，同治2年，漕運總督吳棠奏摺，頁1793。
〔註116〕曾國藩，〈整理淮北票鹽疏〉，盛康編，《皇朝經世文續編》卷五二，戶政二四，頁26。

鹽梟。例如，活躍於河南之南陽、汝寧、光州、陳州與安徽之廬州、鳳陽、穎州、亳州等處著名的紅鬍子，根據嘉慶十九年（1814）陶澍〈條陳緝捕皖豫等省紅鬍匪徒摺子〉所述，這個與鹽梟有密切關係，並且有著向土匪行徑無異的下層社會團體，其興起自有和鹽梟不同的理由，原摺奏稱：

> 查紅鬍原係白蓮教匪漏網之人，間出偷竊，身帶小刀爲防身之具，人以其兇猛故，取戲劇中好勇鬥狠面掛紅鬍者名之。然匪徒聞知，猶以爲怒也。近則居之不疑，成群結隊，白晝橫行，每一股謂之一捻子，小捻子數人、數十人；大捻子一、二百人不等。恃其羽翼，或劫人貲財，或搶人妻女，或當街臨市而喝人脫去衣裳，且剜人眼睛，謂之滅燈，刀扼人項，謂之禁聲，據險扼隘突起搶奪，謂之打悶棍。皆以夥群日聚，故爾肆行無忌。……安省之穎、亳豫省之汝、光一帶例食淮鹽，現在每斤值錢四五十文不等，長蘆私鹽每斤不及半價，是以居民利食私鹽，其間私販鹽梟實繁有徒，而紅鬍則爲之護送，每車私鹽索二百文，每日私鹽不啻百輛，賭博酒肉之貲皆出於此，鹽車不足乃出而劫搶。〔註117〕

姑且不論紅鬍子是否爲白蓮教餘孽，然而應該也不是鹽務壟斷下的產物，他們原先僅是藉護送鹽梟販私謀利罷了，是一種間接自私鹽獲利的形式，不是直接參與販賣私鹽的買賣行爲。當然，我們不能因此論斷紅鬍子就不直接涉及販私，在本章第一節中提到御史王贈芳奏稱紅鬍子乃鹽梟黨類，其實就是指他們也是一種販私團體，祇是不能狹義地將之僅局限於鹽梟範圍。在此還牽涉到紅鬍子與捻的關係，紅鬍子的組織是以捻爲單位，似乎指明了彼此就是相同的下層社會團體。嘉慶二十年（1815）七月上諭「朕聞豫省汝、光一帶紅鬍匪徒頗爲猖獗，本年三月間，光、息交界五福橋地方捻子手百餘人，手執長槍，前往互鬥。」〔註118〕正可證明這種說法。同時，地方官常將之連稱，行爲模式亦如出一轍，例如，同年八月，有地方官奏稱：「紅鬍捻子手當販私肆掠，自必聚集多人，肆行不法，至其平時，仍散處村落，自附齊民，非如邪匪之勾結夥黨，聚而倡亂者可比。」〔註119〕有的資料更直接指出雙方是相同的，「初，髮逆之北犯也，楚氛既惡，密邇豫疆，豫中不逞之徒嘯聚萑

〔註117〕《陶文毅公（澍）集》，卷二四，頁2～7。
〔註118〕《大清仁宗睿皇帝實錄》，卷三〇八，嘉慶20年7月戊戌，頁16。
〔註119〕《大清仁宗睿皇帝實錄》，卷三〇九，嘉慶20年8月壬戌，頁11。

符，號日捻匪，即俗稱所謂紅鬍子也，四起而爲之應。」〔註 120〕道光十八年（1838），時任湖廣總督的林則徐也指出：「查向來民間匪類大半出於鹽梟，即如襄陽之捻匪、紅鬍，爲害最甚，總因逼近豫省，以越販潞私爲事，遂至無惡不作。」〔註 121〕將鹽梟與捻，紅鬍子關係聯成一氣。其實他們是一種區域性強悍的具有盜匪性質的暴力團體，原先並沒什麼宗旨或企圖心以達到某種目的的民間組織，販私是其生存方式之一，故我們不能否認他們就是鹽梟，但是他們也同時是有著特殊名稱的地方不逞之徒。

　　類似紅鬍子情形的還有活動於山東兗州、沂州、曹州三府與江蘇淮安、徐州、海州三府的拽刀手以及河南、安徽、湖北的白撞手、拽刀手、捻子手等名目，深爲地方之害。拽刀手或數十人，或數百人不等，聚眾械門，白晝搶劫，地方官以重案難辦，往往從輕了結。〔註 122〕事實上，「東省兗、沂、曹、濟各屬，界連直、豫、江、皖，素爲捻幅淵藪。……俗稱悍強，愍不畏法，置身命於度外，視搶劫爲故常，但有一二狡黠之徒煽惑倡亂，則若輩如斯響應，不數日間即能蟻聚蠶集。」〔註 123〕而「皖省鳳、潁、泗州等屬，界連徐、豫，民情好鬥，動輒傷人，其傷人之具，鳥槍而外，多屬金刃。緣該境愚民久沿惡習，往往藏置例禁刀槍，以爲保衛身家之用，迨藏之既久，日與器習，偶然爭角，順手取攜，鬥無不傷，傷無不死。」〔註 124〕在這種桀驁不馴愍不畏法的強悍民風的環境薰染下，很自然就成爲各種盜賊孕育的溫床。關於這種情形以及如何形成拽刀聚眾的現象，在陶澍〈請將徐海匪徒鎖繫鐵桿摺子〉中交待得相當清楚，其摺略謂：

　　　　江蘇省徐、邳、淮、海一帶，與皖、豫、山東等處犬牙相錯，匪徒惡棍出沒其間，兼之民俗強悍，以佩刀執械爲能事，傷人釀命之案，倍於他屬。……查此等匪棍，其始亦不過尋常游手任性而行，漫無拘束，漸至三五聯絡，借端嚇詐，稍有睚眦，即拔刀相向，庸懦畏勢，不敢

〔註 120〕鄭元善，《宦豫紀事》，收入《捻軍文獻彙編》（台北，鼎文書局，民國 62 年），第一冊，頁 330。

〔註 121〕《林文忠公（則徐）奏稿》，道光 18 年 2 月，〈整頓楚省釐務摺〉，頁 513。

〔註 122〕《大清仁宗睿皇帝實錄》，卷三一○，嘉慶 20 八月丙寅，頁 1314。《大清仁宗睿皇帝實錄》卷三一○，嘉慶 20 年 9 月乙巳，頁 19。《大清仁宗睿皇帝實錄》，卷三一○，嘉慶 20 年 9 月丙午，頁 20。

〔註 123〕《光緒朝東華錄》，光緒 6 年 9 月戊子，頁 113。

〔註 124〕《陶文毅公（澍）集》，卷二四，〈籌款飭繳兇器摺子〉，頁 22。

與較，以致益鳴得益，愈肆橫行，久之遂成拽刀渠惡。〔註125〕開始不過是一些佩刀執械的游手之徒，迨時間一久，漸漸三五成群，勢力愈大，發展成其有一定群眾基礎的拽刀渠惡。另外，在河南尚有一種名爲白喫之徒，藏匿於南陽、光州、汝寧一帶，或負販私鹽，或糾眾爲盜。〔註126〕而安徽也有一種梟匪，於泗州謂之黑頭批，於和州無爲州一帶謂之白搶子，平日結會拜盟，豢養盜賊，窩囤私梟，遇鄉村溫飽之家，邀結多人，強行索借，如有不遂，則多方擾害。並各分黨類，互相爭奪械鬥。〔註127〕這些活躍於嘉道時期亦匪亦梟的民間下層社會組織，經過長時期地方督撫的辦理與彙報，道光十年（1830）二月上諭指出：

> 朕聞河南陳州、歸德例食蘆東引鹽地方，與汝寧、光州例食兩淮引
> 鹽各屬，壤地相接，鹽價多寡懸殊，數日往還，即獲倍利。該處匪
> 徒，罔知法紀，聚眾興販，由歸德之鹿邑、陳州之項城等縣置買，
> 或以驢馱，或以車運，每起數十人，至二、三百人不等。明目張膽，
> 挺刃各持，晝夜南行，毫無顧忌。所過州縣，又有本地土棍，每一
> 頭目，率領夥匪多人，各分地界，沿途守候私鹽經過，勒成械鬥。
> 地方官耽逸畏難，希圖息事，不肯認眞辦理，率皆化大爲小，化小
> 爲無。有息縣著名土棍李幅，不但包販私鹽，竟敢窩藏賊匪，各處
> 竊掠。更於農民耕種之時，奪取牛隻，公然待失主持錢贖取。屢經
> 犯案，該上司催緝行提，總未拏獲。如此類者，尚恐不止一縣，一
> 縣之中，亦不止此一人。聚時興販，散則即肆劫掠，曳刀手、捻匪、
> 紅鬍子皆由此出。〔註128〕

經過長期的調查與體認，從這篇諭旨中了解到販私僅是這些社會暴力團體諸生計之一，就如同活躍於其它地區的下層社會，以各種不同的非法方法換取生存條件一樣。咸豐二年（1852），刑部尚書周祖培有言：「且捻匪鹽梟，土俗之所謂紅鬍子、拽刀手者，所在皆有。」〔註129〕更可見他們與鹽梟間的密切關係。他們既無嚴密的組織，也無固定的首領，根據其不同的地區與特色

〔註125〕《陶文毅公（澍）集》，卷二四，頁26。
〔註126〕《大清仁宗睿皇帝實錄》，卷三三三，嘉慶22年8月丁丑，頁5。
〔註127〕《大清宣宗成皇帝實錄》，卷九三，道光5年12月乙卯，頁10。《大清宣宗成皇帝實錄》，卷一九〇，道光11年6月庚寅，頁15。
〔註128〕《大清宣宗成皇帝實錄》，卷一六五，道光10年2月乙卯，頁12。
〔註129〕《道咸同光四朝奏議》，第三冊，頁1038。

而有不同的名稱罷了。

　　至於捻與鹽梟間也是有著不容忽視的密切關係，捻的產生地區主要在淮北一帶，這包括了安徽北部以及直隸、山東、江蘇、河南四省與皖北毗連之地。〔註130〕本區由於隸屬不同的銷鹽區，在價格上也因而有著天壤之別，遂致鹽梟盛行。按前面陶澍條陳與道光十年上諭得知，河南歸德、陳州地方屬長蘆鹽區，與屬於兩淮鹽區的河南汝寧、光州以及安徽的潁州、亳州一帶壤地相接，然而兩鹽區居民購鹽價格卻天差地別，長蘆鹽價不及淮鹽價格一半，故位於兩淮鹽區的汝寧、光州、潁州、亳州一帶居民自然利食長蘆私鹽，部分游民與貧窮大眾為圖生存，乃至歸德、陳州地方購買私鹽轉販於緊鄰的兩淮鹽區一帶，形成侵蝕清廷鹽稅的鹽梟。鹽梟將私鹽運來，由捻和與之可能互為一體的紅鬍子護送，起初只是個別私鹽販的冒險行為，其後發展成群眾性的冒險行為；一經捻、紅鬍子護送，即發展成武裝走私部隊，到捻軍起事後，便出現由鹽梟組成的鹽民軍，是組成捻軍的重要成分，亦可視為捻軍的兄弟部隊。〔註131〕除了擔任護送私鹽角色外，有時也由捻直接販運，黃恩彤在〈捻匪芻議〉一文中指出「捻匪則廬、鳳、潁、亳、南、汝、光、陳之獷悍兇徒也。平時大都販鹽上盜，」〔註132〕著名的捻首張樂行即以販私鹽起家。「既長，好鬥，江浙亡命多依之，家益落，鬻私鹽以食。」〔註133〕「咸豐元、二年間（1851～1852），飢饉薦臻，龔得等橫行劫掠，樂行族子楊曾率黨十八人赴永城掠羊百餘隻，吏捕之獄。時樂行販私鹽黃河北，歸率龔得等萬餘人圍永城，劫楊等十八人出獄。」〔註134〕顯然，張樂行成為捻之巨魁前，是不折不扣的鹽梟。然而有些鹽梟卻也是捻眾勒索的對象，其「邀庶私販與鬥，截其所過水陸，責取規費，例以為常。」〔註135〕道光十八、九年間（1838～1839），河南羅山縣巨捻傅九功、胡金堂等人，在羅山縣南境關王廟一帶，爭食鹽分。〔註136〕不過，有時鹽梟亦「恃之（捻）為緩急，以是出入淮泗，千

〔註130〕陳華，〈咸豐三年前的「捻」〉，收入中華文化復興推行委員會主編，《中國近代現代史論集》（台北，商務印書館，民國74年8月），第二編，教亂與民變，頁389。

〔註131〕江地，《捻軍史論叢》（北京，人民出版社，1981年9月），頁20～21。

〔註132〕黃恩彤，《捻匪芻議》，收入《捻軍文獻彙編》，第一冊，頁408。

〔註133〕張瑞墀，《兩淮戡亂議》，收入《捻軍文獻彙編》，第一冊，頁285。

〔註134〕《渦陽縣志》，卷十五，兵事，收入《捻軍文獻彙編》，第二冊，頁98。

〔註135〕同註130，頁398。

〔註136〕同註120，頁341。

里舳艫銜尾，車輛接軫，無敢問者。」該區鹽梟，足跡遍及黃、淮各省，不僅路徑處處熟習，且與各地土莽素有聯絡。當捻眾蔚成大亂後，能歲至遠地劫掠及流竄各省，又能得土莽之助，恐與其早期販私鹽的活動有關。〔註137〕

再者，鹽梟與捻經常並稱，道光二年（1822），御史程矞采奏稱：「潁州強悍成風，匪黨捕逃淵藪，向有捻匪私梟，雖非習教傳徒，聲勢最爲聯絡。……（阜陽）縣西十里爲桃花店，又西南約二十里爲韋家寨，約百里許爲地里城，該處捻匪鹽梟成群結黨，最爲地方之害。」〔註138〕道光二十四年（1844）三月，上諭曰：「江蘇省河北一帶，毗連齊豫，捻匪鹽梟每相勾結。」〔註139〕同治七年（1868），在劉坤一〈復曾中堂〉函中指出：「捻匪再竄津門……聞梟匪蟻附其中，或可聚殲一網。」〔註140〕茲舉數例，證明他們之間是有不容忽視的關係，但不能因此就說他們是完全一體的，〔註141〕彼此仍是有差別的。總之，鹽梟與捻並不是兩個可以全畫上等號的團體，捻可以因爲販賣私鹽而歸於鹽梟範圍內，鹽梟亦可成爲捻眾的基本部隊，進而發展成流竄數省的捻軍，關鍵就在雙方有無政治上的認知差別，吾人不能以絕對地肯定或否定的態度來概括他們。

道光年間，按陶澍的講法，兩淮一帶，雖梟「有回匪、侉匪，與非匪而暗地夾私者。」〔註142〕而「回、侉多係鳳、壽等處獷悍之徒，帶刀逞兇，爲害地方，不止於販私。」〔註143〕不過，早在雍正間，蘇州巡撫尹繼善則已指出，「淮北一帶，向有山東、河南侉梟販私，因夥眾力強，兵役明知，不敢擒拏，往往成群，肆行無忌。」〔註144〕根據《辭海》的解釋，侉子是指口音與本地語音極不相同的人，一種不禮貌的稱呼。〔註145〕《辭源》的解釋則是，俗稱山東人爲侉子。〔註146〕而民間確實有「山東老侉子」之謔稱。不論何種說法正確，所謂侉匪者，可能是兩淮一帶對活躍於當地的一些外來鹽梟的鄙

〔註137〕同註120，頁399。
〔註138〕《十二朝東華續錄》，卷二，道光2年9月乙亥，頁15。
〔註139〕《大清宣宗成皇帝實錄》，卷四〇三，道光24年3月庚辰，頁16。
〔註140〕《劉忠誠公（坤一）遺集》，書牘，卷四，同治7年閏4月27日，頁7。
〔註141〕同註131，頁19。
〔註142〕《大清宣宗成皇帝實錄》，卷一七六，道光10年10月乙酉，頁5。
〔註143〕《陶文毅公（澍）集》，卷十三，〈陳奏岸鹽廣銷並嚴挐侉匪懲辦附片〉，頁15。
〔註144〕《宮中檔雍正朝奏摺》，第十三輯，雍正7年7月10日，頁574。
〔註145〕《辭海》（上海，上海辭書出版社，1982年3月），頁238。
〔註146〕《辭海》（長沙，商務印書館，民國28年7月），頁115。

夷稱謂。

江蘇、浙江三省交界處，港汊分歧，犬牙交錯，向爲伏莽叢集之地。其中有名爲槍匪者，每每持械結黨，在江浙毗運處所駕駛槍船往來游弋，乘機肆劫，爲害商民。並且闖卡護私販私、窩賭、架搶婦女，幾於無惡不作。此奪彼竄，習爲故常，大率以太湖爲歸宿，實乃江、浙二省之大患。〔註147〕例如，同治十一年（1872），八月，著名槍匪李阿四等，在於江震、秀桐各鄉鎮往來劫掠，並與大股梟販勾串，出沒太湖一帶，聯檣拒捕，恣橫自爲。〔註148〕雖然槍匪也販運私鹽，可以說是鹽梟之流，但嚴格看來，似乎又有點差別，或許應該解釋爲具有某種外在特色同時販賣私鹽的亦梟亦匪的地方匪類。

關於鹽梟與會黨之間，似乎保有相當詭譎微妙的關係，有時彼此聲援，相互爲用，有時就是會黨也是鹽梟。其中以江西與長江下游的省分爲著。也於地理環境之故，私販與會黨易於入侵江西。對此，陶澍曾經上奏朝廷，作了相當清楚的剖析：

> 查江西一省，界連兩湖及皖、浙、閩、粵各境，群山環繞，眾水西流。……臣此次親蒞各境縱觀形勢，其山脈自九嶷至湖南……山川蟠亙，外嶔而内縮，雖面面皆險，而無險可禦。即如私販一項，有浙私、有閩私、有粵私四處蔓溢。在官商方以挽運爲艱，而梟徒轉藉崎嶇爲得計，總由私鹽外入，有居高臨下之勢。如廣信例食浙鹽，南贛、寧都例食粵鹽，業從山脊引入腹地，而欲於下游散漫之區驅之，使退其勢已難，以致饒州、南康被占於浙私，吉安、臨江被占於粵私，如長汀、寧化、光澤、崇安等縣皆隸閩省而居屆山梁，是以建撫各屬並不例食閩鹽，而閩私徧地皆因乘虛易入之故。又會匪一項，自閩界粵界以逮郴界，綿延數省，無非窮僻山區，易藏易竄，爲害甚鉅。其宰雞滴血、鑽橋飲酒、傳授口訣、散受花帖傳徒者，皆眞會也，情罪最重。〔註149〕

〔註147〕《申報》，同治 12 年 1 月 24 日，頁 1979。《馬端敏公（新貽）奏議》（台北，文海出版社，民國 64 年），卷六，同治 7 年 2 月 10 日，〈江浙交界處所槍匪殲除殆盡片〉，頁 29。

〔註148〕《軍機處檔・月摺包》，第 2745 箱，82 包，11774 號，同治 12 年 9 月 10 日，江蘇巡撫張樹聲奏摺。

〔註149〕《陶文毅公（澍）集》，卷二五，〈縷陳巡閱江西各境山水形勢及私梟會匪各形附片〉，頁 25～27。

在這種引地交錯與毘連閩、粵多會黨之的地理環境，加上無險可據，順勢可入，自然賦予了鹽梟與會黨易於生存的良好條件。道光年間，嶺南一帶會黨結盟拜會，每人帶刀一柄，名爲添刀會，又名千刀會，聚眾數百人，出沒無常，沿途劫掠，時與鹽梟勾結，如泰和之馬家洲、萬安之百渡市，鹽梟充斥，每藉千刀會爲聲援。〔註150〕其時御史王贈芳即曾具摺指出：「江西吉安府屬泰和、萬安等縣，向爲私梟出沒之所，加以會繁多，與私梟會而爲一，或名添弟會，或名添刀會，又稱千刀會，均自南贛延入吉安。」〔註151〕雖然官府派差偵緝，然「而差役多係會中之人，累月經旬，犯無弋獲，徒擾良民，含糊了事。百姓見官不能作主，只得勉強入會，藉保身家。近來鹽梟之盛，率皆此等匪徒。」〔註152〕上述乃梟會合流典型案例。同治以降，由於太平軍亂的平定，更因其後一些叛亂也漸次削平，過去爲此招募的勇營紛紛裁汰復員，造成哥老會的迅速擴張，特別是在長江下游一帶，哥老會不斷投入販私行列，壯大了鹽梟的隊伍。尤其是光緒年間，哥老會已佈滿長江一帶，每多溷迹長江港灣，時時遊弋江面，乘機攘竊。〔註153〕生存環境的接觸與重疊，使彼此更易勾結，或互相仿效，甚至合流，而不易區分。例如，曾充當營勇的李金山，先後加入哥老會不同山堂，時常溷迹輪船，偷竊爲生。後在江蘇十二圩等處販賣私鹽，夥黨推爲老大。〔註154〕這種情形，也深爲地方官所關切，頻頻上奏朝廷。光緒二十八年（1903）五月，劉坤一奏稱：「查常州府屬之武進縣與陽湖、宜興犬牙相曾，與金壇、溧陽、丹陽水陸相連。自光緒二十六年北方拳匪事起，各處莠民聞風蠢動，即有外江匪船裝載私鹽，攜帶軍械，由武進小河等口連檔入內，暗地灑賣，始尚不敢生事，繼則聚賭抽頭，開堂放飄。」〔註155〕光緒二十九年（1903）九月，兩江總督魏光燾也曾上奏云：「竊照江、淮一帶伏莽滋多，鹽梟會匪互相勾結，往往乘間竊發，爲害地方。」同年，江蘇拏獲哥老會黨二十八人，據供會首爲會幗漳、熊滿堂，開立「天目山、聚義堂」，會中有掃江侯、副元師等名目，糾

〔註150〕《大清宣宗成皇帝實錄》，卷一一〇，道光6年7月丙午，頁40。
〔註151〕《大清宣宗成皇帝實錄》，卷一五八，道光9年7月戊午，頁38。
〔註152〕《大清宣宗成皇帝實錄》，卷一八〇，道光10年11月丁丑，頁20。
〔註153〕徐安琨，《哥老會的起源及其發展》（台北，台灣省立博物館，民國78年4月），頁150。
〔註154〕《月摺檔》，光緒20年6月8日，安徽巡撫沈秉成奏摺。
〔註155〕《劉忠誠公（坤一）遺集》，奏疏，卷三七，光緒28年5月20日，《查明部內梟匪幕丁情實摺》，頁25。

人入會，販私行劫。〔註156〕其後江蘇巡撫陳夔龍也於光緒三十二年（1906）八月奏曰：「江蘇鹽梟會匪頻年到處充斥，蔓延勾結，深爲地方隱懮。」查獲范高頭爲江蘇沿海一帶鹽梟巨頭，同時也是哥老會「青龍山」會首。〔註157〕上述之例，哥老會員身兼鹽梟，與江西梟會合流有相當的差異性。不過，梟會合流在江蘇也不乏其例。光緒二十七年（1901），江蘇查獲長江沿岸哥老會與鹽梟結夥聯盟，散放票布。鹽梟視哥老會爲耳目，哥老會以鹽梟爲爪牙，勾結一氣，猝難分別。綜計獲犯七十多名，內有哥老會員三十名，鹽梟四十餘名。〔註158〕

　　綜觀江西與江蘇情形而論，他們既是會黨成員也是私鹽販子。在鹽梟來說，加入會堂或自創山堂，可能更能藉以得到保護；就會黨立場來看，販賣私鹽更能拓展生存空間。彼此合流，則是有利無害的選擇，對於這些下層社會分子而言，確實不失爲一條適於雙方的可行途徑。

　　青幫與紅幫的形成，是清代漕運積弊下的產物，〔註159〕在漕船改由海運前，利用行船機會販運私鹽已成爲水手普遍現象，日後在漕運制度下形成的青幫與紅幫，很自然地販賣私鹽即成爲他們的主要生計之一。光緒二十九年五月二十八日，《大公報》記載：「常州紅幫梟匪近有起事之舉，故蘇、鎮兩府各已調兵兩營前往嘉剿捕，聞常郡日來已有三城門關閉不開，民人因梟匪搶劫已久，實難再耐。」〔註160〕直接指出了紅幫爲梟匪，其實所謂梟匪即是由鹽梟壯大及而來的稱謂，甚至可以說是官府「虛張聲勢」與「縻餉邀功」形成。光緒三十一年（1905）十月二十四日，《中外日報》有言：

　　　　梟匪之初起也，不過私鹽小販，一、二毛賊，官弁張大其詞，稱爲
　　　　梟匪矣。及受盛名，結黨自衛，官吏更鋪揚之，以爲大幫梟匪矣，
　　　　勢力漸盛，無賴爭歸之。彼亦居之不疑，而官吏且捏造綽號，贈以
　　　　兇惡之名稱，其實並無梟臣之資格也。官吏虛張聲勢之故，亦爲縻

〔註156〕《宮中檔光緒朝奏摺》，第十八輯，光緒29年9月22日，兩江總督魏光燾奏摺，頁397～398。

〔註157〕《宮中檔光緒朝奏摺》，第二三輯，光緒32年8月28日，江蘇巡撫陳夔龍奏摺，頁597。

〔註158〕《軍機處檔‧月摺包》，第2736箱，88（上）包，145903號，時間不詳，王之春奏摺附片。

〔註159〕莊吉發，〈清代漕運糧船幫與青幫的起源〉，收入《中國歷史學會集刊》（台北，中國歷史學會，民國75年7月），第十八期，頁232。

〔註160〕《大公報》，（二），光緒29年5月28日，頁406。

銷邀功之計，姑言難治耳。因假成眞，至於眞不可治，束手無策，
兵役又不可恃，不得不任所欲爲，懼攖盜怒，僥倖滿任，置民間警
報於不聞不問，於是養癰貽患，盤據至數十年，擾害至數十縣，錢
塘以北，長江以南，遂長爲藏垢納污之所。〔註161〕

同文且指出：「長江太湖，私鹽之運道也，皆自淮南買鹽而來。紅幫西溯江，
青幫南入湖，率其群醜，分道而馳。販鹽則爲梟，無鹽可販則聚賭，賭不勝
則爲盜，盜不足則擄勒索詐，無所不至。」〔註162〕很清楚地說明了紅幫、青
幫可梟可盜的性質。光緒三十四年（1908）正月，法部侍郎沈家本具摺奏道：
「臣迭接家鄉電信，據稱嘉、湖一帶梟匪蔓延，勢甚猖獗，湖州如石塚、重
潮、新市等處，嘉興如桐鄉、石門、海鹽等處，白晝搶劫，擄人勒贖，甚至
拒捕戕官，打毀教堂、學堂，種種不法，指不勝屈。……蓋其中半爲昔年裁
勇，半爲鹽梟，有紅幫、青幫各種名目。……平日以包賭販私爲事業，遇便
則搶劫訛詐，無所不爲。」一方面指出青幫、紅幫的盜匪本質，一方面又點
出了青幫、紅幫與鹽梟的同質性。同時，沈家本也道出數十年來無法對若輩
辦理得手原故，「一由於嘉、湖等府港汊分歧，官兵初到，情形扞格，而匪類
游息日久，熟悉地形，兵至則散而爲民，兵退則聚而爲盜，往來飄忽，未易
痛懲。一由於民匪雜居，並無標異，嘯聚則生搶劫之案，散處即爲游手好閑
之徒，難以辨別。又初無一定巢穴，可以悉力進攻。」〔註163〕職是之故，無
法有效解決問題。這也正好爲上述鹽梟轉爲梟匪的註解。

另外，尚有一些資料不斷顯示青幫、紅幫販賣私鹽的活動。光緒三十四
年十月十五日，天津《大公報》刊載：「兩淮緝私總統李軍門定明前聞，青紅
幫匪董字號頭目張保太羽黨千餘人，在清江黃汊河等處擾亂，搶劫民間財物，
又私販大幫鹽外運。」〔註164〕同月二十日又載：「近據兩淮緝私總統李定明稟
稱，阜寧各屬著名青紅幫勾結黨羽，盤躆洋河上下，劫搶販私，無惡不作。」
〔註165〕在在說明了青幫、紅幫與鹽梟間在某種程度上可以互換角色的事實。
而張春更直接指出青幫、紅幫聚而爲梟的緣由，「其歷史或原於停漕之運丁，
或原於遣散之軍隊，積四五十年之久，連數百州縣之廣。當日之運丁軍隊，

〔註161〕同註111，頁3～4。
〔註162〕同前註，頁1。
〔註163〕《光緒朝東華錄》，光緒34年正月庚寅，頁5841。
〔註164〕《大公報》，（8），頁568。
〔註165〕同前註，頁595。

本皆不農不工不商之人，閒散以後，豈復能爲或農或工或商之事，無所爲生，不甘習苦，故冒禁犯法，聚而爲梟。」〔註166〕

　　與青幫應該也存在某種特定關係的安慶道友或稱安慶幫，同樣也是糧船水手中的一種秘密組織，光緒二年（1876）五月二十四日，《申報》刊載：

> 安慶道友之爲患久矣！其名目始於安慶幫之糧船，嘉、道間惟糧船
> 過境時，其黨必上岸滋事，或盜或竊無惡不作。在後糧船停廢，其
> 族無以爲生，即散處各州縣，名曰站馬頭，萃聚亡命，藐法殃民。
> 初猶淮海一帶千百成群，今則蔓延江南北郡縣，無地無之，立字派，
> 別尊卑，逞兇肆惡，結爲死黨。〔註167〕

所謂站馬頭就是包運私鹽的勢力範圍，或是私鹽過其地納錢的關卡。這些頓失依所的糧船水手，走上了原已熟識的販私行爲。與之一字之差的安清道友，同治元年（1862），有人奏陳「江北匪徒，結黨滋擾，有安清道友名目，多係安東、清河游民，冒充兵勇，在裏下河一帶，搶奪民財，結黨盈萬。」〔註168〕應當是以活動發起地而命名的。其實，溯自咸豐三年（1853），浙江糧船隊突然解散，而蘇南、浙江又成爲清軍和太平軍交戰之地，大批水手受阻於淮北，遂在原來幫派體系基礎上，以安東、清河爲基地，成立了安清道友。〔註169〕光緒元年（1875），劉坤一則提到，「江蘇匪徒，內有安清道友、哥老會兩大起。安清道友多在江北，所有劫殺重案及包販私鹽掠買婦女，皆其夥黨所爲。」〔註170〕宣統元年（1909）二月一日，天津《大公報》刊載：「江北巡防隊第六隊管帶申慶雲昨自駐防境內拿拏巨匪劉汝維一名，……該匪係安清會首，向爲梟匪領袖。」〔註171〕安東與清河二縣俱在江蘇北部的江北地方，各項資料顯示出安清道友的活動幾乎全在江北一帶，與安慶道友最初活動的淮海一帶，確有地緣關聯，而且也……都從事販賣私鹽活動，雖然無法因此證明雙方是否因慶、清訛音而屬同一組織，但就其販賣私鹽而論，均與鹽梟有不解之緣。另外，個別案例也都能證明安清道友和販私間的

〔註166〕《張季子（謇）九錄》，政聞錄，卷十九，民國三年癸丑，《重申改革全國鹽政計畫宣言書》，頁5。

〔註167〕《申報》，頁10033。

〔註168〕《大清穆宗毅皇帝實錄》，卷五○，同治元年11月丁丑，頁60。

〔註169〕同註72，頁293。

〔註170〕《劉忠誠公（坤一）遺集》，奏疏，卷十，光緒元年，〈密陳會匪情形設法鉗制片〉，頁56。

〔註171〕《大公報》，（9），宣統元年2月日，頁176。

事實。例如，宣統三年（1911），江蘇拏獲朱椿，供認販賣私鹽多年，設立安清幫忠義堂，前後收徒千餘人。其黨朱羊林亦供稱，入安清幫，拜會收徒二百餘人，積慣販私。〔註 172〕顯然這批以失業糧船水手為主的組織，依舊循著舊時漕運過程中販私鹽的經驗過活。

　　總而言之，就如本節一開始所言，這些下層社會組織，均有他們各自形成的特殊環境，不論是社會性質或是經濟因素，他們販賣私鹽的行徑就如同鹽梟一樣，然而他們又同時有著其它的宗旨與目標，不是單純的圖利鹽梟，而是具有多重角色的下層社會不逞之徒的團體。

附錄一　乾隆四十二年山東省嶧縣鹽梟案成員一覽表

姓　名	籍　貫	職　業	活　動　地　點
李　順	江蘇邳州	賣瓜果	在海州、郯城買鹽私販
李　倫	江蘇邳州		在海州、郯城買鹽私販
劉興邦	山東嶧縣		在海州、郯城買鹽私販
蔣　太	山東嶧縣		在海州、郯城買鹽私販
孫二漢	山東嶧縣	賣魚	在海州、郯城買鹽私販，倡議不分夥，聚在一起售賣以防禦官府，曾逃荒至江南
劉三蓑衣	山東嶧縣		與李順、李倫在郯城買鹽
陳　四	江蘇邳州	推車生活	與李順、李倫在郯城買鹽
呂　二			在海州、贛榆買鹽
李二賴歹			在海州、贛榆買鹽
姚復義	山東郯城	推車生活	在海州、贛榆買鹽
宋四夸子	江蘇邳州		在海贛交界處偷買老少鹽
袁文舉	江蘇邳州		在海贛交界處偷買老少鹽
田　二	山東郯城		在贛榆馬廠買鹽
徐　六	山東郯城		在贛榆馬廠買鹽
徐成兒	山東郯城		在贛榆馬廠買鹽
于得法	山東郯城		在贛榆馬廠買鹽
韓大棍	江蘇邳州		
曹公煥	江蘇邳州		

〔註 172〕《宮中硃批奏摺》，宣統 3 年 5 月 25 日，兩江總督張人駿等奏摺，收入《辛亥革命前十年間民變檔案史料》，上冊，頁 288。

王子悅	江蘇邳州		
范二麻子	江蘇邳州		
小劉二	江蘇贛榆		
程　選	山東郯城		
王　九	山東郯城		
王　順	山東郯城		
許　大	山東郯城		
盧添祥		囤戶	
張　琢		囤戶	
蔣克會	江蘇邳州		
小王二	山東蘭山	乞討、傭工	因貧曾在贛榆買老少鹽販私
王大漢	江蘇邳州	推車生活	在郯城崇逢集買鹽私販
陳　四	江蘇邳州	推車生活	在郯城崇逢集買鹽私販
朱思恭		開歇店	
石　俊		開店	
大景成	江蘇邳州	推車生活	
王　斐	江蘇邳州	推車生活	

資料來源：

《宮中檔乾隆朝奏摺》第四〇輯、第四一輯；《大清高宗純皇帝實錄》；《軍機處檔‧月摺包》

附錄二　乾隆四十二年江蘇省鹽城縣鹽梟案成員一覽表

姓　　名	籍　貫	職　業	活　動　地　點	備註
李光祖	江蘇興化	賣草度日	曾向鹽擔買鹽駕船興販	
季　六	江蘇興化	以船為家		
劉邦賢	江蘇興化	以船為家		
楊　二	江蘇泰州	傭工	季光祖家幫傭，季販私時曾為其駕船	
王添明	江蘇高郵	小本生理	駕小船向鹽擔買鹽，給季光祖錢文跟幫行走	
林長發	江蘇興化	小本生理	駕小船向鹽擔買鹽，給季光祖錢文跟幫行走	
孫為夏	江蘇鹽城	小本生理	在劉八莊向灶上買鹽，給季光祖錢文跟幫行走	

王永昌	江蘇興化		在劉莊場買鹽，給季光祖錢文跟幫行走	
莊　某	江蘇興化		在劉莊場買鹽，給季光祖錢文跟幫行走	
季　八	江蘇興化		在劉莊場買鹽，給季光祖錢文跟幫行走	
張　二			在伍佑場買鹽，給季光祖錢文跟幫行走	季八外甥
高以成	江蘇興化	捕魚	在伍佑場買鹽，給季光祖錢文跟幫行走	

資料來源

《宮中檔乾隆朝奏摺》第四二輯、第四三輯；《大清高宗純皇帝實錄》；《軍機處檔・月摺包》

附錄三　鹽梟成員一覽表（有案可稽者）

姓　名	籍　貫	職　業	活　動　地　點	備　註
余大麻子			山東鹽賊之首，偷盜陵上金鑪	
王廷桂	山東濱州	糾眾於霑化縣扒鹽販私		
王希榮	山徽	開紙店	合夥在河南開紙店，合夥買私鹽販賣	
王應禮	山徽	開紙店	合夥在河南開紙店，合夥買私鹽販賣	
魏三麻	山徽	開紙店	合夥在河南開紙店，合夥買私鹽販賣	
王佑生	山徽	開紙店	合夥在河南開紙店，合夥買私鹽販賣	
王兆坦	山徽	開紙店	合夥在河南開紙店，合夥買私鹽販賣	
王希禮	山徽	開紙店	合夥在河南開紙店，合夥買私鹽販賣	
馬之夢	山徽	開紙店	合夥在河南開紙店，合夥買私鹽販賣	
倪發兒	河南鹿邑	傭工		
范小二眼	山東濱州	傭工	談及貧苦，起意糾夥至山東利津盧家園扒鹽販私	
索立盛	山東濱州	游手無賴	談及貧苦，起意糾夥至山東利津盧家園扒鹽販私	
米存義	山東濱州	游手無賴	談及貧苦，起意糾夥至山東利津盧家園扒鹽販私	
郭添回	山東濱州	游手無賴	談及貧苦，起意糾夥至山東利津盧家園扒鹽販私	
宋添全	山東惠民	游手無賴	談及貧苦，起意糾夥至山東利津盧家園扒鹽販私	

郭見子	山東利津	游手無賴	談及貧苦，起意糾夥至山東利津盧家園扒鹽販私	
梅世英	浙江海寧			監生，窩匿鹽梟
王大武	山東	撤勇	江蘇海州販私	
袁洪亮	山東		江蘇海州販私	
江興遠	山東		江蘇海州販私	
張四條	安徽六安州		在家鄉販私聚賭劫奪淫掠	土豪
朱文耀	安徽霍山縣		在家鄉勾串鹽匪	監生
丁九煥	江蘇如皋		在江蘇泰州販私	
王士貢	湖南零陵		在江蘇攢載綱引盜版	
湖明元		船戶	在江蘇合夥販私	
董大泰	安徽合肥	游勇	在江蘇合夥販私	
董大正	安徽合肥	游勇	在江蘇合夥販私	
郭海橋	江蘇	游勇	在江蘇合夥販私	
趙得生	江蘇金壇	游勇	在江蘇合夥販私	
黃有才	安徽合肥	游勇	在江蘇合夥販私	
莊連塘	安徽合肥	游勇	在江蘇合夥販私	
彭傳見	山東滕縣	傭工	在江南會遇各出錢販私	
王　三	山東泰安		在江南會遇各出錢販私	
白　二	山東泰安		在江南會遇各出錢販私	
尹廷柱	山東柜縣		在江蘇海州販私	
劉言潰	山東滕縣		江蘇山東幫鹽梟老鸛，結幫販私	
陳三麻子	山東			
徐老二	山東		在江蘇結幫販私	江蘇山東幫鹽梟老鸛
葛兆洪	山東		在江蘇結幫販私	江蘇山東幫鹽梟老鸛
孔　三	直隸南宮	革勇		拜劉言潰為師
應得標		游勇		
王均蕙	安徽合肥		江南販私	南幫正領幫
胡大辮子	安徽合肥		江南販私	西幫梟首
劉芫幅	江蘇金壇	游蕩度日	江蘇	投入老管教，東幫領幫

王　姓	山東		在江蘇拏獲	
李　姓	山東	擺渡		
閻　姓	山東		在江蘇爲窩家	
陳小五	山東濰縣		在家鄉因貧販私鹽漁利	
王乃修	山東濰縣		在家鄉因貧販私鹽漁利	
辛　林	山東濰縣		在家鄉因貧販私鹽漁利	
黑面施老窩子	安徽合肥		在江浙邊界販私聚賭	鹽梟總老大
顧荃榮	江蘇靖江			互道貧難私販老少鹽
顧卿錢	江蘇靖江	種田傭工		互道貧難私販老少鹽
陸淶汏	江蘇靖江	種田傭工		互道貧難私販老少鹽
王志恆	江蘇靖江	種田傭工		互道貧難私販老少鹽
龔俊祥		革勇游蕩度日		
蕭長壽		革勇游蕩度日		
丁士洪	安徽舒城	革勇	在江浙交界販私	
嚴福保	江蘇阜寧	訟棍		生員，青紅幫首領
張之銘	江蘇阜寧			生員，青紅幫首領
江雨涵	江蘇阜寧	訟棍		生員，青紅幫大首領，黨羽百餘人
孫殿元				江雨涵手下，黨羽二、三百人
楊鶴瑞		撤勇		江雨涵手下
孫　彪				青紅幫首領，黨羽二、三百人
林　皋				青紅幫首領，黨羽四、五十人
顧小三子				青紅幫小頭目

周長勝			江蘇鹽城地棍	
傅秀商			江蘇鹽城地棍	
王壽祥		撤勇	江蘇金山衛一帶梟首	
邵鶴齡	江蘇江南	幫夥營生種田		擔買老少鹽販賣
朱大岡	江蘇江南	幫夥營生種田		擔買老少鹽販賣
趙　錦	江蘇江南	幫夥營生種田		擔買老少鹽販賣
朱泳金	江蘇江南	幫夥營生種田		擔買老少鹽販賣
朱涵言	江蘇江南	幫夥營生種田		擔買老少鹽販賣
朱泳玉	江蘇江南	幫夥營生種田		擔買老少鹽販賣
李安元	江蘇江南	幫夥營生種田		擔買老少鹽販賣
朱潮斌	江蘇江南	幫夥營生種田		擔買老少鹽販賣
張扣二	江蘇江陰			積年在洋劫掠，爲盜匪渠魁
馬守泉	直隸靜海	巡役		被革後糾眾搶劫鹽店
吳黨運	江蘇邳州			搶奪販私，開設鹽巢，護私抽佣，開賭場包娼
夏竹林	安徽巢湖	散勇	清末太湖梟魁	
余孟亭	安徽廬江	散勇	清末江蘇鹽梟領幫	
易　翰	湖南湘鄉	散勇		紅幫正龍頭
徐寶山	江蘇丹徒	開竹店		搶劫判軍流，逃後販私

第五章　鹽梟的分布與活動

第一節　地理分布與販私路線

　　環境的適合生存與否，影響鹽梟能否持續發展甚巨。私鹽的運送也有其固定路線，爲了便於販私，地理環境的優越，自然表現出重要性。遠離政治重心或是省界與州縣交界的邊區地帶，往往因爲政府力量的薄弱，對於鹽梟的活動似乎無法展現出有效的抑制作用，形成了鹽梟易於滋長的生態條件。而利於活動的盜匪環境，也同樣提供了生存以及梟盜間合作的機會。私鹽必從灶出，面積遼闊港汊紛歧的場地，自是爲鹽梟製造了透私孔道的絕佳機會。鹽場「濱海數百里，港汊百出，白蘆黃葦，一望無際，村落場灶，零星散布於其間。不漏於近處，漏於遠地矣；不漏於晴霽，漏於陰雨矣；不漏於白晝，漏於昏暮矣。何地可禁，亦何時可禁。」〔註1〕從陶澍到丁日昌皆主張在淮鹽產地實行保甲法來看，〔註2〕即可明白緊守場灶是肅清梟源的重要指標，也反映出鹽梟在場灶附近的活躍程度。另外，官鹽輸送的必經要道，同樣是鹽梟混跡之地，以其便於乘機賄買不肖官員。而昏昧無能的官員爲了考成以保障本身權職，對鹽梟置若罔聞，無法彰顯公權力。總的來說，官員牽涉到鹽梟的利益網中，造成緝私上的大障礙。

〔註1〕　馮桂芬，〈利淮鹺議〉，葛士濬編，《皇朝經世文續編》，卷四三，戶政二〇，頁836。

〔註2〕　《陶文毅公（澍）集》，卷二六，〈覆奏沿海港汊村莊設法編查摺子〉，頁13～15。《丁中丞（日昌）政書》，卷三三，淮鹺摘要一，頁23。

　　按長江古稱天塹，自吳淞以至岳州，上下數千餘里，連亙五省，伏莽素多，而當江海之衝者，尤以江蘇爲最要。〔註3〕江北平原千里，地方遼闊，盜匪易於滋生，加以扼長江之上，當太湖之險要，素爲匪類所窺伺。徐州、海州、淮安三府素稱多盜之區，距省窵遠，民情獷悍，劫案頻仍。並且界連四省，此拏彼竄，幾於防不勝防。〔註4〕海州府龍溝口係通湖蕩要地，便於運私，向爲鹽梟出沒之所。〔註5〕揚州裏下河一帶，港汊紛歧，路徑錯出，以鹽梟活躍著稱，多有匪徒取私漏課。附近村莊船隻牛車原爲務農而設，但爲匪徒煽惑，或持眾強逼，一經裝載習以爲常。〔註6〕揚州府屬東台、興化二縣，地居濱海，與淮南場灶毘連，沿海居民專以勾結灶丁販私爲活，械鬥拒捕視爲固然。〔註7〕通泰場境綿亙八百餘里，透私隘口甚多，而通州所屬南面濱臨大江，港汊紛歧，頭頭是道，透私尤易。〔註8〕其中，餘東場人情蠻悍，動輒聚眾，無戶不藏有名爲獨龍的火器，久爲鹽務之害。同時，若無土棍往來各灶，勾結煎丁透私，爲之窩囤，豈能越界興販。〔註9〕掘港場灶廣埠多，爲通州最大場分，灶情強悍，產鹽不歸垣收，往往有梟徒肆行透漏，爲走私第一漏厄。〔註10〕泰州之安豐場，地濱海斥鹵，居民煮鹽爲業，性剽悍喜鬥，遇凶歲或天下多故，即起爲盜，平居無事，口舌憤怨輒殺人。〔註11〕淮安府之伍佑、新興、廟灣三場，也是歧河汊口，私路甚多。〔註12〕

　　淮北海州分司所轄三場係屬曬鹽，非淮南火伏可比，遇晴多雨少之年，則池曬之鹽即多溢額，蓋藉力於天時獲鹽較易。而場地又坐落於海州、安東等州縣境內，與山東郯城縣接壤，近沂水、蒙陰一帶，係鹽梟聚藪，易於販私。其私販之故，蓋緣兩淮所屬之通州、泰州、海州、如皋、興化、鹽城、阜寧、安東及新化之東台等州縣皆逼近場灶，向不行官引，准酌撥所謂老少鹽售賣。又

〔註3〕 《端忠敏公（方）奏稿》，卷九，光緒33年8月，〈籌議長江巡緝章程摺〉，頁20。
〔註4〕 《光緒朝東華錄》，光緒8年2月癸未，頁1297。
〔註5〕 《大清高宗純皇帝實錄》，卷一八九，乾隆8年4月乙巳，頁11。
〔註6〕 《了中丞（日昌）政書》（台北，文海出版社，民國69年），卷三六，淮鹺公牘，頁21。《大公報》，（七），光緒34年5月8日，頁543。
〔註7〕 《大公報》，（二），光緒29年9月17日，頁626。
〔註8〕 《丁中丞（日昌）政書》，卷三五，淮鹺摘要三，頁16。
〔註9〕 同前註，頁16～17。
〔註10〕 《丁中丞（日昌）政書》，卷三六，淮鹺公牘，頁9。
〔註11〕 康熙《兩淮鹽法志》，卷二七，頁42。
〔註12〕 同註8，頁18。

各場引鹽由灶運垣，由垣捆運，船裝車挽一路轉運，層層拋撒。附近貧民隨時掃括，積成斤數，挑赴村莊零售，或易換日用食物，濱海窮黎既藉此以資生，而村落居民亦無淡食。然而日久弊生，牟利奸民藉老少為隱射，零收囤積，私梟向囤戶販運，積少成多，販行無忌，離灶愈遠則獲利愈多，即灶戶中剩有餘鹽，賣與鹽梟，亦可多索價值，此私販之所由來也。〔註13〕

江南幅員遼闊，袤延數千里，非近外海濱，即孤懸海甸，其間島嶼林立，支港紛繁，濱江則山水叢歧，伏莽未淨。〔註14〕蘇州、松江、常州、鎮江、太倉四府一州乃浙鹽引地，濱臨江海，港汊紛歧，為私鹽出沒之藪。〔註15〕蘇州澱山湖湖面寬闊，地跨元和、崑山、青浦等縣，以其易於活動生存，為鹽梟出沒之區。〔註16〕松江府屬之南匯縣，與上海對岸，外控大海，內臨浦江，土客雜處，俗號強悍，是鹽梟窟穴之所。〔註17〕常州府屬無錫縣東南既濱太湖，又與長洲、吳縣相接，私鹽由蘇州府及前江浙州府來者，官河小港隨處可通。金匱縣東北緊連江陰、長熟二縣，江陰、長熟近鄉江海，私販最多，各船瀦販侵銷，往來無定。江陰縣境北濱臨大江，計長百四十里，和江北的泰興、如皋、通州、海門、崇明等場對峙，中有壽興、龍登、磨盤等沙洲，均為販私囤積之地。宜興、荊溪三縣東至太湖境，接蘇州、湖州二府；南屬山鄉，毘連浙江，西達鎮江府屬金壇、溧陽二縣，內多汊港，支河四通八達；北與陽湖交界，正北與武進毘連，直達三河、孟瀆等港，凡有淮私，艒板等船皆由武進之三河、鎮江之越河等口潛入。鎮江府屬之丹徒縣，濱臨大江，西自高資港起，東至丹陽交界太平港止，計長一百四十餘里，沙洲林立，與淮揚對峙，乃私鹽出入咽喉要地。凡遇乾旱京口淤塞，因空糧船亦由此入運，實屬通行要道。而江北匪徒越境販私，從此而入者亦復不少。長江南北兩岸間的沙洲，則更是鹽梟出入靡常之地與溷迹之窩巢。丹陽縣地當孔道，水陸交衝，空重糧艘差民船隻夾帶繁多，兼之支河汊港，路路可通。〔註18〕

〔註13〕　《宮中檔乾隆朝奏摺》，第四二輯，乾隆43年3月28日，高晉等奏摺，頁475。
　　　　　《道咸同光四朝奏議》，第一冊，道光17年，山東巡撫經額布等奏摺，頁404。
〔註14〕　同註3。
〔註15〕　《大清德宗景皇帝實錄》（台北，華聯出版社，民國53年10月），卷四八，光緒3年2月乙卯，頁14。
〔註16〕　《大公報》，（一），光緒28年7月7日，頁120。
〔註17〕　《宮中檔光緒朝奏摺》（台北，國立故宮博物院），第十八輯，光緒29年9月1日，兩江總督魏光燾奏摺，頁264～266。
〔註18〕　《陶文毅公（澍）集》，卷十五，〈會同浙閩督撫暨蘇籌議堵截淮私章程以衛

　　兩浙地方，同樣河港多歧，文武官員難於巡緝，同時場灶布置不得其宜，故鹽梟甚眾，私鹽充斥，額引難銷。〔註 19〕而位於江浙交界的太湖，和長江相表裡，內達支河，外通海口，沿江會黨與太湖鹽梟互為首尾。湖中諸山連亙，最為遼險。內中又有所謂六桅大船，往往成為不法之徒藏身之地，更是鹽梟窟穴以及抗官拒捕的逋逃藪。〔註 20〕杭州、嘉興、湖州三府，地濱太湖，港汊密如蛛絲，與江蘇處處毗連，向有槍匪駕駛槍船乘機肆劫，為害商民。至於窩賭販私、架搶掃女，幾於無惡不作。且每每勾結黨與，在江浙交界處，來回游弋，大率以太湖為舊宿。而鹽梟也往來飄忽，結隊成群，利械快船肆行搶擄，奔竄無常，習為故常。並以利誘愚民，暗相勾煽。加上光緒末年浙江連年荒歉，飢驅日眾。節次裁軍後，水陸巡防各隊，未能實力經營，故而梟焰日熾。〔註 21〕其實，江浙省界，壤地相接，客民麇集，鹽梟匪類，聚集日多，勾結衙役汛兵，肆行無忌。而且地界兩省，事易推諉，歷年來搶劫拒捕械鬥傷人，以及賊害營兵虜人勒贖之案，層見疊出。地方官積習相沿，養癰不治，議剿議撫，大都敷衍，將就了事，未得要領，遂致裹脅益多，蔓延益廣，連檣列械，勢甚鴟張。〔註 22〕

　　長蘆場地，自永平之山海關，迄於山東樂陵縣界，袤延八、九百里。各場所管地面，或百數十里，或數百里之遙，其間支汊小港，葦蕩彌浸，處處可以偷漏。其鹽行直隸一百二十五州縣，河南五十六州縣，皆四達通途，易於轉運販私。道光晚期，商運不繼，鹽梟於附近各村莊，公然計口給鹽，時其價而收之。遠則大夥聯鑣，器械林立，地方官莫敢誰何。〔註 23〕棗強與山東武城相接壤，尤為私鹽出沒之區，奸滑之徒彼此窩頓，車載驢馱，糧船往返，透漏鹽斤

　　　　浙鹽摺子〉，頁 29。

〔註 19〕《宮中檔雍正朝奏摺》，第五輯，雍正 3 年 8 月 28 日，管理兩浙鹽務謝賜履奏摺，頁 42。

〔註 20〕《大清高宗純皇帝實錄》，卷二七二，乾隆 11 年 8 月辛未，頁 15。《大清高宗純皇帝實錄》，卷二八九，乾隆 12 年 4 月戊寅，頁 22。《軍機處檔‧月摺包》，第 2739 箱，71 包，140389 號，光緒 23 年 7 月 4 日，禮科給事中龐鴻書等奏摺。《端忠敏公（方）奏稿》，卷九，光緒 33 年 8 月，〈籌議長江巡緝章程摺〉，頁 20。

〔註 21〕《馬端敏公（新貽）奏議》，卷六，同治 7 年 2 月 10 日，〈江浙交界處槍匪殲除殆盡片〉，頁 29。《光緒朝東華錄》，光緒 34 年 4 月辛未，頁 5897。

〔註 22〕《大清高宗景皇帝實錄》，卷三七三，光緒 21 年 7 月丁巳，頁 4。《端忠敏公（方）奏稿》，卷十五，宣統元 5 月，頁 32。

〔註 23〕《道咸同光四朝奏議》，第二冊，道光 26 年，山西道監察御史朱昌頤奏摺，頁 720～721。

之弊，以此爲最甚。〔註24〕沿河一帶囤梟，每於幫船將次抵境，向先議定價值，迨船一到，即用小艇寅夜裝載，不僅妨礙蘆綱，亦且侵佔淮引。〔註25〕

　　山東民俗強悍，憨不畏法者，置身命於度外，視強劫爲故常。但有一、二狡黠之徒煽惑倡亂，則若輩如斯響應，不數日即能螳聚蟻集。兗州、曹州、沂州、濟南各屬，界連直隸、江蘇、河南，素爲捻、幅淵藪。荷澤、兗州、范縣、陽穀之黃河交套，尤易藏奸。武定、青州一帶，地處海濱，亦時有馬賊鹽梟出沒。〔註26〕在如此環境下，確實爲反社會的不法勢力提供了易於生存活動的空間。利津縣係海疆重地，是山左產鹽之所。自海口至利津縣一百一、二十里不等，海口之上均屬鹽灘，人以曬鹽爲業，因灘地遠在海濱四、五十里，絕無人煙，每有不法之徒，於交界地方成群竊販。〔註27〕境內的永阜場，與濱州霑化、蒲台兩地接壤，逼近海豐縣，界連直隸鹽山、滄州一帶，是私梟出沒之區。〔註28〕永利場坐落於霑化縣，地方灘多鹽盛，界連直隸，不但鹽梟偷扒盜販，更有灶民圖利發私。由海豐、樂陸等處隨路散賣，驢馱肩挑，絡繹不絕，甚至大幫興販，浸灌直隸鹽山、慶雲等州縣，害商誤課莫此爲甚。東南一帶趙家坨、房家坨，去場窵遠，一應鹽務場員鞭長莫及，不能周徧，是以素爲梟販之藪。〔註29〕

　　以上所述，有一點特別值得注意的，是各省間毗連之處，最爲鹽梟卵育的溫床。總由地方官各存此疆爾界之心，遇事互相推諉，不肯認眞。「遇有奸盜，延擱不辦，而匪徒潛藏其間，毫末不扎，將尋斧柯，弊有不可勝言者。」〔註30〕直隸西南的深州、冀州、正定、趙州、順德、廣平、大名一帶，與山東、河南犬牙交錯，乃梟盜出沒之區。〔註31〕天津、河間兩府，爲直隸山東壤錯之區，梟盜出沒無常，最稱難治。〔註32〕南路的曲周、肥鄉、清河、威縣等處與山東

〔註24〕　雍正《新修長蘆鹽法志》，卷八，頁 12。

〔註25〕　《大清宣宗成皇帝實錄》，卷一八七，道光 11 年 4 月丁亥，頁 3。

〔註26〕　《光緒朝東華錄》，光緒 6 年 9 月戊子，頁 977。《光緒朝東華錄》，光緒 7 年 11 月癸丑，頁 1237。

〔註27〕　《硃批諭旨》，（八），雍正 8 年 12 月 21 日，劉於義奏摺，頁 15。

〔註28〕　《宮中檔咸豐朝奏摺》（台北，國立故宮博物院），第十三輯，咸豐 3 年 5 月 1 日，山東巡撫李僡奏摺，頁 500。

〔註29〕　雍正《山東鹽法志》，卷十一，頁 42。

〔註30〕　《大清宣宗成皇帝實錄》，卷二一○，道光 12 年 5 月丙辰，頁 21。

〔註31〕　《光緒朝東華錄》，光緒 7 年 11 月丙申，頁 1231。

〔註32〕　《袁世凱奏摺專輯》，（八），光緒 31 年 12 月 10 日，頁 2181。

臨清、館陶、邱縣、冠縣等縣接壤，教匪鹽梟最多。〔註33〕這些地區自古即是動亂之源。而江蘇徐州、淮海一帶，與安徽、河南、山東等處犬牙交錯，逃兇逃盜潛匿隱伏，此拏彼竄，每難就獲，更是鹽梟出沒地區。〔註34〕江北清江迤西為洪澤湖，中屬安徽轄境，北接微山湖，半係山東轄境，為著名的鹽梟盜匪出沒之地。向來鄰省捕務不相關照，致盜風每熾。〔註35〕安徽雖非產鹽區，然北部自來即係盜風熾盛之區。例如，鳳陽府屬的壽州、潁州府屬的亳州和蒙城、廬州府屬的合肥一帶，地方民風強悍，遇事忿爭，往往號召多人械鬥。又近泗州的洪澤湖，為梟匪出沒之所，行旅視為畏途。〔註36〕境內長江流經之地，糧船水手眾多，尤易勾串鹽梟。〔註37〕

　　總之，鄰省交界及各州縣接壤之地，是所謂三不管地帶，每係不法之徒往來不定所在。一旦發生事端，地方官輒互卸責任，以圖免受議處，故而成為潛逃者往來流竄與安全的庇護場所。〔註38〕《大清十朝聖訓》仁宗朝〈靖奸宄〉嘉慶四年（1799）十一月丁巳條記載：

> 各省交界地方，境壤參錯，遇有竊盜案件，互相推諉，延擱不辦，以致盜賊無所儆懼，遂以交界之區為逋逃之藪。即如長新店案內拏獲宋氏供稱，張標所住地方，係直隸、山東、河南交界，名為三不管。〔註39〕

同書宣宗朝〈靖奸宄〉道光十五年（1835）十月庚辰條記載：

> 各直省州縣水陸接壤之區，犬牙相錯，奸匪最易潛蹤。……近來州縣官遇有應緝案犯，彼此互推，如三縣交界，即有三不管之名，四縣交界，即有四不管之名。往往賊匪一經出境，本境官置身事外，鄰境官又以案為別縣之案，人為別縣之人，事非己責，不肯任勞，並慮及捕獲後反致同寅得處分，於是互相推諉，竟直盜賊於不問，甚至捕役私行賣放，是各省接壤之區，反為奸匪藏身之

〔註33〕《曾文正公（國藩）全集》，批牘，卷四，〈批大城縣稟訪聞賊匪情形現在嚴拏〉，頁44。

〔註34〕《陶文毅公（澍）集》，卷二四，〈飭屬嚴拏匪犯懲附片〉，頁24。

〔註35〕《光緒朝東華錄》，光緒3年8月乙巳，頁3594。

〔註36〕《大清宣宗成皇帝實錄》，卷二五○，道光14年3月壬申，頁12。

〔註37〕《大清德宗景皇帝實錄》，卷二三一，光緒13年2月癸丑，頁18。

〔註38〕《陶文毅公（澍）集》，卷二四，〈條陳緝捕皖豫等省紅鬍匪徒摺子〉，頁5。

〔註39〕《大清十朝聖訓》（台北，文海出版社，民國54年），〈靖奸宄〉，嘉慶4年11月乙巳，頁2。

所。〔註 40〕

顯然交界之境，由於地理環境和人謀不臧之故，形成盜賊卵育以及逃避淵藪。具體而言，安徽盱眙、來安二縣交界的古城鎮與江蘇六合縣接壤，該處地僻人稀，此拏彼竄，最易藏奸，安清道友視之爲逋逃藪。〔註 41〕江蘇高郵縣北鄉、二總等地，港汊分歧，四縣交界，素爲鹽梟逋逃之藪。〔註 42〕光緒十年（1884）七月三日，根據御史張人駿奏摺得知，江蘇吳江、震澤、崑山等境，濱連太湖，鹽梟嘯聚不下千艘。水師砲勇與之素習，任其游弋，不復追擊。捕役舖兵見爲衆寡不敵，轉至聞風引避，沿湖一帶盡被騷擾。又嗣有各營遺撤之勇，逗留勾結，勢漸煽熾。近更聯絡湖沿槍匪，蔓延腹地，其徒愈衆，其燄愈張。該地方官率皆規避考成，諱盜爲竊，彌縫懸案。並且懾於兇燄，恐生巨衅，置之不問，以致奸宄橫行，逍遙法外。〔註 43〕光緒晚期，浙江嘉興、湖州一帶鹽梟蔓延，勢甚猖獗。一聞官兵搜捕，往往四散逃匿，輒竟持械抗拒，官兵反致失利，如是者已數十年。推原其故，一由這些地區港汊分歧，官兵初到，情形扞格。鹽梟游息日久，熟悉地形，兵至則散而爲民，兵退則聚而爲盜，來回飄忽，未易痛懲。一由民梟雜居，並無標異，嘯聚則生搶劫之案，散處即爲游手好閒之徒，難以辨識。〔註 44〕

其時，御史曹志清亦具摺指陳直隸混亂情形之可慮。從前輜重多者每至被劫，近則一肩行李亦多所不免。過去劫案多在昏夜，近則白晝肆行強暴。旱路則騎馬持械，倏忽往來，水路則沿船搜贓，冒充官役。順天、保定、天津、河間等屬所在皆有，而莫甚於深、冀二州，公行搶劫，毫無顧忌。倘不得財物，則擄掠人口以去，女則價賣，男則勒贖，如無人贖，即行殺害。一經報官，非置之不理，即反向事主誅求。間有批准飭緝之案，也止奉行故事。被害人怕受官司之累，往往不行呈報。以致賊匪視劫奪爲固然，藐王法若無有。大抵盜賊稅捕役爲護符，捕役視窩賊爲生路，而不肖牧令，又以諱盜爲規避處分之計，不以捕盜爲事，反以治盜於已不利。故盜賊朋行搶劫而莫敢誰何。〔註 45〕雖然

〔註 40〕　《大清十朝聖訓》，〈靖奸宄〉，道光 15 年 10 月庚辰，頁 5。
〔註 41〕　《軍機處錄副奏摺》，光緒 26 年 4 月 4 日，安徽巡撫鄧華熙奏摺，轉引自馬西沙、韓秉方，《中國民間宗教史》，頁 302。
〔註 42〕　《大公報》，（十一），宣統 2 年 3 月 8 日，頁 451。
〔註 43〕　《軍機處檔，月摺包》，第 2722 箱，35 包，128579 號。
〔註 44〕　《光緒朝東華錄》，光緒 34 年正月庚寅，頁 5841。
〔註 45〕　《光緒朝東華錄》，光緒 21 年 6 月癸酉，頁 3633。

陳述的並非交界處的情形，但是整個環境尚且如此，所謂三不管地帶的狀況自不待言。

就前述而論，證諸鹽梟活動頻繁之地，有相當程度的符合之處。在多盜諱飾的大環境薰染下，確實有助於鹽梟的發展。同時，地理條件的優越，更使得鹽梟的活動多一層保障，自然形成適合其生存的空間。

兩淮濱海產鹽，行銷六省，火伏不嚴，則灶有私，挈摯不嚴，則船有私。且以行鹽引地，居一國之中，繡壤犬牙，四通八遠，鄰私環伺，乘隙即至。〔註46〕淮北綱鹽共行安徽、河南二省四十一州縣，食岸則僅江蘇淮北八州縣。向來水陸私路，如安東、清河、山陽、于胎、泗州、懷遠、沭陽、桃源、宿遷、睢寧、邳州等處地界，均有地棍土豪私立鹽關，索費包送，這正反映出私鹽運道。而各場鹽梟透往河南、安徽引地私鹽，在黃河尚未改道前，必須渡過黃河，故其兩岸渡口每為鹽梟販私要口。〔註47〕淮北私鹽自安東、海州而出，四通八達，海州營屬之薔薇河、房山、龍溝、龍苴等處，均係淮私要隘，新壩、新安等鎮，皆私鹽往來必經之地。東海營屬之黑魚蕩、五道溝，更是通海要口。其中東路私販每在安東、山陽交界的顏家河買鹽，陸運八里至周家莊，五里至清河縣屬茶庵，二十七里至馬頭鎮上船，二里至九龍廟，由此長行。西路則由海州新壩陸路一百二十里至錢家集，九十里至楊家莊對岸，十五里至雙金閘，七十里至高良澗。北路由沭陽、安東交界之湯家溝、牛皮古寨一帶旱路至九龍廟上船。由於私鹽非出洪澤湖不能售賣，水小則以高良澗為總匯，水大則以九龍廟為總匯，故私販無論自何途繞越，均不能捨此二處要隘。〔註48〕

淮南私鹽自長江而出者，總的來說分為長水、短水二種，其中又以長水為最甚。短水由鹽場偷運至江口分售。長水則將鹽場偷運之鹽，逸出鎮江北岸上下游各口，至安徽大通一帶，侵佔官銷。約計江程五、六百里，聯船十百，備購槍械，與匪無異。〔註49〕揚州府屬泰州、東台、興化逼近鹽場，儀

〔註46〕林振翰，《鹽政辭典》，卯，頁290
〔註47〕《陶文毅公（澍）全集》，卷十四，〈酌議淮北滯岸試行票鹽章程摺子〉，頁1～2，頁8～9。
〔註48〕《丁中丞（日昌）政書》，卷三間，淮艇摘要二，頁20。《淮安府志》（台北，成文出版社，民國72年3月），卷十三，鹽法，頁29。
〔註49〕《張文襄公（之洞）全集》（台北，文海出版社，民國59年），卷五八，光緒28年12月16日，〈整頓淮鹽積弊摺〉，頁9。

徵乃淮南監掣捆鹽之地，寶應、高郵、甘泉、江都皆淮南鹽引所必經，無一非鹽梟出沒之區。〔註 50〕長江沿岸的老虎頸，本名老河影，地隸儀徵，乃鹽船停泊必經之地，和泗源溝皆私鹽出江門戶。儀徵除了爲監掣之地，兼係船泊馬頭，役夫蝟集，舟航節比，常不下十數萬眾，肩摩踵接之下，難免納污藏垢，私鹽船隻雜出其之。鹽梟與回、俦等項名色爭佔馬頭，挺身走險，屢犯私鹽巨案。〔註 51〕丹陽沿長江隘口最要有二：一爲埤圩帑地以南之包港汊、南通運河，外達六沙等洲，爲淮私侵灌之地。一爲超飄港，與武進、陽湖交界，爲崇明、岱山海私侵越之區。〔註 52〕六合與安徽天長接壤，爲陸路走私之所，天長向有高寶湖可以通私，出湖後用小車轉運至六合的四合墩、瓜埠等處。邵伯亦有陸私，由甘泉山繞越儀徵，運至六合的樊家集、八百橋等處，多半由東溝划子口出江。〔註 53〕根據丁日昌於同治年間掌理兩淮鹽務時的調查，淮南通州各場走私要隘和包攬土棍如下：

表一　通州各場走私要隘及包攬土棍

走私要隘	包攬土棍	備　註
周家圩港、花家壩	錢二	
碾砣港、唐家閘	李金元	
小絲魚港、黃家壩	錢五、楊和尙	
大絲魚港、雲沼山	張秀岡	
九如港、天生港	顧大春	連大絲魚港、雲沼山二港走私最多、內通北表灶港
蘆際港	當地八人合夥	有官抽稅
姚港	王德興	
狼山港港東	葛錦元	
富明港、源興鎮	王世貴、宋宏飛	
新開港、大安港	張子山、陸殿邦	
牛洪港、火筒港、宋季港	王渭亢、王朝亢	連大安港走私最多
佘家港、大腳港	王世貴、宋宏飛	有官抽稅、在港東橋口設局
青龍港	港東朱錫堂、港西王相廷	走私最多

〔註50〕　《揚州府志》（台北，成文出版社，民國 63 年 6 月），卷二，鹽法志，民 6。
〔註51〕　《丁中丞（日昌）政書》，卷三五，淮鹺摘要三，頁 15。《陶文毅公（澍）集》，卷十一，〈覆奏籌辦巨梟黃玉林等大概情形摺子〉，頁 13～14。
〔註52〕　同註 18。
〔註53〕　《丁中丞（日昌）政書》，卷三五，淮鹺摘要三，頁 15。

顧興港	顧小吳	
太平港	施萬邦	走私最多
汲朋港	楊全堂	走私最多
大有港	樊大興	走私最多
天興港	王炳楊	
九龍港	東街蔡有芝、北街陳相榮、西街王文岡	走私最多

同治年間，呂四、餘東、掘港等場上色之鹽日漸短絀，實由青龍、牛汲、汲朋、大有等港透私所致。〔註54〕

泰州各場透私水陸各要隘如下：

表二　泰州各場透私水陸要隘

表二之一　東台縣境

透私要隘	備　　註
富安場潼口	離場十八里，通運鹽官河，透私要隘
花園橋	在場北，亦通運鹽官河，次要
安豐場虬湖	在場西，透私直達溱潼要隘
鰍魚港	出青甫通溱潼，次隘
梁垛場西寺汊口	通運鹽官河三場透私，大半由東臺串場繞趙孫家莊入運鹽出溱潼要隘
東臺場鹽關口	透私要隘
地藏菴	在縣城北，鹽桃出壩，次隘
何垛場藏家舍	係丁、何兩場交易地方，大半私鹽由丁閘出口西出界河，係興化縣境，俗名大村莊，透私要隘
可溪場閘口	節丁溪閘要隘
小海閘	灶私出沒之要隘

表二之二　興化縣境

透私要隘	備　　註
草堰場海溝河	上通興化，下達場灶，透私要隘
劉莊場大團閘	係劉、伍兩場及興化、鹽城兩縣交界之所，並通草堰場灶，離官署較遠，更易透私要隘

〔註54〕同前註，頁16。

表二之三　鹽城縣境

透私要隘	備　　　註
伍佑場便倉	在場角，亦由大團閘等處透私要隘
石礄閘	走私次隘
新興場上岡閘	灶私由舊場出場要隘
天妃閘	通海次隘

表二之四　阜寧縣境

透私要隘	備　　　註
廟灣場獐溝	灶私出口，越入串場河南出新興要隘

〔註 55〕

　　阜寧縣廟灣場的射陽湖、小關溝、安墩，鹽城縣新興場及伍佑場的鐵子灣、大團口、小團口、皮汊河、石礄閘、鬥龍港，均係走西要隘，私販鹽船每乘黑夜深更，一經偷出，走西各口，即屬漫無稽查。〔註 56〕孔家涵乃泰州所屬場佐走私門戶，為上下河通舟孔道，東北的沈家渡、界溝是來路，迤南之白塔河、三江營為去路。〔註 57〕江都私鹽山沒之地以三江營東首與蚜蜡廟東交界為最要，由此向北十餘里室埠頭鎮，再向北約三里至百家莊，又約四里至潘家橋，向北約三里至泰州湯子，由此約二里至姜小莊，再由此約二里至堰口，凡江都私鹽為泰州出境必由此道。又堰口向西約二里至界溝，再向北至泰州夏莊，由此約三里至莊家橋，向北約十五里至郭村，再約十里至塘頭鎮，由此約三里至夏莊，均為私販所必經之道。又由埠頭向北七里至高漢莊，再八里至姜小莊，由此三里至界溝，再由高漢莊西北十八里至萬壽寺，又直西十二里至吳家橋，約十八里至大橋鎮，又張倪莊距白塔河三里，距廣福橋一里餘；楊家橋距宜陵七里，距百塔河七里，此皆私鹽旱道往來之路，而其總隘口則在三仁廟，尤為販私者所不能繞越之處。〔註 58〕從以上各表與敘述中，大致可以有一個概括性的了解，在如此複雜的水陸交錯的地理環境下，實在不易作有效的防範措施，即使主政官員有決心徹底實施查緝工作，

〔註 55〕同前註，頁 21～22。
〔註 56〕同前註，頁 18。
〔註 57〕同註 46，丑，頁 37。
〔註 58〕《江都縣志》（民國 15 年刊本，台北，成文出版社），卷五，鹽法志，頁 26～27。

也必須考慮人力物力的能否支援，同時，相關人員是否配合也是關鍵因素，其間涉及的問題既深且廣，不是僅靠某些人的決心所能完成，道光年間，陶澍在淮北的改革即是顯著的例子，雖然見效於一時，但礙於整個大環境的不利，終究無法於後續中持續進行，只是曇花一現般的消逝於延宕推諉的官場文化以及各種積弊中。同時，再出包攬土棍方面來看，販私網路不是由鹽梟單方面形成的，而是鹽梟與沿途各地「奸民」相互勾串所成。

　　另外，限於資料的不足，關於兩湖、長蘆、山東販私路線方面，只能作大致的描述，無法進一步將較細微部描繪出來。說浙江海濱廣斥，隨地皆可煎曬，其勢有收不勝收者。而引地廣袤，跨有蘇、浙、皖、贛四省，北防淮私侵佔，蘇、松、常、鎮四府與淮、揚場灶，祇隔一江，最易飛渡；南防閩私輸入。徽州爲淮鹽、浙鹽交戰之場，廣信爲浙鹽、閩鹽相持之地。岱山一島孤懸海外，其私鹽由海入長江，動輒三號、五號或十數號不等，滿載大夥梟鹽，於下游江口接橋停泊，暗結地棍，代爲囤銷。〔註 59〕此就外私而言。若論內私，以產場濱海，島嶼密布，河道四通，在在皆漏私之要隘。〔註 60〕長蘆私鹽充斥，有來自鄰境者，山東海豐與樂陵之縣交界的四黨口正是山東鹽梟侵灌要隘。而本境私鹽，則因蘆屬州縣地多鹹鹵，每遇乾旱之時，滿地霜花，小民刮土淋煎，名曰小鹽。豈惟自食，抑且販賣，甚且糾黨拒捕。〔註 61〕山東方面，北接長蘆，南連淮北，恆苦鄰私充斥，而以糧私爲害尤烈。北守海豐縣佘家巷，以杜蘆私，南扼郯城縣大興鎮，以遏淮私，中則於德州衛之桑園，以查糧艘往來夾帶之私。〔註 62〕其中佘家巷西北十八里至宋家莊，由此三十里至大山，再三十里至小泊頭，小泊頭再五里至直隸交界，再有七里至高家灣，俱鹽梟往來之地。再佘家巷道東八里至石家廟，係官鹽堆坨。佘家巷東北至王家墳二十里，迤東俱係鹽灘。王家墳至石橋約十里，東南一帶俱係鹽灘。佘家巷東南至新集約二十里，係霑化縣鹽灘。此四處皆與佘家巷相近，每爲鹽梟私入灘坨要地。〔註 63〕

　　總而言之，清政府站在稅收立場，罔顧人民日用之需的事實，畫定了不合

〔註 59〕同註 53，頁 19。

〔註 60〕王守基，〈浙江鹽法議略〉，盛康編，《皇朝經世文續編》，卷五四，戶政二六，頁 13。林振翰，《鹽政辭典》，卯，頁 166。

〔註 61〕雍正《新修長蘆鹽法志》，卷十五，頁 38，林振翰。《鹽政辭典》，卯，頁 166。

〔註 62〕王守基，〈山東鹽法議略〉，盛康編，《皇朝經世文續編》，卷五三，戶政二五，頁 43。

〔註 63〕雍正《新修長蘆鹽法志》，卷十五，頁 33。

理的銷鹽引地，復以制度的不完善，加深了各種弊端，故而不斷上演著私鹽侵蝕官鹽的劇碼，各地莠民也愍不畏死的加入販私行列。各引岸間犬牙交錯和江河之便的地理條件，形成了鹽梟販私活動與發展的絕佳環境。例如，兩淮之行鹽地，皆出於山川之形色，淮南之鹽有長江之便，淮北之鹽有淮河之利。〔註64〕雖然「水路則有關津，陸路則山隘，差可藉以稽查遮攔。」〔註65〕不過此正所以反映私鹽入侵之道。由於「兩淮地居腹心，鄰鹽交錯」，〔註66〕鄰私最易侵灌。有鑑於此，陶澍曾具摺上奏曰：

> 淮鹽行銷六省，地方遼闊，如湖北之荊襄一帶，則有潞鹽之私，江西之南贛一帶，則有粵之私，他若河南之蘆私、安徽之浙私，皆由各省越境透漏，占礙淮綱。〔註67〕

「統計六府三十餘州縣，皆縱橫蔓延，無處非私。」〔註68〕雖然沒有指明鄰私是否為鹽梟所販，不過「江淮莠民，愍不畏法，相聚而販私者，尤實繁有徒。」〔註69〕即可證明梟鹽必為其中之一。

第二節　平時販私與活動狀態

　　鹽梟為了生存可以與各種下層社會力量結合，而下層社會組織也都有可能為了生存而步上鹽梟之路，故我們幾乎無法從一般的鹽梟活動中，得知他們有像祕密宗教般的堅定信仰及神祇崇拜，或是會黨間兄弟義氣般的照應扶持，即使有，似乎也只是民間祕密宗教、會黨等與之合流後，一種外在因素介入形成的，而不是自發性的產生。大體而言，鹽梟是在正常販運食鹽體系外的地下經濟活動，他們的運作提供了質佳價賤的日常必需品，在民間即使冒著官府懲罰的危險，在各種誘人的條件驅策下，仍願意與之購買，形成一種官方無法掌控的交易網。例如，江北的淮南裏下河七州縣逼近場灶，居民

〔註64〕《鹽法通志》，卷四，銷岸，轉引自佐伯富，《清代鹽政研究》，頁108。
〔註65〕《鹽法通志》，卷十一，經界，乾隆56年，大學士和珅議覆，轉引自佐伯富，《清代鹽政研究》，頁90。
〔註66〕《鹽法通志》，卷十一，經界，乾隆2年2月，轉引自佐伯富，《清代鹽政研究》，頁11。
〔註67〕《陶文毅公（澍）集》。卷十二，〈會同欽差接定鹽務章程摺子〉，頁8。
〔註68〕《陶文毅公（澍）集》，卷十八，〈利運使急公出缺請派大臣查辦淮鹺摺子〉，頁20。
〔註69〕《清鹽法志》，卷一四四，緝私門，轉引自佐伯富，《清代鹽政研究》，頁122。

慣於食私，一旦駐兵堵緝私販，食私者則有所不便。〔註70〕山東濰縣鹽務向歸官辦，附近居民每多貪賤買食私鹽，與私販間互相隱庇。〔註71〕這些販私活動在某種程度上來說具有一定的經濟價值，由於政府以自身爲主要考量的鹽務政策，犧牲了多數人生活上的便利，鹽梟適時塡補了這個缺憾，在政府立場上看，是一種負面的影響，但對小民而言，卻是具有正面的功能，故而小民願與鹽梟站在同一立場，雙方有著互相依存的關係。或許他們在某個層面上，可以說鹽梟含有安定民間生活所需的效能存在。話雖如此，但仍有許多鹽梟深具破壞性。例如，淮揚地方，有山陽、寶應、高郵、盱眙等處販私之徒，往往一夥多至數百人，各執兵器，鳥槍鐵尺之外，又有繩鞭，長一丈有餘，百發百中。沿途一帶村庄遭其蹂躪，搶人驢騾駝載，兼索雞鴨酒米等物，鹽捕居民不敢聲言，稍有阻撓，將人毒打。〔註72〕

由於「鹽梟志在圖利，本非土匪可比，苟有一、二人爲首，則本地莠民、外來游勇蟻附蠅趨，便形猖獗。」〔註73〕道出鹽梟形成的簡單與迅速，並且也反映出鹽梟活動的方便，只要敢於販私，隨時皆可加入鹽梟行列。乾隆四十二年（1777），山東、江蘇邊界販私案件（見第四章第一節），即透露出這種活動的本質。他們隨路糾集，隨路販賣，或到固定地點販售，有窩家代爲窩囤，以推車爲運輸工具，載運量有限，私鹽數目不大，不過是提供小民生活上的便利以換取自身生計的維繫而已。他們的販運過程算是相當平和的，並未因販私不足而進行劫掠，一經官府勦捕，則到處逃竄，最多祇是被迫性的抗官拒捕，不像日後敢於主動出擊官府，形同叛逆一般的「盜匪式」行徑。而這種方式的鹽梟，自清初迄於清末，即使時空的變遷，仍是廠爲常見的販私活動。他們有對多成員不能算是職業性的鹽梟，雖然諺云：「喫過河豚百無味，販過私鹽百無利」，說明了販私利益的誘人。但是根據資料並末記載他們就此一直販私下去，同時他們也沒發展到具備大規模的組織形態，佔據馬頭，形成勢力範圍。事實上，這些生活於社會邊緣的游離分子，各種低層工作均

〔註70〕《端忠敏公（方）奏稿》。卷十二，光緒 34 年 6 月，〈查明運司參款摺〉，頁 19。

〔註71〕《宮中檔光緒朝奏摺》，第七輯，光緒 18 年間 6 月 1 日，山東巡撫潤福奏摺，頁 209。

〔註72〕《雍正朝漢文硃批諭旨匯編》（上海，江蘇古籍出版社，1991 年 3 月），第二冊，雍正元年十月十八日。都察院左副都御史楊汝穀奏摺，頁 138。

〔註73〕《劉忠誠公（坤一）遺集》，奏疏，卷二七，光緒 23 年 8 月 26 日，〈搜捕梟匪布置善後事宜摺〉。頁 42。

能勝任，販私或許只能說是一種臨時性的工作，一旦不能繼續從事，回到原來的職業並不困難，不必固定在販私一途。再者，有一點值得注意，飯店常是窩家的良好掩護，〔註74〕上述魯、蘇交界之例就是典型案件。

除了彼此糾約外，鹽梟也常會利用災荒時煽惑災民或飢民幫忙販運私鹽。例如，江蘇淮安、揚州所屬下游州縣，向有名為鯝船的小舟，道光十一年（1831），被水成災，鹽梟乃誘雇災民，或數十船一起，成數百船一起，內載私鹽，外坐婦女，裝點災民，沿江一帶售賣。〔註75〕咸豐二年（1852）六月，山東永阜場、利國鎮、佘家巷、巴家集一帶猝被海潮，又兼鄰境秋禾欠收，乘青黃不接之際，外來鹽梟勾結無業貧民，將春曬灘鹽肆行扒搶。〔註76〕有時飢民並非全然是被動的角色，甚至會主動販運私鹽。雍正元年（1723），浙江歉收，飢民乏食，自十二月以來，直入與江蘇交界處，裝載小船，百十成群，越境販私。〔註77〕江蘇興化、東台二縣地居濱海，與淮南場灶毗連，沿海貧民專以勾通灶丁販私為活，械鬥拒補視為固然。〔註78〕

鹽梟所販私鹽的主要來源出自場灶，有的是灶丁所偷漏，有的是鹽梟的盜扒，〔註79〕「灶戶私頂場役，梟徒鑽充鹽快，暗通煎運」，〔註80〕則是常見的現象。如果鹽梟實力強大，「買鹽則通衢白晝過秤捆包，運鹽則結陣連檣鳴槍架砲。」〔註81〕有如直趨無人之境。有時煎丁亦扮演鹽梟角色，自己挑運售賣。光緒三年（1877）八月十九日，《申報》刊載一則消息，江蘇泰州所屬的草堰、丁溪、小海、白駒諸場煎丁因貧困任意漏私，於日間挑行無忌，或數十挑為一起，或百餘挑為一起不等。器械用丈餘扁擔一條，各衣青衣履麻鞋，蟬聯而行。如遇緝捕，即從扁擔內抽出白刃拒敵，輪流飛舞，捕者披靡。〔註82〕也有些由

〔註74〕《吳文節公（文鎔）遺集》，卷四一，〈批梟司鹽道會詳萬安縣鹽犯受雇挑私由〉，頁9。

〔註75〕《大清宣宗成皇帝實錄》，卷二○二，道光11年12月辛卯，頁27。《大清宣宗成皇帝實錄》，卷二○七，道光12年3月辛亥，頁8。

〔註76〕《宮中檔咸豐朝奏摺》，第八輯，咸豐3年5月10日，山東巡撫李僡奏摺，頁501。

〔註77〕《硃批諭旨》，（二），雍正2年1月27日，任天培奏摺，頁22。

〔註78〕《大公報》，（二），光緒29年9月17日，頁626。

〔註79〕雍正《山東鹽法志》，卷十一，頁18。

〔註80〕《硃批諭旨》，（十），雍正12年8月6日，江南總管趙宏恩奏摺，頁18。

〔註81〕《劉忠誠公（坤一）遺集》，卷三七，光緒28年5月20日，〈查明部內梟匪慕丁情實摺〉，頁25。

〔註82〕頁13197。

半途中收買,並不直接購自場灶。雍正年間,江蘇興化、鹽城、阜寧、泰州一帶,有艍艋等船假作乞丐,或運糧食蔬菜,或帶銀錢布疋等貨,至場灶換買私鹽,運至下河即有姦頑船頭串誘各船,索費領幫,或十餘隻,或三、三十隻不等,俱至淮安、寶應、高郵等處賣與地棍,搬運過洪澤湖、西山各集,自僧道橋至青山頭下江發賣,或自僧道橋赴天長、泗州衛各集販賣。又邵伯鎮、露筋廟等處,亦有頭家收買艍艋船私鹽過湖。〔註83〕淮鹽自開江後沿江沙洲聚集鹽梟,收買各場透漏之鹽,或由支河港汊偷運出江,或由海轉運至焦山口門偷上江船,或向駁運場鹽之屯船戶,收買偷爬鹽斤,裝載赴岸。〔註84〕而更有甚者,由劫奪而來。例如,山東利津縣的永阜場,鄰境匪棍,結眾多人,逕向灘內劫鹽,商灶並受其害,土人謂之鹽賊。〔註85〕也有直接劫搶鹽店,直隸永平府屬一州六縣,無處不有鹽梟,咸豐三年(1853),數月內官設鹽店,被搶者十之八九。〔註86〕抑或攔搶鹽船,毀壞釐卡。〔註87〕

　　鹽是日常所需,任何地區都不可缺少,為了適應各種不同的環境,同時在時空的延展下,鹽梟的販運並無固定方式,沒有標準化的畫分。順治四年(1647),上諭:「近聞各處姦民,指稱投充滿洲,率領旗下兵丁,車載驢馱,公然開店發售。」〔註88〕這是清代初期鹽梟利用旗兵為掩護的販私活動。康、雍時期,直隸、山東、河南一帶,每多奸民刁棍結黨成群,肆行興販,水則艍艋裝運,陸則車載驢馱,遍售城市村莊。〔註89〕同時期,根據巡鹽御史莽鵠立奏稱,直隸小民興販私鹽,其始不過希圖小利,或十餘人,或二、三十人,結伴興販,原無強悍,迨至日久,利之所在,即有光棍出面領導,將人鹽引入村莊,按戶口灑派,約時收價,肆行無忌,人愈眾而鹽愈多,地方文武實有莫可如何之勢。〔註90〕顯然鹽梟的活動力隨著時間而有愈趨活躍強悍的情形。又按官方的指證,其時直隸鹽梟出沒皆在曠野之地,走動多在昏夜之時,〔註91〕這

〔註83〕《硃批諭旨》,(十),雍正12年10月6日,江南總督趙宏恩奏摺,頁18。
〔註84〕蔣攸銛,〈籌議緝弘以疏官引疏〉。盛康編,《皇朝經世文續編》。卷五二,戶政二四,頁32。
〔註85〕《大清宣宗成皇帝實錄》,卷一八八,道光11年5月壬戌,頁15。
〔註86〕《大清文宗顯皇帝實錄》,卷一一四,咸豐3年12月壬申,頁7。
〔註87〕《大清穆宗毅皇帝實錄》,卷九○,同治3年1月甲辰,頁3。
〔註88〕《大清世祖章皇帝實錄》,卷三二,順治4年5月丙戌,頁20。
〔註89〕雍正《新修長蘆鹽法志》,卷十三,頁24。
〔註90〕雍正《新修長蘆鹽法志》,卷九,頁1213。
〔註91〕雍正《新修長蘆鹽法志》,卷十五,頁31。

種說法可能只是局限於某一特定的時空之下，証以鹽梟日後的發展，常有無視官府之舉，加上武裝配備的強化，闖關過卡，似乎不必特別選在昏暗之夜行動。

在運送工具方面，用手推車一般是較小規模的販私團體常用的方式，乾隆四十二年（1777）魯蘇邊境的販私案件即是如此。至於規模在擴大後，驢駄則頗爲普遍，以其載運量大。例如，天津府屬滄州、鹽山瀕海回民，招邀匪類，結隊販鹽，每幫自三、四百人至六、七百人不等，攜帶火槍器械，各用驢頭駄載鹽斤，動以百計。〔註92〕而這種情形主要分布於以陸路爲主要交通線的華北一帶，〔註93〕同時，並非用驢駄即放棄車載，通常有並存現象，但是卻無法證實是以手推車或以獸拉車。〔註94〕而在江蘇、浙江河道縱橫港汊密布的地區，船運則是最爲普遍，例如，江蘇沿長江的孟瀆、德勝、澡港三河，便於舟楫往來，即有江北鹽梟駕駛艑板、黑魚腮等船，裝載私鹽，絡繹進口。〔註95〕而鹽梟也多以船爲家，大江遼闊，稽查難以周延。〔註96〕若是發展成大型組織，船數就相當可觀，緝私工作不是一般巡緝官船所能勝任。光緒二年（1876）六月，浙江蕭塘口之南有鹽船五幫，共計五百餘號，鹽二萬四千多擔。浙江官方如臨大敵般，先在沿途各口會筋炮船，再增添大小船隻，常川巡緝，〔註97〕可見鹽梟發展程度的可觀。而巡船若是兵力不足，甚且會被鹽梟劫走。〔註98〕

一般水陸輸送私鹽外，漕運水手的夾帶販運以及途中與鹽梟的勾結，所形成的交易網線，也是頗爲醒目的一環。關於漕運水手販私的演進過程第三章已分析過，此處僅就其活動稍加敘述即止。糧船水手率多無籍之徒，平時受雇在船，既有身工養贍，又有員弁約束，尚不免於滋事，〔註99〕類皆性情蠻悍，加上實際生計艱困，很容易即爲鹽梟所勾誘，甚至本身就是日後鹽梟

〔註92〕《大清宣宗成皇帝實錄》，卷二七五，道光15年12月辛巳，頁23。

〔註93〕《軍機處檔‧月摺包》，第2751箱，11包，049295號，嘉慶21年9月28日，山東巡撫陳預附片。《軍機處檔‧月摺包》，第2749箱，149包，080251號，道光27年12月12日，直隸總督訥爾經額奏摺。

〔註94〕《大清宣宗成皇帝實錄》，卷一六五，道光10年2月丁卯。頁12。

〔註95〕《大清宣宗成皇帝實錄》，卷二一一。道光12年5月己未，頁26。

〔註96〕《陶文毅公（澍）集》，卷十一，〈覆奏籌辦巨梟黃玉林等大概情形摺子〉，頁15。

〔註97〕《申報》，光緒2年6月28日，頁10465。

〔註98〕《申報》，光緒2年11月14日，頁11386。《大清德宗景皇帝實錄》，卷二七三，光緒15年8月申午，頁10。

〔註99〕《大清宣宗成皇帝實錄》，卷一二九，道光7年11月甲辰，頁9。

的預備隊伍。回空糧船經由直隸、山東、淮揚一帶，裝載私鹽，零星販售。長蘆私鹽出自天津之公口岸，淮南私鹽在揚州、高郵、寶應境內，由水路上船。例如，淮安及通、泰二州近場各鎮豪棍挾貲，平日收召亡命，船載驢駄，賤買堆積，一俟糧船北上，或泊無人之境，或約黃昏之時，運幫裝載，又如老虎頸、青山頭等處濱江洲汊，多有梟匪私鹽，暗遞糧船。淮北私鹽，則由海州、沭陽縣陸路而至。在糧船上及沿途中，有名為風客和青皮者，實際上即是鹽梟的別名。風客隨船帶貨北上，及回空時，以貨本買私，所獲利錢，與丁舵水手均分，朋比為奸。青皮則盤踞馬頭，專為糧船通線散銷，從中取利。〔註100〕此外，沿運河一帶也有囤梟，每於糧船將次抵境，先議定價值，造船一到，即用小船寅夜裝載。〔註101〕

鹽梟販售的私鹽深入民間各角落，進行交易的方式也花樣繁多，有時利用市集之期，公然設場售賣，與官鹽無異，毫無顧忌。〔註102〕有的借官鹽店門口以售私鹽，〔註103〕有的則沿街叫賣，或是在各村落挨戶灑賣，若遇緝私巡捕前來查掣，不是持械拒捕，就是邀集同黨報復。〔註104〕甚至直接以私鹽代替官鹽，例如，咸豐三年（1852）七月，浙江鄞縣姚家浦鹽梟燒燬鹽店。〔註105〕浙江上虞縣西門官鹽店，於光緒二十八年（1903）四月時，突有餘姚沿海鹽梟糾集本地私販共一千餘人擁至店中，將總管擄去，逐戶送鹽一擔，勒令收買。並將挑賣官鹽之肩販，逢人扭住，傾其官鹽於河，勒令代銷私鹽，肩販不敢不從。〔註106〕除了以暴力銷售私鹽外，若是官方查緝嚴格，不易採行強力手段時，則會以掩飾方法矇混運送，將私鹽藏於皮件中，借輪船裝運出關。〔註107〕有的匿於菜蔬瓜果中，以小舟裝載，或以筐籃包

〔註100〕《大清宣宗成皇帝實錄》，卷一八八，道光11年5月辛酉，頁11～12。《大清宣宗成皇帝實錄》，卷一九〇，道光11年6月庚寅，頁13。《陶文毅公（澍）集》，卷十三，〈籌議稽查糧船夾帶私鹽摺子〉，頁3。嘉慶《兩淮鹽法志》，卷十三，頁10。

〔註101〕《大清宣宗成皇帝實錄》，卷一八七，道光11年4月丁亥，頁3。

〔註102〕《大清仁宗睿皇帝實錄》，卷二九一，嘉慶19年5月丁未，頁7。

〔註103〕《申報》，光緒9年10月8日，頁26814。

〔註104〕《申報》，光緒8年6月21日，頁23394。《大公報》，（三），光緒30年4月14日，頁318。

〔註105〕《軍機處檔·月摺包》，第2708箱，15包，085842號，光緒28年4月24日，署理浙江巡撫椿壽奏摺。

〔註106〕《大公報》，（一），光緒28年5月19日，頁15。

〔註107〕《申報》，同治11年4月4日，頁63。

裏，背負肩挑。〔註 108〕也有裝入酒內，或者老婦輩以橐裝鹽纏於腰際，闖關過卡。〔註 109〕甚至借鄉會試年，凡與試船隻一概放行規定，乘機販運私鹽。例如，同治九年（1870）九月間，江寧文闈考試有武生仇茂森等興販私鹽，船至千餘號，鹽至數萬引之多。官府前去查拏，竟敢鳴鑼拒捕。此案緣於江蘇淮揚二府，逼近場灶，產鹽之區鹽價極賤，每值鄉試年分，私販恃考生為護符，考生帶私鹽以漁利，互相勾結，積習已深，官銷大受其害。而仇茂森混名仇闖王，向不安分，專事包攬，往返已非一次，伊父仇文傑係鹽梟，為裡下河所共知。自仇茂森行為來看，根本就是鹽梟，應無異議。其時，署運司龐際雲稱其為所謂「考私者」。光緒元年（1875），應試武生共數十人，聯幫赴金陵鄉試，帶有私鹽船八十多號之多，通計水手人等三百餘名。〔註 110〕不過，光緒元年案子之中是否牽涉鹽梟在內，資料並未顯示。當然，在上述各種方式之餘，借與巡緝官兵勾結，更能保證販運的安全。光緒四年（1878）四月十九日，《申報》刊載，江蘇青浦縣鹽巡每逢出巡，必先掌號，掌號畢則開船出口，又復開槍放炮，陽以示威，陰以遞警，鹽梟得以聞聲先遁。〔註 111〕另一則消息，更足以說明彼此間的「情誼」。有某哨官帶領炮船巡哨，至江蘇吳江縣黎里鎮，適與私販船隻相遇，私販者竟至巡船邀集官弁同至酒館，大開筵席，所費酒資皆由私販會鈔。酒畢復送洋蚨二百元，外加禮物數色，親送巡船交納，巡船報以火藥一桶。隨即挂帆他往，一任私販橫行無忌，〔註 112〕可見雙方交情深厚的程度。

　　鹽梟在利益的爭奪衝突下，更能展現出他們那種亡命之徒強悍兇殘的本質，常在馬頭的奪取中互相械鬥，〔註 113〕如果積怨甚深，則會分屍挖眼剖取內臟丟棄，〔註 114〕殘忍異常。江蘇之販私者，夙有兩幫，一山東人，一焦湖

〔註 108〕《申報》，光緒 5 年 6 月 11 日，頁 17168。

〔註 109〕《申報》，光緒 4 年 2 月 2 日，頁 14252。《申報》，光緒 5 年 9 月 12 日，頁 17920。

〔註 110〕《大清穆宗毅皇帝實錄》，卷二九三，同治 9 年 10 月庚午，頁 1。《申報》，光緒 1 年 9 月 24 日，頁 8452。《淮南鹽法紀略》，卷十，雜案，頁 43，頁 48～50。

〔註 111〕頁 14772。

〔註 112〕《申報》，光緒 4 年 8 月 24 日，頁 15620。

〔註 113〕《軍機處檔・月摺包》，第 2751 箱，16 包，050005 號，嘉慶 21 年 11 月 29 日，兩江總督松筠等奏摺。《大清宣宗成皇帝實錄》卷一二五，道光 7 年 9 月乙卯，頁 25。

〔註 114〕《軍機處檔・月摺包》，第 2751 箱，3 包，047590 號，嘉慶 21 年 5 月 4 日，兩

人，藉地緣關係結合成幫。光緒二年，山東幫私販爲焦湖幫所劫，因是彼此有隙。次年二月間，兩幫私販在金山衛曹涇口販私，爭先裝載，各不相能，由是互相鬥毆。焦湖人數不多，遂被山東幫盡數劫去，獲有小鹽船九十餘號。〔註115〕但是在以利益優先的前提下，鹽梟間亦會盡釋前嫌以圖兩利之局。上述江蘇兩幫人馬於事後講和，置酒演劇，大開筵席，化解仇隙。〔註116〕

鹽梟並非經年皆進行販私，因爲無法保證販私的順利，還須輔以其它生計以維持他們的活路，故彼輩「出鹽以販私爲生，無事以劫盜爲業」，〔註117〕並擄人勒贖，無所不爲。茲舉數例，以爲說明。道光年間，安徽六安州城北單家鋪，有土豪張四條聚眾千餘人，販私拒捕，劫奪商旅，淫掠婦女。〔註118〕光緒三十四年（1908），浙江歸安縣屬一帶鹽梟擄人勒贖，勢甚猖狂。一月底，如強盜船糾搶民戶銀錢衣飾。其時，嘉善縣屬干窯鎮地方，亦有梟匪數十人，明火執槍，劫搶鋪戶貨店。〔註119〕另外，劫盜之餘，開設賭場不失爲求財的管道，〔註120〕同時，又能提供聚集之所。〔註121〕而茶坊、煙館同樣也是三教九流雜處之地，鹽梟自不例外，混跡於此。〔註122〕這些公共場所似乎是使於他們交換訊息的聯絡站。

雖然鹽梟能與各種密祕社會組織合作，諸如祕密宗教以及秘密會黨之流，但是基本上，他們並沒有這些組織的入會儀式，也沒有誓約規條必須遵守。即使在大規模暴亂時，也不見祭旗儀式。說得明白些，他們不外是爲圖利與生計而有的合流，彼此各取所需。鹽梟不必像祕密宗教和會黨爲了團體生命的延續擴張，而有以對未來世界的嚮往來激勵教徒，或是以兄弟義氣凝結彼此的向心力，不必背負著沈重的責任擔子。在這方面，他們之間存在著相當大的差異性。總之，鹽梟在社會上能夠生存，表現出旺盛的活動力，一方面凸顯了政府經濟制度的缺失；一方面也說明人民對他們的倚賴性。

江總督百齡奏摺。《大清宣宗成皇帝實錄》，卷六二，道光 8 年 9 月辛亥，頁 7。

〔註115〕《申報》，光緒 3 年 3 月 4 日，頁 12154。

〔註116〕《申報》，光緒 3 年 4 月 7 日，頁 12306。

〔註117〕《大清宣宗成皇帝實錄》，卷一二五，道光 7 年 9 月乙卯，頁 25。

〔註118〕《大清宣宗成皇帝實錄》，卷二一九，道光 12 年 9 月庚戌，頁 18。

〔註119〕《大公報》，（七），光緒 34 年 2 月 16 日，頁 277。

〔註120〕《大公報》，（一），光緒 28 年 7 月 8 日，頁 120。

〔註121〕《端忠敏公（方）奏稿》，卷十二，光緒 34 年 7 月，〈緝匪誤斃多命定擬片〉，頁 43。

〔註122〕《申報》，光緒 5 年 7 月 8 日，頁 17385。

第三節　暴亂行為的性質分析

　　同治六年（1867）六月，直隸順天府屬之大城、霸州、永清及保定府屬之安州、蠡縣、高陽、容城、祁州、新城，天津府屬之滄州、鹽山、靜海，河間府屬之肅寧、任邱並定州等處，鹽梟什百成群，或訛索鹽店，或搶奪糧食。〔註123〕經官兵、團勇的追勦，開始了奔竄於直隸、山東兩省邊界等同於流匪般的行動。事實上，這次梟亂早已醞釀數年之久，同時也受地理環境的影響，絕非一時所成。咸豐七年（1857），即有人奏稱「直隸天津、河間，與山東毗連等屬，向多鹽梟出沒，數百為群，每經商巡攔阻，拒捕搶劫，橫行無忌。」〔註124〕故而上諭指示：

　　嗣後該二府與山東毗連各屬，商巡隨同兵役緝匪，著准其攜帶鳥槍，
　　如遇大夥梟販，持杖拒捕，准其格殺勿論，其尋常自行緝私，仍照
　　舊章辦理。至地方官查挐梟販，如遇大夥匪徒，數十人及百人以上，
　　橫行搶劫，即照挐辦土匪之例，審明後先行就地正法。其尋常並非
　　大夥梟販，及偷扒灘坨等案，仿照定例辦理，以示區別。〔註125〕

透露出大股鹽梟為亂的本質與土匪無異，否則上諭不會裁示比照辦理。咸豐十年（1860），滄州鹽梟蕭麥秋，鹽山鹽梟李四鍋腰，率眾千餘入，闌入靜海縣屬北港各灘，搶掠鹽場，焚燒汎房。〔註126〕顯然這次鹽梟亂事，正成為咸豐七年上諭的回應。事後查辦緣由，在於「不肖州縣諱盜為竊，自顧考成，歷任各上司更從而彌縫諱飾，養癰貽患，至於此極。」〔註127〕其實，在太平軍與捻軍的帶動下，全國境內各種不逞之徒，早有躍然欲試之勢，地方官的彌縫諱飾不過加速引爆罷了。

　　按本章第一節所述，直隸、山東交界處向來即是動亂之藪，加上濱海地區鹽場分布，也成為鹽梟活躍之地。鹽梟皆海濱無賴，平日亡命橫行，本無忌憚。山東海豐縣回回營和直隸鹽山縣之崔家莊接壤，其回民向以販私為業，每在天津府屬的滄州、南皮、鹽山、慶雲等州縣及河間府屬的吳橋、東光等縣集鎮，結夥灑賣，且與滄州、鹽山灘坨鄰近，遇便聚眾扒搶，商巡緝

〔註123〕《劉武慎（長佑）全集》，卷十三，同治 6 年 6 月 11 日，〈勦捕梟匪片〉，頁　　　　30。
〔註124〕《大清文宗顯皇帝實錄》，卷二三○，咸豐 7 年 6 月庚午，頁 12。
〔註125〕同前註。
〔註126〕《大清文宗顯皇帝實錄》，卷三三二，咸豐 10 年 10 月丙寅，頁 25〜26。
〔註127〕《大清穆宗毅皇帝實錄》，卷十三，咸豐 11 年 12 月戊午，頁 18。

拏嚴緊,往往結仇逞忿,輒將商巡殺傷,動致戕傷多命。〔註 128〕同治元年
(1862),前山東試用道鍾文呈請代奏山東急務十二條,文中關於鹽梟方面,
略謂:

> 東省鹽務之壞,鹽梟之故,鹽梟之橫,東省之患也。武、青二府,
> 沿海各屬,梟販最多,蔓延內地,濟南、泰安二府,先被其毒,自
> 永利、永阜兩場官鹽搶盡,遺害已久。沂州府沿海,如莒州、日照,
> 逼近賊巢,梟徒尤眾。兗、曹、濟二府一直隸州,距海雖遠,而賊
> 蹤出沒,梟販雜處,商運難行。……。查此種鹽梟,本係鹽巡,一
> 旦裁汰失業,衣食無資,勾結匪徒,愈聚愈眾,不可收拾,遂成鹽
> 匪。辦團以來,強團又勾結鹽匪,攻城劫獄,勢焰更張。甚至張貼
> 偽示,搶鹽殺人,官不能禁。上年雖經發兵,兵來則散,兵去復聚,
> 散則伏匿團中,官兵豈能查拏,不過敷衍了結。……今春樂陵團變,
> 抗拒官兵者,鹽梟雜其中。近日德州南北,馬賊橫行,鹽梟亦雜其
> 中。……本年閏八月間,濟南府屬淄川縣,有匪徒聚眾,占據縣城,
> 半係鹽梟為亂。〔註129〕

文內指出鹽梟乃失業鹽巡勾結匪徒所成,當有所據。其實鹽巡本為緝私所設,
自是熟悉鹽梟所為,一旦衣食無資,很容易走上鹽梟途徑,導致緝私人員反
成販私之徒。同治二年(1863),曾任安徽學政的邵亨豫具摺指出:

> 山東一省,私販橫行,結黨持械,每遇巡役稽查,輒行殺害,割裂
> 其尸,載之以去。州縣苟期無事,不敢過問,大吏偶然挲捕,多屬
> 具文。大清河一帶,每有鹽船過境,私梟糾黨攔截,每船輒索數百
> 金放行,否則即舉鹽包盡投之水。蒲台陽信各處,甚至邀截行旅,
> 圍逼郡城。〔註130〕

由其行逕來看,與盜匪何異,很自然地即能拉近彼此間的關係。又山東鹽梟
在其它變亂時,均涉足其中,可見,同治六年流竄於直隸、山東的梟亂發生
前,早已奠下與其它動亂組織合作的基礎。

在鍾文所呈條文中同時也詳細地提到祕密宗教的問題:

〔註128〕《劉武慎公(長佑)全集》,卷九,同治 4 年 8 月 19 日,〈請飭東撫會緝回梟
　　　　片〉,頁 28。
〔註129〕《道咸同光四朝奏議》,第四冊,頁 1598～1599。
〔註130〕《道咸同光四朝奏議》,第四冊,頁 17179。

東省自庚申（咸豐十年）秋冬，皖逆（指捻軍）長驅內地，一時會
匪起曹，幅匪起沂，棍匪起兗，鹽匪起武、青，於是各路教匪，同
時並起，南至鄒縣，北至邱縣，皆其黨也。邱縣一股，與冠、館、
堂、莘各匪，叛服無常。鄒縣一股，勢尤兇惡。……即如鄒縣老教
匪一股，柢固根深，已難猝動，頭目宋、孟、劉三人，皆稱大師父，
為白蓮教首，其下八人，俱稱老總，分領八隊，而任姓尤悍。……
近日該匪竄擾魯園山口，東省官兵，追殺三四千名，生擒一百五十
餘名正法，固可大挫賊鋒，但教匪聚集已有數萬。〔註131〕

根據清末革命黨人陶成章的調查認為，中國「南方之人智而巧，稍迷信，而
多政治思想，北方之人直而愚，尚武力，而多神權迷信。」〔註132〕雖然未必
完全正確，但多少也透露出部分的真實性。根據研究，直隸、山東本是祕密
宗教的重要起源地和傳播區，〔註133〕咸、同之際，山東爆發教亂，查係白蓮
教所為，竄擾陽穀、觀城、館陶等縣。同治元年，直隸大名、順德、廣平三
府除軍旅之餘，更兼蝗旱，飢民遍野，日不聊生。十月間，山東教匪張錫珠
僅率數十人，竄至直隸曲周、威縣一帶，小肆搶掠，而數日之間，裹脅招集
竟至千餘人。旋渡衛河，衡水、冀州鹽匪與景州、德州馬賊，亦起而響應，
聚至數千之眾，竄援直隸與山東邊境地帶。〔註134〕顯示這是一次秘密宗教與
鹽梟、馬賊相互勾串呼應的變亂。

至於馬賊和其它亂象方面，鍾文條呈中也談道。

本年夏間，荏平、德州一帶，北至直隸景州、河間府各屬，屢有騎
馬賊，截用頂翎，搶劫往來客商。或數十人，或百餘人，或疑為鹽
梟，或疑為降眾，出沒無常，且與官兵抗拒。總之東省賊勢，非聚
眾陰謀，即搶糧放火，小則沿途搶劫，盜風日熾，實無一日之平
靜。……直隸景、滄一帶，界連東省，向有騎馬賊，往來搶劫。……
蓋因各營募勇，聚散無常，往往四鄉焚掠。又冠、莘降眾，范、濮

〔註131〕同註129，頁1592～1593。
〔註132〕《浙案紀略》，外紀，〈教會源流考〉，收入《辛亥革命》，第三冊，頁100。
〔註133〕王爾敏，〈祕密宗教與祕密會社之生態環境及社會功能〉，收入《近代史研究
　　　　集刊》（台北，中研院近代史研究所，民國70年7月），第十冊。
〔註134〕《大清文宗顯皇帝實錄》，卷三四六，咸豐11年3月甲辰，頁14。《大清穆
　　　　宗毅皇帝實錄》，卷五一，同治元年12月甲申，頁33。《道咸同光四朝奏議》，
　　　　第四冊，同治元年。吏科給事中劉有銘奏摺，頁1643～1644。

水套，名曰歸農，半皆伏莽。又樂陵團變，黨夥皆爲滄州回民。又濱灤分司募勇緝梟，忽然裁撤。又德州一帶糧船，連年誤運，水手大半失業。以上各種，少則數百，多則數千，皆係素懷桀驁不馴之性，不安本分無賴之徒。近日安插無方，出沒聚散，一聽其便，是以直、東交界各屬，屢有匪徒蓋全動起爭，并有騎馬賊，或戴官帽或戴頂翎，百十成群，白晝搶劫殺人，巨案疊出，未必不由於此。
〔註135〕

而邵亨豫也說，馬賊「雖近日蒲、滄一帶，稍爲斂，但並未大加懲創，豈能自就誅鋤，正恐伏匿暫時，不免彼猖異日。」〔註136〕證諸日後情形，邵亨豫之見並非杞人憂天之論。另外，漢回衝突也造成社會的動盪不安，鐘文論曰：

又臨邑縣團長陳貫甲，舊與回民王姓有仇，上年借搽挈騎馬賊爲名，附近回莊，殺戮殆盡。此項回民，本與滄州回民一氣，曾經糾合數千，來東報仇互鬥，大敗而回，陳團從此聲勢日大，怨仇所結，久而必發。今各種匪徒，雖然顯露起事實迹，而愈聚愈多，大半與騎馬賊聲勢聯絡，而騎馬賊半係滄州回民。〔註137〕

從鐘文的各條呈中，很清楚地感受到，同治六年（1867）的直、東鹽梟起事前，兩省早已籠罩在一股風雨欲來的氣氛中，人心浮動，各種動盪不安的勢力在發酵中而蠢蠢欲動，隨時準備掀起一陣風潮的態勢，任何的風吹草動，均有可能將之導引爆發出來。

雖然經過上諭的批示，依土匪律例懲處大夥鹽梟，不過並未收效，同治五年，直隸、山東交界處仍是鹽梟充斥，千百成群，搶鹽拒捕之案層見疊出，〔註138〕儼然成爲次年梟亂的開端。同治六年夏間，直隸地方海嘯，遍地皆鹽，青縣、滄州鹽梟屢有爬鹽灑賣之事。由於緝梟馬勇外調，鹽梟乃乘機竄出任邱、雄縣、容城一帶，復繞至霸州、東安等處，勾結各處飢民，搶劫鹽店鋪戶，偪索村莊馬匹銀錢，形同馬賊。〔註139〕另據總署章京張其潾稟稱，接獲家書內稱，「六月初九日，突有土匪鹽匪二千餘人，蠡縣境內北五福村、辛橋鎮等處三十餘村莊，搶掠焚殺。現竄任邱、高陽一帶，馬隊有八百餘騎，大車有二百餘輛，

〔註135〕同註129，頁 1592～1594。
〔註136〕同註130。
〔註137〕同註129，頁 1594。
〔註138〕《大清穆宗毅皇帝實錄》，卷一八二，同治5年8月庚寅，頁6。
〔註139〕《大清穆宗毅皇帝實錄》，卷二〇五，同治6年6月壬辰，頁15。

裹脅至二千餘人。」〔註140〕不論是勾結或是裹脅方式，都與中國傳統民間動亂常用的動員形態相似，利用貧民、愚民、飢民擴大隊伍聲勢以抗拒官府。而這種情形在清朝其它時期中，也常見鹽梟加以利用。例如，直隸永平引岸廢弛多年，毗連關外海濱，同治晚期，鹽梟往來勾結貧民，以販私爲生活。〔註141〕李九，江蘇海州著名梟首，光緒年間，有黨羽三千多人，大多裹脅愚民，如有不從即行燒殺，毆官拒捕視爲常事。〔註142〕浙江杭州、嘉興、湖州三府濱臨太湖，港汊紛歧，密如蛛絲，鹽梟往來飄忽，結隊成群，利械快船肆行搶攄，並利用愚民暗相勾結。光緒晚期，浙江省連年荒歉，以致飢驅日眾，梟焰愈熾。〔註143〕基本上，這些案例與同治六年梟亂初起時並無二致。

　　同治六年的這次直、東梟亂，總頭目楊三和其他散頭目等人多籍隸山東冠縣、館陶、德州等處，起事時，由山東竄入直隸，一路肆掠，誘脅漸多，馬隊、步隊一齊併發，清廷不僅調動官兵追勦，同時還配合各地鄉團出擊。根據當時負責追勦任務的直隸總督劉長佑指出：「梟匪人數無多，專恃馬力奔突，疲我追兵，頗學捻逆伎倆。又直、東交界，本多匪藪，是以隨處相煽，朝撲而夕然乘隙疲奔，此截而彼竄，以區區數百餘匪，未能迅速蕩平。」年餘間，流竄於直、東交界各府州縣，途中祕密宗教與馬賊、土匪在這股風潮引領下，相繼與之串連配合。且因年歲飢荒，到處窮民爲其煽誘，故而亂事旋撲旋熾，聚散靡常，兵來則散，兵去則聚，加上巡役書差爲之包庇，鄉團良莠不齊，往往私行集團，備製器械，並有鹽梟充任團長者，如何能有效將之瓦解。同治七年（1868）三月，兵部侍郎崇厚即聲言「現在勦散匪徒，難保不溷跡私團，潛行詭計。」不僅表明了團梟不清的關係，更透露出這次的鹽梟暴亂，看似勦散，實際仍留存民間，標準「聚則爲匪，散則爲民」的形式。〔註144〕此外，尚有一點值得注意，在裹脅過程中，甚至有幼童七、八

〔註140〕《大清穆宗毅皇帝實錄》，卷二○六，同治6年6月己辰，頁1。
〔註141〕《李文忠公（鴻章）全集》（台北，文海出版社，民國69年），奏稿，卷十九，同治11年4月17日，〈永屬鹽務情形摺〉，頁34。
〔註142〕《申報》，光緒3年8月6日，頁13106。
〔註143〕《政治官報》（台北，文海出版社，民國54年12月），奏摺類一，第201號，光緒34年4月21日，浙江巡撫馮汝騤奏浙省添置兵船輪械情形摺，頁3。
〔註144〕整個事件梟匪竄擾的情形見《劉武慎公（長佑）全集》，卷十三與十四；《大清穆宗毅皇帝實錄》。卷二○六至二一九；《丁文誠公（寶楨）遺集》，奏稿，卷二與卷四。至於正文中所引原文見《劉武慎公（長佑）全集》，卷十四，同治6年7月26日，〈勦匪獲勝分布防軍疏〉，頁8。《大清穆宗毅皇帝實錄》，

十人在內。〔註145〕根據《梵天廬叢錄》刊載:「(李)自成破城,常縛多人,令輩子操刀殺戮,少有畏懼,即刃童子。有黠悍者,遂以善殺爲樂,上下馬如飛,殺人如刈菅,名之曰孩兒軍。」〔註146〕是否有意傚效,則不得而知。

在有關鹽梟組織一節中,已論到嘉、道年間鹽梟形態有所轉變,如果再由其活動行徑來看,光緒晚期迄於宣統時期,尤其在江、浙交界一帶,鹽梟已非單純販運私鹽或是抗官拒捕,而是走上了盜匪化的形式了。在行動上,似乎也較同治六年直、東梟亂更形囂張,人數也更爲龐大。光緒三十年(1904)九月,兩江總督端方具摺奏稱:

> 江南匪徒有鹽梟、光蛋、清、紅、南、北各幫名目,初僅販賣私鹽,繼則聚眾開賭,久之遂有據人勒買賣肆行劫掠之事。其操演槍砲,橫行鄉鎮,⋯⋯盤結日久,滋蔓難圖。〔註147〕

從「操演槍砲」來看,似乎意味著他們存有某種程度的野心,不過,倒也未必說是有何政治異圖,綜觀整個清代鹽梟的發展,確實無法很明顯地能夠指出鹽梟的理念何在,絕大多數在於販私圖利,若無法滿足則會進展至更激烈的行動以維繫他們的組織與生存。光緒三十二年(1906),某御史奏道:

> 昔之鹽梟僅以販賣私鹽爲生計,所虧者國課,所損者商業,而與民無與也。近日裹脅愈多,猖獗愈甚,區區私鹽之利,不足飽其慾壑,遂變而爲開場誘賭,變而爲據人勒贖,變而爲殺人越貨,其幫名有青、紅之分,其記號有明暗之別。蓋今則非止爲梟已,全乎其爲匪矣。〔註148〕

青幫、紅幫的興起與發展成熟皆與販運私鹽脫不了關係,由於他們及游勇、水手的直接參與,造成了鹽梟勢力的迅速擴張,加上「一誤於民畏匪而不敢言,一誤於兵縱匪而與之遇,一誤於官撫匪而不痛剿,坐此三誤,養癰胎息,以致不可收拾。」〔註149〕

卷二三七,同治7年3月乙丑,頁7。

〔註145〕《劉武愼公(長佑)全集》,卷十四,同治6年9月25日,〈直東各軍會辦梟匪疏〉,頁43。

〔註146〕柴萼,《梵天廬叢錄》(台北,禹甸文化事業公司,民國66年12月),(三),卷十三,頁2。

〔註147〕《端忠敏公(方)奏稿》,卷四,〈查明蘇省參案摺〉,頁30。

〔註148〕《東方雜誌》,第三卷,第四期,1906年5月18日,〈飭江浙兩省合勤梟匪摺〉。頁61~62。

〔註149〕同前註,頁62。

　　鹽梟大規模的起事暴動，大多數集中於清朝晚期的光、宣年間，茲舉數例，以爲說明。光緒二十六（1900），義和團事變爆發，直隸、山東人心不靖，雖然民情異常騷動，尚未激成鉅衅。迨天津失陷後，潰團逃勇紛紛東竄，直、東交界處多被蹂躪，山東境內鹽梟巨盜乃群起而應之，多則數千人爲一股，少則數百人或數十人爲一起，揭竿稱亂，以致海豐、樂陵、濱州、語言化、利津、惠民、武城、平陰各州縣或屢受侵擾，或迭遭圍困，告警之書且夕時至。又其甚者，如陽信縣城池則爲之襲據，蒲台縣關廂爲之攻焚。動輒威逼長吏，苛派紳商劫奪行旅，屠戮鄉愚，沿邊各邑官民交困，均有岌岌不保之勢。而直隸鹽山、慶雲一帶，有黑牛王者，糾集鹽梟、馬賊至萬餘人之多，屯聚號召，異常兇狠，時來山東邊境各邑焚掠。〔註150〕在地域上來說，與同治六年直、東交界竄擾的情形相當類似，並且也證明了這個地區的環境，在所謂「孕育」盜匪上，有其推動力的作用。另外，就暴亂程度而言，相較於同治年間的情形，則更是有過之而無不及。光緒二十九年（1903），江蘇天長、六合二縣鹽梟與安徽桐城土匪互相勾結，蠢然欲動，白晝殺人，肆行搶劫。五月下旬，劫掠天長縣鹽棧，殺傷六合縣捕快，地方官因兵力薄弱，莫敢誰何，以致民心惶懼，一日數驚，富有之家相率走避。《大公報》因此而評曰：「目下匪勢猖狂，大有揭竿倡亂之意。」〔註151〕在與外力結合上，此二例均顯示了鹽梟具有的包容性，願和其它勢力合作。

　　江、浙交界一帶，乃鹽梟和其它不法團體肆擾活躍之地，太湖附近支河港汊間爲其窟穴。光緒三十三年（1907）十二月間，彼此聚集船數十艘，四出搶掠，於滬、杭往來孔道將中外輪船圍攻攔劫，並有攻擊教堂學堂之事。御史蔡乃煌認爲：「此與大股巨寇攻城掠地抗亂叛逆者，情形迥不相同。」〔註152〕其實，證諸前面所之例，他們的行徑確有攻城掠地之實，衹是無法得知政治或社會理念是否是其指導原則，就算其中有可能會有一點意念在內，但由其行徑中，我們的確沒能體認到這種意義，不能因爲過去有「劫富濟貧」口號的提出（見第四章第一節），就將之社會意義提升，在整個行爲比例上根本說不遇。光緒二十三年（1897），劉坤一在〈致杜雲秋〉文中談及：「辦梟匪尤難於土匪，以其

〔註150〕《袁世凱奏摺專輯》（台北，國立故宮博物院，民國 59 年 10 月），光緒 26 年 9 月 12 日，頁 135。
〔註151〕《大公報》，（二），光緒 29 年 5 月 25 日，頁 339。
〔註152〕《光緒朝東華錄》，光緒 33 年 12 月丁卯，頁 5815。《光緒朝東華錄》，光緒 33 年 12 月丙子，頁 5821。《光緒朝東華錄》，光緒 33 年 12 月甲申，頁 5837。

根株互結，良莠不分也。」〔註153〕透露出他們在地方上盤根錯結的情形，遠較土匪點狀分布更有影響力，形成一種面的分布網，「散則為民，聚則為匪」表示他們在地方上既深且廣的活動，絕非官府能輕易勦除，關於這點，蔡乃煌主張「力辦清鄉以澄盜源，舉行鄉團以固民氣」，〔註154〕應當是看清了他深入地方的狀況，由基層發起清除行動。光緒三十四年（1908），江蘇布政使通訪蘇州、松江、太倉、杭州、嘉興、湖州各府緝梟清鄉事宜並與各縣預約五條：一，清鄉事宜先預籌，有梟各屬先辦，無梟各屬後辦；二，大小民船及漁渡划等船，選舉公正鄉董，一律清查鄉號：三，村莊戶口選舉公正鄉董，編訂門牌，男女若干詳細註明，四，船隻及戶口編號釘牌，分別造冊，限兩個月內陸續呈送；五，漁船民船及民間存有打獵防匪槍械，均須烙印編號。〔註155〕從日後鹽梟依然故我的情形來看，似乎無法達到預期效果。而鄉團方面，因為在山東所辦的鄉團中有為鹽梟滲入的現象，難保此地沒有相同的情形發生。另外，從張謇的言論中，則可以知道，他對鹽梟有鞭辟入裡的看法：「梟與盜之分，一以資易人之貨，一白手奪人之貨而已。其始即同是民也，官力弛則釀民為梟，官力張則且驅梟為盜。」雖然「梟第妨官，盜且害民，民而為梟，猶可言禁也，梟至為盜，則誠非厚集兵力不可矣。」但是「緝私所費已繁，所傷已多，況又用兵乎，事果孰得而孰失也。」〔註156〕證以清代緝私績效來看，張謇之言正是一針見血之論，而在各種梟亂結束後，鹽梟仍然持續發展，絲毫未受影響。宣統元年（1909），浙江山陰、蕭縣交界處有鹽梟數人載鹽滿船，意圖闖越，官方聞訊往拏，梟眾遁走，鹽擬入署充公。詎料該梟等聚集百餘人，持械蜂擁至批驗所，將大門花廳全行拆毀，前獲之船隻鹽斤，全行劫走〔註157〕宣統二年八月，江蘇松江鹽捕營為梟匪搶劫軍械，而浙江嘉興也突遭大幫梟匪千餘人圍搶水師砲艇，劫去後膛快槍百餘杆，子彈數千粒，官兵眾寡不敵，當場戕斃十四名，擄去二十餘名，人心惶懼，合屬戒嚴，〔註158〕其威勢之大，可見一斑。事實上，鹽梟既能如巨寇般，抗官拒捕，攻城掠地，甚至主動出擊官府；同時，也能根

〔註153〕《劉忠誠公（坤一）遺集》，書牘，卷十二，光緒 23 年 7 月 17 日，頁 33。

〔註154〕《光緒朝東華錄》，光緒 33 年 12 月丙子，頁 5821。

〔註155〕《大公報》，（七），光緒 34 年 1 月 22 日，頁 130。

〔註156〕《張季子（謇）九錄》，政聞錄，卷十七，光緒 30 年甲辰，〈衛國卹民化梟弭盜均宜變鹽法議〉，頁 3～4。

〔註157〕《大公報》，（九），宣統元年 4 月 28 日，頁 632。

〔註158〕《大公報》，（十三），宣統 2 年 8 月 21 日，頁 119。

深蒂固地遍及民間，根本無法將之真正瓦解。

　　至於所謂政治企圖、政治理念方面，在判斷上似乎值得斟酌。江、浙交界著名鹽梟客幫首領余孟亭與土幫首領夏竹林，迭次搶劫江、浙當鋪、絲行、鹽船、布船，和各處居民鋪戶。光緒三十三年（1907）十二月間，又搶劫大東公司、戴生昌船得贓，及致斃招商輪船搭客。〔註159〕就其表現而言，十足盜匪行徑，不容否認。然而，陶成章在余孟亭傳記中，指出他素與革命黨交通，懷有反清之志，顯然在某種程度上，可能受到近代革命思潮影響。同時，余孟亭規定：一，不許擾亂鄉民，二，不準妄殺無辜，三，不許強姦婦女，頗有義軍架式。但是與之合作的夏竹林，所過殘暴，民咸怨之，〔註160〕也不知是否具有反清的政治意味，其他黨眾更無法證明有無受到革命思潮的洗禮，即使有，以其智識能否接受更是一大問題。要說受到反清鼓動而懷有政治企圖，最多祇能就個人情形而定，同時，是傳統改朝換代或是建立民國的觀念，尚且還是未知數。

　　總之，我們要對鹽梟的活動有較全面的瞭解，除了上一節所述的平時狀況外，更需由其暴亂行徑來探究他們的另外一個層面，以期獲得較為完整的圖像，畢竟鹽梟的活動是多樣性的，無法單從某一個角度去分析，以免失之偏頗。關於這「暴亂」一辭，並非是一種武斷地道德裁判，僅就其行為單純地加以判斷罷了，若說有站在清官方立場的話，則我們也應該承認清朝是中國的正統朝代，代表是一個合法的傳承，基於這個立場，鹽梟的暴亂行徑應是不容置疑的。另外，鹽梟的活動與清朝相始終，加上鹽梟自有其形成的因素，與秘密會黨或祕密宗教的起源不同，除了制度的導引和弊端外，主要在於利益的驅使，不若其它祕密組織的宗教性、政治性及社會性的理由，也因此本節不作量化的統計，因為無法從中得其意義之所在。

〔註159〕《政治官報》，奏摺類，第186號，光緒34年4月6日，兩江總督端方江蘇巡撫陳啓泰浙江巡撫馮汝騤奏勦辦梟匪情形摺，頁11。

〔註160〕《辛亥革命》，第三冊，頁74。

第六章　結　論

　　在談到鹽梟的問題時，似乎很容易聯想到他們在整個大環境下到底居於何種地位，亦即定位問題。基本上，他們是建立在大傳統或是小傳統的社會制度上，這點已相當值得注意，然而這群淪於歷史的負面人物，無法藉由適當管道表達他們的意念，在整個歷史進程中，他們是被忽視的，不論是刻意的還是不經意地被抹煞，總之沒有辦法走上正式舞台引起人們的關注。

　　歷史的發展是依循官紳教化創造的高層文化而進行？抑或按照以基層社會為主流的常民文化而循環？其實這之間並非不相牽連、南轅北轍的，而是相互影響交流的。鹽梟是大傳統官紳文化缺失下的產物，在自私心態的壟斷制度下，自唐代以降與各朝代相始終，沒有任何朝代能避免鹽梟之患。鹽梟是多樣性的，即使參與者多以下層社會民眾為主，但在為害的過程中確實有官紳階層涉及其中，助長勢焰，故在某些方面不能完全歸咎於他們對財政經濟的侵蝕。同時，雖然他們是社會的病態現象，但在主觀上並非他們自發性的因素形成，而是制度下的畸形物，是制度病徵的指標。從這點來看，這群正常體制外的群體，可以說是大傳統與小傳統文化的混合體。上層措施的失當，引發鹽梟的出現，又因彼輩的擴張，導致上層而有各種對付的回應，其中的關係自是糾葛難斷。也由此可以了解到，看似不相統屬的文化層面，實際是隱含互動關係的。

　　根據《甘泉縣續志》曰：

> 國家財賦之所出，以鹽課為大宗，兩淮課額歲逾千萬，幾占全國之半，此大農所恃為不涸之源泉也。雖然課出於鹽，而鹽運於商，要必鹽利贏商力紓，然後可從容以完國家之課稅。苟竭澤而漁則將無

以善其後。是故筦鹺政者，存在識大體籌全局，為國家闢食貨之源，
不當與民競錙銖之利。〔註1〕

確是頭頭是道之論，然而証以歷朝鹽法，卻與之相違。清代的鹽法，大體沿
續明代的專商引岸制，不但是專賣性質，更是一種壟斷的事業，為了保證政
府財政的穩定，不以大眾的需求為主要考量，銷售區域一經界定，不許有踰
越之舉，否則按情節輕重論罪，根本是以強力手段維持這種不合理的現象。
同時，各省與鹽產區遠近不同，而省與省間，甚至府州縣間地界常有參差交
錯的情形，為了確保政府自身利益，罔顧地理環境的差異性。在這種違反現
實供需與地理環境的情形下，捨近就遠捨易就難的不正常現象於焉出現，很
自然地產生出與政府相對立的勢力——鹽梟，扮演著食鹽與平民間的傳媒。
關於引岸制的弊端，明末大儒顧炎武曾於《日知錄》中論及，文曰：

> 行鹽地分，有遠近之不同，遠於官而近於私，則民不得不買私鹽，
> 既買私，則興販之徒必興，於是乎盜賊多而刑獄滋矣。……及游大
> 同，所食皆蕃鹽，堅緻精好，此地利之便，非國法之所能禁也。明
> 知其不能禁，而設為巡捕之格，課以私鹽之獲，每季若干，為一定
> 之額，此掩耳盜鐘之政也。〔註2〕

很清楚地指出鹽梟的產生乃被動性促發所成，凸顯出制度性不良的後果，所
謂「把持一事最足肇釁」，〔註3〕鹽政運作即是最佳寫照。清代，亦有不少人
提出引岸畫界的違反常理所帶來的弊端，茲錄一則以為說明。雍正年間，內
閣學士何國宗奏陳：

> 竊查山東通例食長蘆鹽，而郯城縣在東極南，距淮安、海州鹽場僅
> 數十里，官鹽道遠，費繁而價貴，私鹽路近費少而利多，是以私販
> 叢集官引難銷。法弛則竊販公行，禁嚴則盜案滋累，每為地方之患。
>
> 〔註4〕

弛嚴之間皆造成弊病，即反映出制度不良的結果。民初，張謇則相當激烈地
以控訴語氣明指：「中國當時專制政治之毒，最為滅絕人道者，無過鹽法。」
〔註5〕而「專制鹽法之利，一、二人之私利也，必損極多數人之利以肥一、二

〔註1〕《甘泉縣續志》（民國15年刊本，台北，成文出版社），卷五，鹽法考，頁15。
〔註2〕卷一〇，轉引自佐伯富。《清代鹽政研究》，頁107。
〔註3〕《申報》，光緒4年12月18日，頁16387。
〔註4〕《雍正朝漢文硃批奏摺彙編》，第三二冊，時間不詳，頁43。
〔註5〕《張季子（謇）九錄》，政聞錄，卷十八，民國元年壬子，〈改革全國鹽法意

人，不仁之事也。因肥一、二人，而留專制鹽法之毒，因留群梟之毒，以害極多數人，尤不仁之事也。」〔註6〕

引岸畫定後，不論方便貴賤與否，大家都須按照規定於指定地點購鹽，同樣是鹽，品質與價格卻有天壤之別，在情理上實在無法自圓其說。以淮南為例，所產之鹽行銷六省，和其它產鹽區的引岸常有犬牙交錯的狀況，尤其在幾經轉運後，不但價格高昂，品質更是無法與之成正比，僅就此點，就足以驅使百姓食私。更可悲的是許多人還以為惡質之鹽即是正常的，誤以非為是，張謇乃悲嘆道：

> 至於食岸之民，則所食皆泥沙穢惡雜糅而黑暗之鹽，終身未見霜凝雪皚之鹽也。被踐既久，成為習慣，而或者以為某岸固宜是，某岸固宜是，信之者還以為是老於鹽業有閱歷之言，是直謂天下有喜粗而惡精好惡而憎美之人性也，其異於喪心而病狂也幾希。〔註7〕

完全點出在漠視百姓權益的制度下，人民可憐的一面。

場灶是鹽法根本之地，灶丁是鹽場作苦之民，清初，灶丁原是世襲身分，自康熙五十一年（1712）頒布盛世滋生人丁永加不加賦政策，以及雍正元年（1723）攤丁入地政策的宣布，使得丁歸地徵，戶口不復編審，於是各場灶丁名額無確數可計。至乾隆中期，正式將灶戶編審造冊永行停止，所有實在滋生人丁數目，一概歸原籍州縣彙入戶數案內開報，灶戶制度真正瓦解，灶戶與民戶無異，製鹽成為一種自由職業，人人皆可製鹽，鹽場因而不易控制，私煎、私曬更難分辨，私鹽乃大量溢出。為了防止偷漏，政府又對灶戶的生產進行監視管制，實行火伏法、保甲法以及各種稽核措施，然因產鹽區域廣袤與港汊分歧，各種制度的配合不良，不僅無法真正有效地發揮應有的功能，反成助長偷漏的助力。灶戶在生產活動方面，「民之煎曬鹽者，亦豈真能豐衣足食肥家潤室哉？終歲率妻子勞筋骨暴肌肉於鹹風烈日之中，僅免於飢寒，而利其利以驕奢淫佚酗嬉醉飽者，商耳官耳，民何與焉。」〔註8〕將灶丁辛苦的生活悲切地透露出來。除了工作的辛勞外，灶丁不時地受到鹽商和巡役人

見書〉，頁 19。

〔註6〕《張季子（謇）九錄》，政聞錄，卷十九，民國二年癸丑，〈重申改革全國鹽政計畫宣言書〉，頁 6。

〔註7〕《張季子（謇）九錄》，政聞錄，卷十七，光緒 30 年甲辰，〈衛國卹民化梟弭盜均宜變鹽法議〉，頁 3。

〔註8〕同為註，頁 2～3。

員的剝削，成爲俎上肉，任其宰割。而灶丁在本業之外，並無別的技藝可以轉業，或是其它副業以補生計之不足。道光年間，又值鹽政糜爛愈爲顯露時期，整個鹽務大環境每況愈下，鹽商自身難保，無力收鹽的情形時有所聞，灶丁生活有如雪上加霜，悲慘已極。在各種不合理的待遇下，加上苦難的生活無法舒解，很自然地驅使他們走上透私一途，與鹽梟建立起互惠關係，不僅改善了灶丁生活的窘境，更重要的是解決了雙方生存的問題，使得鹽梟有充足的貨品來源。

一般所指富甲一方的鹽商，其實主要專就運商而言，他們在政府扶持下，佔有各種鹽政上的優勢以及利權，在有錢大家賺的心態下，成爲人人覬覦的對象，而有相當驚人的開銷。在運銷過程中，除了要應付沿途不逞之徒的需索，更礙於引地的分疆立界，各種流程中的繁瑣手續，都足以給予相關人員以上下其手的機會，增加了各種名義的花費。而更大的開銷則是提供清廷各種必要之捐助。加上他們奢華生活以及對文化學術上幫助的費用，所有一切花費最後都加諸於成本上，轉嫁成百姓的負擔。久而久之，這種不健全制度與不正常的透支，成爲腐蝕鹽政的利器，使之千瘡百孔，墮於萬劫不復之境。在無力承擔運銷網路下，人民無法忍受淡食之苦，自然而然買食私鹽，給予鹽梟生存的憑藉。反過來看，鹽梟也適時表現出「急人之難」的服務精神，提供質佳價錢的食鹽及生活需求的便利，充分顯露出正面的社會功能，他們得以持續一千多年而沒被淘汰，這就是重要的理由之一。儘管有利可圖是鹽梟販私的主觀條件，但不可否認，人民的需要更是他們客觀存在的推動力。

道、咸之際，太平軍興，對整個鹽務生產和運銷都造成了極大的傷害。直接受到太平軍侵擾的長江一帶，沿岸重要城市紛紛陷落，運道梗阻，淮南鹽場銷鹽區域受到重大打擊，導致鹽商星散逃亡，無資收鹽。由此引發的問題則更爲嚴重，倚賴鹽業生活的群眾數目相當可觀，不下數百萬之多，〔註9〕爲此而失業者不計數。雖然有些地區爲清軍收復，但時復時陷，使得長江運道通塞無常，各銷引區也是銷量不定，甚至片引不至。同治三年（1864），太平軍之亂鍾然平定，但整個鹽務體系早已趨於癱瘓狀況，幾於無力回天。在謀食無門與人民有淡食之憂的驅使下，私煎私販以及和鹽梟合作，自然不失爲一條可行之路。這些情形，正好都是鹽梟得以「一展其才」的好機會。

〔註 9〕佐伯富，〈清代咸豐朝における淮南鹽政〉，東洋史研究會編，《東洋史研究》，第 13 卷，第 6 期（京都，1955 年），頁 70、頁 74。

　　就政府立場而言，將日常必需品的鹽課以高稅，實在沒有比這更可靠的財源，可是就人民來說，沒有比這更可惡的稅了。從整個中國歷史的發展上來看，鹽利甚至扮演辛苦國家興衰的關鍵角色，它的意義不僅是財政的收入，更具有戰略作用，是國家延續的命脈。文獻中屢見「東南財用，大抵資煮海之饒」之句，顯然若無東南鹽利，則唐、宋以來中國勢將失掉成立的基礎。甚至可以說君主獨裁制度的發達也與鹽的專賣有關。〔註10〕從以上的說明，當可明白唐、宋以降中國各朝代實行鹽的專制所含有的深遠意義。鹽的專賣一旦實施。鹽價便次第暴漲。結果，政府從中獲取不當利益，然而人民卻因此貧乏下去。並且人民無法與鹽脫離關係，投機分子也乘各種機會買賣私鹽，以圖賺取厚利。〔註11〕而人民在價賤質佳的誘使下，也很自然地與鹽梟形成了買賣的交易關係了。

　　清政府為了使官鹽有效地銷售各處，防止鹽梟侵害官引，在嚴格的律法外，還採行嚴密的緝私制度。由清初到清末，緝私任務沒有一天終止過，但鹽梟也沒有一天消失過。事實上，法愈密權愈易操之在下，緝私措施適開上下通同作弊勾串之門。而新設巡鹽捕役徒增緝私困擾，「每到一鄉村，初則索取酒食，繼則訛詐銀錢，甚至姦淫攘奪，無所不為。其船隻甚小，快樂如飛，任意往來，莫可窮詰。鄉民飲泣吞聲，無從控訴。」〔註12〕本身體制不健全，不從根本檢討，卻將重點放在枝節末梢，鹽梟愈緝愈多，並且行徑愈趨走向盜匪化，這就反映出清政府未能洞悉病根所在對症下藥。當然，事涉官商制度間各種糾結的人事利益問題，絕非輕易即能改革成功，也不是簡單的魄力兩字一定能發揮效用，而所謂「養寇自重」的心態，似乎正是解釋鹽梟存在價值的重要緣由之一。又由前一段的論述中，更可明白清廷內在的「苦衷」了。

　　另外，在鹽梟擴展的因素中尚有清運弊端的助長。在整個漕運航程中，如同鹽的運銷過程，有各種不同的剝削與勒索，各幫丁、水手直接受害最深，幾乎都轉嫁到他們身上，在無計補累下，勢必另尋額外求財之道，例如，將漕米「盜賣短虧」、「攙沙發水」等，以求貼補。而這種情形並非日後才形成的，事實上，自清初以來即已出現，隨著時間的推移，其嚴重性愈見顯著。

〔註10〕　佐伯富著、楊合義譯，〈鹽與中國社會〉，（上），《食貨月刊》，復刊第四卷，
　　　　　第十一期（台北，食貨月刊社，民國64年2月1日），頁511～512。
〔註11〕　同前註，頁512。
〔註12〕　《雍正朝漢文硃批奏摺彙編》，第三一冊，時間不詳，署理兵部侍郎王士俊奏
　　　　　摺，頁222。

　　至晚在康熙年間，針對運丁、水手訂定的防範則例，採互保連坐責任方式，還算相當完備。其後，隨著漕船日益增大，水手人數也隨之增多，加上部分地區水淺灘多，需要剝淺、頭縴、提溜等項人工，靠漕運生計的人數暴增，結果就是帶來管理上的不便，以致素質降低，水手人等也因此多了較易作奸犯科的機會。隨著素質的下降，各種不法情形愈多，同時，也趨於嚴重。據日本學者星斌夫的研究，康熙、雍正年間，這些水手不僅早已夾帶私鹽，運丁皆有違禁火器，不服官府盤查，持械拒捕。其後各幫水手更於沿途橫行騷擾，勒索錢文，毆傷官弁，種種暴行，不一而足。〔註13〕其實，水手的這些惡行，似乎是隨漕運弊端的愈趨突顯而與日俱增。

　　鴉片戰爭後，黃河連續三年大決口，大運河的淺阻更加嚴重，海運漕糧的意見漸佔上風。然而直到咸豐三年（1853）太平軍進入江南，切斷了大運河，清廷才不得不將江蘇、浙江二省的漕糧全部改由海運。那些多屬游手無賴的水手，面臨河運停廢生計惟艱的壓力下，有相當大的比例加入販私行列，踏上鹽梟隊伍的足跡。其實，在河運停廢前，這批強悍的水手已無法安於漕運中勞苦所得。同時，在行運過程中，又常會遭受其他外力的侵擾，遂有青幫及紅幫等組織的產生，這種具有相互扶持色彩的秘密團體，也從事著販運私鹽的活動。並且不時有不同名色的鹽梟隨船販運私鹽，以利誘惑水手，使其成為鹽梟的後備隊伍，甚至本身就是鹽梟的一分子。這些活躍於社會邊緣的游離群，冒險行動正是他們開創另一種生活的契機，種種因素的配合，乃漸次演變成促使走向販私的強心針。

　　清代自康熙晚期人口已有矛盾現象，人口壓力造成的食糧不足問題也見端倪，到了乾隆年間愈顯其嚴重性，而這種情形直迄光緒時也未見真正解決。加以土地兼併的結果，深化了人口流動的惡化情形，部分迫於人口壓力生活無著的貧民，從農村游離出來，被排擠於現實生活中，成為活動在社會邊緣的流民，很容易走上反社會力量的隊伍。在無以為生的逼迫下，經不起販運私鹽之利的引誘，在鹽梟的召喚下，步上販私行列。同時，清廷在太平軍之亂後，不斷經歷民亂和外患，大量召募營勢。但在事後，並未籌畫出一個完善的復員計畫，遂致撤勇流蕩各地，形成社會亂源之一。這班久經戰陣獷悍成性的游勇，在內心深處已無法安然處於平淡的原有生活，富於刺激的鹽梟

〔註13〕星斌夫，〈清代の水手ついて〉，東方學會編，《東方學》，12期（東京，東方學會，1956年），頁2～3。

活動，更能符合他們的需要，不論是經濟來源，或是心中的感受，都能暫時
得到滿足，而仍有過去營伍生活的經驗。所謂「每個身分都需要特定社會關
係來維持它的存在，物以類聚並不見得是快樂而是出於需要。」〔註14〕光緒
三十四年（1908）四月二十五日，《大公報》曾歸結鹽梟橫行原因：

> 江浙兩省梟匪蘊伏歷有年所，其故由於惰民日積，游手日滋，窮而
> 無聊，挺而走險，裹脅愈多，聲勢彌盛。而緝匪之將弁官兵又或得
> 賄縱匪，養寇自重，輾轉相師，習爲常智，遂致梟與民不分，梟與
> 兵不分，民與梟習，兵與梟通，而梟乃橫決泛濫而不可復制。〔註15〕

雖然單指江蘇、浙江二省，窺諸整個清代鹽梟的活動歷程來看，未必限於此，
其它地區鹽梟發展的情形，似乎也頗有相近之處。

　　鹽梟以販私爲主要行業，並不是具有某種特殊理念的團體，至少在初興
時顯得相當單純，不像秘密會黨、祕密宗教含有社會性、政治性或是宗教性
的目的。雖然他們是經濟性和社會性因素配合制度的不健全而形成的，但基
本上，他們並沒有改朝換代以及寄望未來世界的期望，追求現實生活的需要
是他們最初的意願。他們與傳統社會並存，進而從中汲取利益，卻不是要摧
毀這個社會。而且他們提供了生存空間給予社會邊緣人一個寄託之所，常能
與其它團體合流，其它隊伍也可以進行同鹽梟販私一樣的活動，因此在組織
結構上並不限於某種形式，而是會隨著時空的演變展現出多樣性的面貌。職
是之故，活動方面亦呈現多種變化，不僅侵蝕財政經濟，更會有掠奪性的暴
亂事件發生，無法套以固定模式。誠如陸寶千所言：「中國社會的游離群，大
體爲一群不甘寂寞、不守本分、並無恆產者，然又厭事生產之活動分子。彼
等經常爲社會罪惡之製造者，造成社會秩序不安之主動者。」〔註16〕而社會
上如浮萍般飄蕩的游離分子，正是構成鹽梟的主要成員，他們的經濟來源除
了販私鹽外，其它也多出於非法途徑，如賭博、勒贖、搶劫等活動，因而對
社會造成侵蝕的負面影響。

　　一般來說，鹽梟多以利益作爲凝聚彼此向心力的紐帶，驅策他們走上販
私途徑，不管再大的理由，也無法超越這個第一優先考量的決定性關鍵前提。

〔註14〕彼得・伯格（P.Berger）著，黃樹仁、劉雅靈合譯，《社會學導引——人文取
　　　　向的透視一》（台北，巨流圖書公司，民國75年6月），頁105。
〔註15〕《大公報》，（七），頁491。
〔註16〕陸寶千，《論晚清兩廣的天地會政權》（台北，中央研究院近代史研究所，民
　　　　國64年5月），頁142。

而響亮的口號,如「替天行道」或「劫富濟貧」等,則是在精神上有力的手段。姑且不論其真實性如何,但在所謂天理的旗幟號召下,不僅凸顯了社會的不公,在心理上予以一種足以鼓動群眾的媚力,並且也彰顯了一般平民百姓對均貧富社會的渴望,的確有其不容忽視的影響力。

再者,血緣與地緣這兩種中國傳統社會中群體認同的重要法則,同樣也是聯繫鹽梟鞏固團結力的方式,均足以加深相互間的認同感,這種情形,與其它祕密社會組織的結合也有共通性。總之,鹽梟的結合沒有固定的規則,祇要有利於他們的發展活動,不阻礙利益的獲得,他們皆樂於接受。事實上,這一點正表現出他們能夠持續生存擴張的「包容性」的優點。

此外,尚有一點值得注意,就是其它的秘密社會組織也可以扮演鹽梟的角色,但是不能就認定這些團體的組織形態同樣是鹽梟的形式。基本上,他們之間仍然有相當大的差別,雖然鹽梟同時可以是秘密社會的一員,秘密社會的成員也可以是鹽梟的一分子,彼此間可以合流,不過在組織結構上卻是各自獨立的,不能將之視為同一團體,因為他們的宗旨理念並不相同,原始動機各有所本。即使有相似的部分因素存在,但是更有毫不相干的,嚴格的說只有秘密社會才有的社會性、政治性或宗教性的緣由,不是較單純的鹽梟所具備的。

總之,我們要對鹽梟活動作較全面的了解,除了探討促使他們興起和發展的各種因素外,也要明白他們在販私之餘平時的各種活動狀況,更必須要在暴亂行徑方面來探究他們的另一個層面,以期獲得較完整的圖像,畢究鹽梟的活動是多樣性的,不是片斷面的呈現,單從某一方面或某一角度去分析描述,將有失之偏頗之譏。而關於「暴亂」一辭,絕非是一種道德式的價值判斷,僅就其行為單純地敘述出來的結果,若說有站在清朝官方立場的話,吾人也應該承認清朝在中國朝代傳承中的合法地位,在此體認下,鹽梟掠奪性的暴亂行徑是不容置疑的。

最後,以張謇的一段話說明中國鹽政的沿革以及弊病,然其弊病也就是鹽梟熾盛的原因,略謂:

> 夫舊日鹽法,根原前明,豈不以盆盤之製造,亭場之設置,引地之俵配,價格之規定,遠則根據千年,近亦五百餘歲,大致祖於第五琦劉晏,中間亦有號稱名臣者,斟酌損益於其間,遂視鹽法為玉律金科,等重於聖經賢傳。不知劉晏所定之法,乃變過第五琦而補其

所不及，其意之最善者，唯就場征稅，聽商所之。何以後人舍此不師，而專師其轉運俵配之法，又變本而加之厲。蓋後世政用日繁，君心日侈，沿用此官商鉤連專制之法，劫持民食所必需，而設為種種不使之方法，以恣其掊克，此無異劇盜搋人之胸，扼人之吭，而奪其貨，且漫不為怪，相仍為法。而就場征稅，尚嫌為不便而去之。嗚呼！專制之鹽法，盜法耳。其所為能治鹽之名臣者，盜之廝卒耳，盜快其取，寧卹被盜之酷，吏也，商也，啜盜餘瀝，窟其弊者，如蜣蜋之弄丸，嫻其術者，如醯雞之舞甕，豈復知世有人道之說，天理之公？〔註17〕

其批判之嚴厲，論述之悲切，溢於言表。並且正反映出鹽梟存在的必然性，具有不容完全遭受曲解的不全然為負面的社會意義。

〔註17〕 同註5，頁21。

徵引書目

一、檔案資料

1. 〈十二朝東華錄〉，台北，大東書局，民國 57 年 8 月。
2. 《大清十朝聖訓》，台北，文海出版社，民國 54 年。
3. 《大清世祖章皇帝實錄》，台北，華聯出版社，民國 53 年 10 月。
4. 《大清高宗純皇帝實錄》，台北，華聯出版社，民國 53 年 10 月。
5. 《大清仁宗睿皇帝實錄》，台北，華聯出版社，民國 53 年 10 月。
6. 《大清宣宗成皇帝實錄》，台北，華聯出版社，民國 53 年 10 月。
7. 《大清文宗顯皇帝實錄》，台北，華聯出版社，民國 53 年 10 月。
8. 《大清穆宗毅皇帝實錄》，台北，華聯出版社，民國 53 年 10 月。
9. 《大清德宗景皇帝實錄》，台北，華聯出版社，民國 53 年 10 月。
10. 《大清宣統政紀》，台北，華聯出版社，民國 53 年 10 月。
11. 《月摺檔》，台北，國立故宮博物院（未刊行）。
12. 王錫蕃、譚鐘麟刻，《馬端敏公（新貽）奏議》，台北，文海出版社，民國 64 年。
13. 王樹枬編，《張文襄公（之洞）全集》，台北，文海出版社，民國 59 年。
14. 仁和琴居士編輯，《皇清奏議》，台北，文海出版社，民國 56 年。
15. 中國第一歷史檔案館、北京師範大學歷史系選編，《辛亥革命前十年間民變檔案史料》，北京，中華書局，1985 年。
16. 中國史學會主編，《辛亥革命》，上海，人民出版社，1951 年 1957 年。
17. 中國第一歷史檔案館、中國社會科學院歷史研究所合編，《清代土地佔有關係與佃農抗租鬥爭》，北京，中華書局，1988 年 9 月。

18. 中國人民大學清史研究所，檔案系中國政治制度史教研室合編，《康雍乾時期城鄉人民反抗鬥爭資料》，北京，中華書局，1979 年。

19. 中國第一歷史檔案館編，《康熙朝漢文硃批奏摺彙編》，上海，江蘇古籍出版社，1984 年 5 月～1985 年 5 月，

20. 中國第一歷史檔案館編，《雍正朝漢文硃批奏摺彙編》，上海，江蘇古籍出版社，1991 年 3 月。

21. 中國第一歷史檔案館編，《乾隆上諭檔》，北京，檔案出版社，1991 年 6 月。

22. 方濬頤撰，《淮南鹽法紀略》，淮南書局，同治 12 年正月，藏於台北國立故宮博物院。

23. 包世臣著，《安吳四種》，台北，文海出版社，民國 57 年。

24. 李鍾麟編，《李文襄公（之芳）奏議》，台北，文海出版社，民國 58 年。

25. 李斗著，《揚州畫舫錄》，台北，世界書局，民國 52 年 5 月。

26. 李鴻章等編，《曾文正公（國藩）全集》，台北，文海出版社，民國 63 年。

27. 李概編，〈李文恭公（星沅）奏議〉，台北，文海出版社，民國 58 年。

28. 李衛總纂，雍正《敕修兩浙鹽法志》，台北，學生書局，民國 55 年 6 月。

29. 吳汝綸編，《李文忠公（鴻章）全集》，台北，文海出版社，民國 69 年。

30. 林則徐撰，《林文忠公（則徐）奏稿》，台北，文海出版社，民國 75 年。

31. 吳集原編，《吳文節公（文鎔）遺集》，台北，文海出版社，民國 58 年。

32. 段如蕙總纂，雍正《新修長蘆鹽法志》，台北，學生書局，民國 55 年 6 月。

33. 《軍機處檔‧月摺包》，台北，國立故宮博物院（未刊行）。

34. 《政治官報》，台北，文海出版社，民國 54 年 12 月。

35. 洪亮吉撰，洪用勤等編纂，《洪北江先生遺集》，台北，華文書局，民國 58 年。

36. 《宮中檔雍正朝奏摺》，台北，國立故宮博物院。

37. 《宮中檔乾隆朝奏摺》，台北，國立故宮博物院。

38. 《宮中檔咸豐朝奏摺》，台北，國立故宮博物院。

39. 《宮中檔光緒朝奏摺》，台北，國立故宮博物院。

40. 《袁世凱奏摺專輯》，故宮文獻特刊，第一集，台北，國立故宮博物院，民國 59 年 10 月。

41. 桂坫纂輯，《皇朝食貨志》，鹽法，藏於台北國立故宮博物院。

42. 《硃批諭旨》，台北，文源書局，民國 54 年 11 月。

43. 《捻軍文獻彙編》，台北，鼎文書局，民國 62 年 12 月。

44. 黃大受編，《黃爵滋奏疏》，台北，自印，民國 52 年。

45. 陳夔龍著、俞陸雲編,《庸菴尚書奏議》,台北,文海出版社,民國 59 年。

46. 清高宗敕撰,《清朝文獻通考》,台北,新興書局,民國 52 年。

47. 《清朝文獻彙編》,台北,鼎文書局,民國 70 年。

48. 《清史列傳》,台北,中華書局,民國 51 年。

49. 黃鈞宰著,《金壺七墨》,台北,廣文書局,民國 58 年。

50. 盛康編,《皇朝經世文續編》,台北,文海出版社,民國 61 年 12 月。

51. 許寶書撰,《淮北票鹽續略》,藏於台北國立故宮博物院。

52. 莽鵠立總纂,雍正《山東鹽法志》,台北,學生書局,民國 55 年 6 月。

53. 許喬林編,《陶文毅公(澍)集》,台北,文海出版社,民國 57 年。

54. 單渠等撰,嘉慶《兩淮鹽法志》,藏於台北國立故宮博物院。

55. 賀長齡編,《皇朝經世文編》,台北,世界書局,民國 53 年。

56. 溫建敬編,《丁中丞(日昌)奏稿》,台北,文海出版社,民國 69 年。

57. 張怡祖編,《張季子(謇)九錄》,台北,文海出版社,民國 72 年。

58. 葛士濬編,《皇朝經世文續編》,台北,國風出版社,民國 53 年。

59. 《道咸同光間四朝奏議》,國立故宮博物院史料叢書,台北,商務印書館,民國 59 年。

60. 趙爾巽編纂,《清史稿校註》(國史館編),台北,國史館,民國 75 年 2 月～80 年 6 月。

61. 趙靖、易夢虹主編,《中國近代經濟思想資料選輯》,北京,中華書局,1982 年。

62. 端方著,《端忠敏公(方)奏稿》,台北,文海出版社,民國 56 年。

63. 蔣元溥、趙昀纂輯,《皇朝食貨志》(副本),漕運,藏於台北國立故宮博物院。

64. 劉錦藻編纂,《清朝續文獻通考》,台北,文海出版社,民國 52 年。

65. 劉崑著,《劉中丞(崑)奏稿》,台北,文海出版社,民國 56 年。

66. 歐陽輔之編,《劉忠誠公(坤一)遺集》,台北,文海出版社,民國 55 年。

67. 謝開寵總纂,康熙《兩淮鹽法志》,台北,學生書局,民國 55 年 6 月。

68. 龍繼棟,《劉武慎公(長佑)全集》,台北,文海出版社,民國 57 年。

69. 羅文彬編,《丁文誠公(寶楨)遺集》,台北,文海出版社,民國 56 年。

二、地方志

1. 全福曾等修、張文虎等纂,《南匯縣志》,民國 16 年重印本,台北,成文出版社,民國 59 年。

2. 阿克當阿等修、姚文田等纂,《揚州府志》,嘉慶 15 年刊本,台北,成文

出版社，民國 63 年 6 月。

3. 陳其元等修、熊其英等纂，《青浦縣志》，光緒 5 年刊本，台北，成文出版社，民國 59 年。

4. 衛哲治等纂、陳琦等重刊，《淮安府志》，乾隆 13 年修，咸豐 2 年重刊本，台北，成文出版社，民國 72 年 3 月。

5. 錢祥保等修、桂邦傑纂，《甘泉縣續志》，民國 15 年刊本，台北，成文出版社。

6. 錢祥保等修、桂邦傑纂，《江都縣續志》，民國 15 年刊本，台北，成文出版社。

7. 襲寶琦修、黃厚本纂，《金山縣志》，光緒 4 年刊本，台北，成文出版社，民國 63 年 6 月。

三、報　紙

1. 《大公報》，光緒 28 年至宣統 3 年，影印重刊本，藏於台北漢學中心。

2. 《申報》，同治 11 年至宣統 3 年，影印重刊本，台北，學生書局，民國 54 年 5 月。

四、專　書

1. 石方，《中國人口遷移史稿》，哈爾濱，黑龍江人民出版社，1990 年 1 月。

2. 江地，《捻軍史論叢》，北京，人民出版社，1981 年 9 月。

3. 行龍，《人口問題與近代社會》，北京，人民出版社，1992 年 3 月。

4. 何維凝，《中國鹽政史》，台北，大中國圖書有限公司，民國 55 年 1 月。

5. 周育民、邵雍，《中國幫會史》，上海，人民出版社，1993 年 3 月。

6. 彼得柏格（P. Berger）著，黃樹仁、劉雅靈合譯，《社會學導引——人文取向的透視一〉，台北，巨流圖書公司，民國 75 年 6 月。

7. 林振翰撰，《鹽政辭典》，鄭州，中州古籍出版社，1988 年 12 月。

8. 徐泓，《清代兩淮鹽場的研究》，台北，嘉新水泥公司文化基金會，民國 61 年 5 月。

9. 徐安琨，《哥老會的起源及其發展》，台北，台灣省立博物館，民國 78 年 4 月。

10. 柴萼，《梵天廬叢錄》，台北，禹甸文化事業公司，民 66 年 12 月。

11. 馬西沙・韓秉方，《中國民間宗教史》，上海，人民出版社，1992 年 2 月。

12. 莊吉發，《清代祕密會黨史研究》，台北，文史哲出版社，民國 83 年 12 月。

13. 陳鋒，《清代鹽政與鹽稅》，鄭州，中州古籍出版社，1988 年 12 月。

14. 陸寶千，《論晚清兩慶的天地會政權》，台北，中央研究院近代史研究所，

民國 64 年 5 月。

15. 張哲郎，《清代的漕運》，台北，嘉新水泥公司文化基金會，民國 58 年。

16. 張維安，《政治與經濟——中國近世兩個經濟組織之分析》，台北，桂冠圖書公司，1990 年 4 月。

17. 費正清（John Fairbank）、劉廣京編，張玉法主譯，李國祁校訂，《劍橋中國史》，晚清篇，1800～1911，台北，南天書局，民國 76 年 9 月。

18. 樊樹志，《中國封建土地關係發展史》，北京，人民出版社，1988 年 8 月。

19. 韓云波，《人在江湖》，成都，四川人民出版社，1995 年 12 月。

20. 羅爾綱，《湘軍新志》，台北，文海出版社，民國 72 年。

21. 《辭源》，正續編合訂本，長沙，商務印書館，民國 28 年 7 月。

22. 《辭海》，上海，上海辭書出版社，1982 年 3 月。

五、論文、期刊

1. 王爾敏，〈祕密宗教與祕密會社之生態環境與社會功能〉，《中央研究院近代史研究所集刊》，第十期，台北，中央研究院近代史研究所，民國 70 年 7 月。

2. 王方中，〈清代前期的鹽法、鹽商與鹽業生產〉，陳然、謝奇籌、邱明達編，《中國鹽業史論叢》，北京，中國社會科學出版社，1987 年 12 月。

3. 李守孔，〈唐才常與自立軍〉，吳相湘主編，《中國現代史叢刊》，第六冊，台北，文星書店，民國 53 年 11 月。

4. 佐伯富著、楊合義譯，〈鹽與中國社會〉，（上），《食貨月刊》，復刊第四卷，第 11 期，台北，食貨月刊社，民國 64 年 2 月。

5. 佐伯富著、魏美月譯，〈鹽與歷史〉，《食貨月刊》，復刊第五卷，第一期，台北，食貨月刊社，民國 65 年 11 月。

6. 《東方雜誌》，第三卷，第一期，上海，東方雜誌社，1906 年 2 月。

7. 《東方雜誌》，第三卷，第四期，上海，東方雜誌社，1906 年 5 月。

8. 吳慧，〈略論清代綱鹽之弊和票法的改革意義〉，中國人民大學清史研究所編，《清史研究集》，第五輯，北京，光明日報出版社，1986 年 12 月。

9. 陳華，〈咸豐三年前的（捻）〉，中華文化復興推行委員會主編，《中國近代現代史論集》，第二編，教亂與民變，台北，商務印書館，民國 74 年 8 月。

10. 莊吉發，〈清代紅幫源流考〉，《漢學研究》，第一卷，第一期，台北，漢學中心，民國 72 年 6 月。

11. 莊吉發，〈清代漕運糧船幫與青幫的興起〉，《中國歷史學會史學集刊》，第十八期（抽印本），台北，中國歷史學會，民國 75 年 7 月。

12. 郭松義，〈清代的人口增長和人口流遷〉，中國社會科學院歷史研究所清史

研究室主編,《清史論叢》,第五輯,北京,中華書局,1984 年。

13. 戴鞍鋼,〈清代后期漕運初探〉,中國人民大學清史研究所編,《清史研究集》,第五輯,北京,光明日報出版社,1986 年 12 月。

14. 蕭國亮,〈清代兩淮鹽商的奢侈性消費及其經濟影響〉,陳然、謝奇籌、邱明達編,《中國鹽業史論叢》,北京,中國社會科學出版社,1987 年 12 月。

15. 羅爾綱,〈太平天國革命前的人口壓迫〉,《中國社會經濟史》,第八卷,第一期,南京,民國 38 年 1 月。

六、日文資料

1. 佐伯富,《清代鹽政の研究》,東洋史研究叢刊之二,東京大學文學部内東洋史研究會,昭和 37 年 8 月 25 日。

2. 佐伯富,〈清代咸豐朝における淮南鹽政〉,東洋史研究會編,《東洋史研究》,第 13 卷,第 6 期,京都,京都大學,1955 年。

3. 星斌夫,〈清代の水手について〉,東方學會編,《東方學》,第 12 期,東京,東方學會,1956 年。